Manual de Criptoativos

Manual de Criptoativos

ATUALIZADO CONFORME A LEI 14.478/2022

2023

André Castro Carvalho
Andressa Guimarães Torquato Fernandes
Coordenadores

ALMEDINA

MANUAL DE CRIPTOATIVOS
ATUALIZADO CONFORME A LEI 14.478/2022

COORDENADORES: André Castro Carvalho e Andressa Guimarães Torquato Fernandes

DIRETOR ALMEDINA BRASIL: Rodrigo Mentz
EDITORA JURÍDICA: Manuella Santos de Castro
EDITOR DE DESENVOLVIMENTO: Aurélio Cesar Nogueira
ASSISTENTES EDITORIAIS: Larissa Nogueira e Letícia Gabriella Batista
ESTAGIÁRIA DE PRODUÇÃO: Laura Roberti

DIAGRAMAÇÃO: Almedina
DESIGN DE CAPA: Roberta Bassanetto

ISBN: 9786556278186
Maio, 2023

Dados Internacionais de Catalogação na Publicação (CIP)
(Câmara Brasileira do Livro, SP, Brasil)

Manual de criptoativos : atualizado conforme a lei 14.478/2022 / coordenação André Castro Carvalho, Andressa Guimarães Torquato Fernandes. – 1. ed. – São Paulo : Almedina, 2023.

Bibliografia.
ISBN 978-65-5627-818-6

1. Blockchains (Base de dados) 2. Compliance 3. Criptografia de dados (Computador) – Legislação 4. Inovação tecnológica 5. Lavagem de dinheiro – Leis e legislação – Brasil 6. Propriedade intelectual 7. Tributação – Leis e legislação - Brasil I. Carvalho, André Castro. II. Fernandes, Andressa Guimarães Torquato. .

23-146321 CDD-332.178

Índices para catálogo sistemático:
1. Criptoativos: Inovações tecnológicas: Finanças: Economia 332.178
Aline Graziele Benitez – Bibliotecária – CRB-1/3129

Este livro segue as regras do novo Acordo Ortográfico da Língua Portuguesa (1990).

EDITORA: Almedina Brasil
Rua José Maria Lisboa, 860, Conj.131 e 132, Jardim Paulista | 01423-001 São Paulo | Brasil
www.almedina.com.br

SOBRE OS COORDENADORES

André Castro Carvalho
Bacharel, Mestre e Doutor em Direito pela Universidade de São Paulo, tendo sua tese de doutorado recebido o Prêmio CAPES de Tese 2014 como a melhor tese de doutorado de Direito no Brasil em 2013. Realizou pós-doutorado no Massachusetts Institute of Technology – MIT e na Faculdade de Direito da USP. Co-coordenador do Manual de Compliance (3. ed. – Ed. Forense) e coautor do livro Cultura Organizacional em Compliance (Ed. Thomson Reuters) e Gestão de Risco e Compliance (Ed. Senac).

Andressa Guimarães Torquato Fernandes
Professora de Direito Financeiro e Tributário da Universidade Federal Fluminense. Possui pós-doutorado em Economia pela Escola de Economia de São Paulo da Fundação Getúlio Vargas (EESP-FGV). Doutora em Direito Financeiro e Tributário pela Faculdade de Direito da Universidade de São Paulo (FD-USP), com Doutorado Sanduíche pela University of Dundee, Escócia. Graduada em Direito pela Universidade Federal do Rio Grande do Norte. Líder do grupo de pesquisa *City Coin* Brasil.

SOBRE OS AUTORES

André Castro Carvalho
Bacharel, Mestre e Doutor em Direito pela Universidade de São Paulo, tendo sua tese de doutorado recebido o Prêmio CAPES de Tese 2014 como a melhor tese de doutorado de Direito no Brasil em 2013. Realizou pós-doutorado no Massachusetts Institute of Technology – MIT e na Faculdade de Direito da USP. Co-coordenador do Manual de Compliance (3. ed. – Ed. Forense) e coautor do livro Cultura Organizacional em Compliance (Ed. Thomson Reuters) e Gestão de Risco e Compliance (Ed. Senac).

Andressa Guimarães Torquato Fernandes
Professora de Direito Financeiro e Tributário da Universidade Federal Fluminense. Possui pós-doutorado em Economia pela Escola de Economia de São Paulo da Fundação Getúlio Vargas (EESP-FGV). Doutora em Direito Financeiro e Tributário pela Faculdade de Direito da Universidade de São Paulo (FD-USP), com Doutorado Sanduíche pela University of Dundee, Escócia. Graduada em Direito pela Universidade Federal do Rio Grande do Norte. Líder do grupo de pesquisa *City Coin* Brasil.

Annalice Oliveira Azevedo Baldini Figueira
Advogada, Mestra em Direito Constitucional pela Universidade Federal Fluminense, Pós-Graduada em Direito Público pela Pontifícia Universidade Católica (PUC/MG) e Pós-Graduanda em Direito dos Criptoativos e Blockchain pela Escola da Magistratura Federal do Paraná. Pesquisadora nas áreas de direito e tecnologia, finanças descentralizadas (DeFi), criptoativos, blockchain e inteligência artificial aplicada ao direito.

Dianne Scherly Varela de Medeiros
Professora no Departamento de Engenharia de Telecomunicações na Universidade Federal Fluminense (UFF), em Niterói, Brasil. Obteve título de Doutora em Engenharia Elétrica em 2017 pela Universidade Federal do Rio de Janeiro (COPPE/UFRJ), realizando período sanduíche em 2016 na Université Sorbonne, em Paris, e é mestre (2013) e bacharel (2011) em Engenharia de Telecomunicações pela UFF.

Diogo Menezes Ferrazani Mattos
Professor de Engenharia de Telecomunicações na Universidade Federal Fluminense (UFF) em Niterói, Brasil. Possui Doutorado em Engenharia Elétrica pela Universidade Federal do Rio de Janeiro (COPPE/UFRJ), 2017, com período de sanduíche (2015-2016) na Université Sorbonne, em Paris. Atualmente é bolsista de produção científica pelo CNPq (PQ-2) e Jovem Cientista do Nosso Estado pela FAPERJ.

Isabella de Oliveira dos Santos
Graduanda em Direito pela Universidade Federal Fluminense (PUVR). Bolsista em Iniciação Científica no Projeto *Moeda local: estratégia de desenvolvimento para os municípios mineiros* (FEC/UFF/Sebrae). Estagiária em escritório de advocacia cível em Resende, RJ.

Isac Costa
Doutor (USP), Mestre (FGV) e Bacharel (USP) em Direito. Engenheiro de Computação (ITA). Ex-Analista de Mercado de Capitais na CVM. Professor dos cursos de pós-graduação lato sensu e educação executiva do Ibmec e do Insper. Advogado em São Paulo.

Jacqueline Mayer da Costa Ude Braz
Doutora e mestra em Direito Tributário pela Faculdade de Direito da Universidade de São Paulo (FDUSP). Professora do IBET. Pesquisadora do IAT e advogada.

Lucio Henrik Amorim Reis
Graduando em Ciência da Computação na Universidade Federal Fluminense (UFF) em Niterói, Brasil. Pesquisador sobre aplicações de cadeia de blocos na área de saúde.

Maria Paula Resende Gallucci Rodriguez
Graduanda em Direito pela Universidade Federal Fluminense (PUVR). Pesquisadora pelo Grupo de Estudos em Meio Ambiente e Direito (GEMADI/UFF) e pela Clínica de Direito Ambiental Paulo Nogueira Neto (CPaNN/USP). Bolsista em Iniciação Científica no Projeto de Implementação de Moedas Locais (FEC/UFF/Sebrae). Estagiária em contencioso cível no escritório BMA Advogados (RJ). Presidente da Liga Acadêmica de Direito (UFF/VR).

Rodrigo Fernandes Rebouças
Professor e Advogado com ênfase em direito digital e software, direito dos contratos, direito do consumidor, direito empresarial, proteção de dados e privacidade. Doutor e Mestre em Direito Civil pela PUC/SP. Professor dos programas do pós-graduação na FGV LAW SP, IBMEC/SP e DF, ABD-Const, FIA Online, LCA e Faculdade GAIA onde também é Coordenador Acadêmico. Autor de artigos, capítulos de livros e livros jurídicos.

Thiago Barbosa Wanderley
Doutorando e Mestre em Direito Tributário pela Faculdade de Direito da Universidade de São Paulo (FDUSP); LLM em Direito Societário pelo INSPER; Especialista em Direito Tributário pelo IBET e Professor conferencista da pós-graduação de Tributário da PUC/SP.

Vitor Stevam Seriacopi Otoni
Advogado com mais de 10 anos de experiência no setor financeiro. Pós-graduado em Direito Processual Civil pela Pontifícia Universidade Católica de São Paulo (PUC-SP) e em Gestão de Negócios: Compliance, pela Fundação Getúlio Vargas (FGV-SP).

APRESENTAÇÃO

Em 2009, uma suposta[1] pessoa chamada Satoshi Nakamoto escreveu o *paper* seminal "A peer-to-peer electronic cash system", com a fundamentação teórica para o criptoativo denominado *bitcoin*. Desde então, o mundo mudou substancialmente no que se refere à agilidade em operações econômicas e monetárias, e o ecossistema cripto adentrou na rotina da população mundial. E estamos falando em um intervalo de apenas 14 anos.

Contudo, por mais que esteja disseminado, não é incomum encontrar pessoas que nunca ouviram falar do tema, pois a ausência de regulação durante esse período, bem como o mau uso feito por algumas pessoas vinculadas a atividades criminosas, acabou atrasando esse processo inexorável.

Nesse contexto, produzir um Manual de Criptoativos não é tarefa fácil. Trata-se de uma temática de forte caráter interdisciplinar, que se altera constantemente, exigindo daquele que deseja se manter atualizado sobre este novo campo do conhecimento, um acompanhamento e estudo constantes.

Para atender este público, a obra contou com a colaboração das maiores referências nacionais sobre o assunto, autores reconhecidos por sua excelência acadêmica e profissional. Além disso, são profissionais que, de maneira direta ou indireta, trabalham com o universo dos criptoativos, o que traz uma visão bastante pragmática em relação ao tema.

Importante destacar que a nomenclatura Manual não foi escolhida sem um propósito. A obra tem o objetivo de fornecer ao leitor conhecimento

[1] Até hoje ninguém sabe se o Satoshi efetivamente existiu, se é um pseudônimo ou se é representativo de um grupo de pessoas.

abrangente e profundo sobre o fenômeno dos criptoativos, de maneira prática e que possa servir de aplicação para o profissional que trabalha com esse ecossistema ou que deseja ingressar nessa realidade cada vez mais presente na vida dos brasileiros.

Neste sentido, encontra-se dividida em 9 capítulos, cujos temas foram cuidadosamente pensados para que o leitor tenha uma visão completa, e ao mesmo tempo, direta sobre a relação dos criptoativos com múltiplos campos do direito, como tributação, regulação financeira e econômica, propriedade intelectual, prevenção à lavagem de dinheiro, o uso de criptoativos pelo setor público – e das chamadas moedas digitais emitidas por bancos centrais. Além disso, conta também com capítulos que abordam a regulação jurídica do metaverso, bem como aspectos essenciais sobre tecnologia da informação que envolvem os criptoativos.

Os Coordenadores

PREFÁCIO

Agradeço aos professores Andressa Guimarães Torquato Fernandes e André Castro Castro Carvalho o gentil convite para prefaciar a presente obra. Ao mesmo tempo, parabenizo os autores que se dispuseram a desbravar campo minado e em contínua mutação, como é o universo dos ativos digitais.

Me proponho neste prefácio a fazer algo diferente do que normalmente é feito nestes espaços, qual seja, passar minha opinião sobre três pontos que permeiam toda a obra:

1. A definição de ativos digitais e sua relação com criptomoedas, criptoativos e outros como moedas digitais de bancos centrais (*central bank digital currencies*);
2. A proposta de regulação expressa na Lei 14.478 de 2022;
3. Tentar trazer alguma clareza sobre a diferença entre funcionalidades de determinado projeto (seja de pagamentos, CBDC etc.) e sua infraestrutura tecnológica (se blockchain ou qualquer outra).

Antes de passar estas opiniões penso válido submeter à avaliação do leitor baseado em que credenciais me proponho a esta tarefa. Sou advogado atípico, uma vez que venho de carreira no mercado financeiro e de tecnologia, sendo fundador de empresa de desenvolvimento de software e passado por grandes empresas, como a Microsoft. Além disso trabalho, na qualidade de pesquisador e acadêmico, com o Banco Central do Brasil desde 2004, quando participei do primeiro relatório sobre meios de pagamento do BC, lançado em 2005. Co-idealizei e coordeno, desde 2019, um dos programas de fomento à inovação do Banco Central, o LIFT Learning, que traz projetos reais, tanto de natureza jurídica quanto tecnológica, para solução conjunta entre estudantes e empresas/escritórios. Na qualidade de coordenador estive ao longo desses quase 4 anos em contato com vários projetos que mudaram o Sistema Financeiro Nacional: Pix, Open Finance e, agora, Real Digital (nome próprio, como Pix, e, portanto, grafado em maiúsculas). Por fim, como servidor da Câmara dos Deputados, fui assessor técnico da Comissão Especial para o PL 2303/2015 que, aprovado na Câmara, passou a PL 4401 no Senado e, aprovado, Lei 14.478/2022.

A definição de ativos digitais e sua relação com criptomoedas, criptoativos e outros como moedas digitais de bancos centrais (*central bank digital currencies*)

A principal contribuição do *paper* de Satoshi Nakamoto, que criou o Bitcoin (rede blockchain) e o bitcoin (criptomoeda), foi a possibilidade de ativos digitais, não do objeto do *paper*: um sistema de pagamento pessoa a pessoa sem necessidade de intermediário. Um ativo deve ser único, ou não tem essa qualidade. Como estender essa qualidade (unicidade) para arquivos digitais que podem ser infinitamente copiados sem qualquer perda de qualidade? Esse foi o problema resolvido (empiricamente) por Satoshi Nakamoto. Por meio da resolução de um problema matemático (criptográfico) chamado "problema dos generais bizantinos", Nakamoto mostrou que por meio de um banco de dados *append only*, ou seja, que só grava registros, sem possibilidade de modificação, seria possível resolver o problema matemático e, portanto, dispor de ativos digitais: arquivos digitais únicos. O banco de dados em questão, pela maneira que se organiza, via blocos, foi batizado de cadeia de blocos, ou *blockchain*.

Pensando então que a unidade primitiva são ATIVOS digitais, ou ainda, usando terminologia jurídica, que ativos digitais são GÊNERO, então criptomoedas, NFTs, stablecoins e, mais recentemente, as moedas digitais de bancos centrais (CBDCs) são ESPÉCIES. Qual o interesse em ativos digitais? A resposta é fácil. São ativos que podem ser transmitidos por meio eletrônico instantaneamente (ou quase, a depender do tráfego de rede) e a custo baixo. A título de exemplo o setor de remessas internacionais, que consiste no envio e recebimento de dinheiro entre países, onde o oligopólio global que controla o setor (Wester Union, Moneygram, etc), cobra tarifas que chegam a 10% do valor bruto, pode ser levado a um grau de eficiência e menor custo substancial com o uso de ativos digitais. Exatamente por isso o uso de ativos digitais, especialmente criptomoedas, é explosivo em países em guerra como a Ucrânia ou Rússia ou ainda em graves crises financeiras, como Venezuela e Argentina.

A proposta de regulação expressa na Lei 14.478 de 2022

O projeto de lei original, o PL 2303/2015, de autoria do Dep. Áureo Ribeiro (Solidariedade RJ), quando protocolado previa a regulação de "bitcoin" juntamente com "milhas de companhias aéreas". Apesar da proposta genérica foi um projeto de lei pioneiro. Quando o projeto evoluiu por meio de substitutivos e agregando os subsídios advindos de grande quantidade de audiências públicas, onde foram ouvidos todos os stakeholders como corretoras de cripto, bancos, reguladores etc., ficou claro que se tratava, no tocante à cripto, de imputar a regulação advinda da proposta a um órgão do Poder Executivo com capacidade de executá-la. Desde muito cedo ficou claro que esse órgão seria, principalmente, o Banco Central do Brasil e, subsidiariamente, a Comissão de Valores Mobiliários. Daí surgiram alguns problemas. Alguns de natureza formal, como o fato que modificação da estrutura do Executivo é competência privativa deste Poder e tais projetos de lei devem ser propostos pelo governo. Outros de natureza funcional, como o fato que, por exemplo, o Banco Central, tem recursos limitados (como qualquer órgão público) e uma agenda de prioridades próprias (Pix, Open Finance, Real Digital etc.). Exatamente por este motivo estes projetos de lei são propostos pela própria autarquia (o Banco Central) e enviados ao Congresso como projetos do governo. São exemplos o marco de câmbio e a lei de independência do Banco Central. Pelo aspecto formal a lei aprovada foi obrigada, para não incorrer em inconstitucionalidade, a recorrer a um expediente: a necessidade, para sua validade, da edição de um decreto pelo Poder Executivo.

O que se segue é minha opinião pessoal e não necessariamente de nenhum dos órgãos citados.

O objeto da Lei 14478/2022 é, principalmente, a regulação de corretoras de criptomoedas ou VASPs (*virtual asset service providers*). Esse é um mercado com explosiva quantidade de fraudes, algumas das quais em escala global como Terra/Luna e, mais recentemente, FTX/Alameda Research. Os reguladores americanos (similar na Europa), especialmente a *Securities and Exchange Comission* (SEC), equivalente à CVM, mas também o Ministério Público, estão promovendo uma série de processos criminais e trazendo praticamente todas as atividades relacionadas a criptomoedas a uma interpretação literal da legislação bancária e/ou de mercado de capitais tradicionais tendo em vista o extensivo dano à poupança popular causado pelas fraudes.

No Brasil, levando-se em conta o ambiente turbulento de início do atual governo e, especialmente, sua relação com o Banco Central, além da falta de recursos (o Banco Central não realiza concursos desde 2011) e uma agenda de desenvolvimento ambiciosa (Pix, Open Finance, Real Digital, para falar dos projetos do BC), penso que regulação de aspectos de criptomoedas (regulação em fluxo no mundo) e, especialmente de corretoras de criptomoedas, é a menor prioridade do regulador no presente momento. Acredito que o decreto previsto na lei não será editado (se for) tão cedo.

Por fim, para finalizar um prefácio que já vai longo, gostaria de discutir rapidamente sobre a questão de importação de termos de tecnologia para outras áreas, especialmente o direito. O termo contrato inteligente como nomenclatura para fragmentos de código que, sob determinadas condições, são executados numa blockchain, foi um golpe de marketing do principal criador da rede Ethereum, Vitalik Buterin. Apesar da especulação de Lawrence Lessig, professor da Harvard Law School, de que "code is law" (edição original de 1999, atualizada em 2006), sabe-se, há muito, que contratos reais (inclusive os jurídicos) são "incompletos", ou seja, não é possível prever exatamente todas as contingências durante a vida de um contrato e esta impossibilidade é maior quanto mais longos forem os contratos. Daí não fazer muito sentido, em minha opinião, a comparação de contratos reais com os fragmentos de código conhecidos como contratos inteligentes.

Ricardo Fernandes Paixão
Coordenador DF do LIFT Learning do Banco Central do Brasil

SUMÁRIO

APRESENTAÇÃO 11

PREFÁCIO 13

1. INTRODUÇÃO AO UNIVERSO *CRYPTO* 19
Andressa Guimarães Torquato Fernandes

2. DESAFIOS DA REGULAÇÃO DOS CRIPTOATIVOS E CBDC'S NO BRASIL 23
André Castro Carvalho
Vitor Stevam Seriacopi Otoni

3. O LONGO CAMINHO ANTES DO PRIMEIRO PASSO: A LEI DE ATIVOS VIRTUAIS NO BRASIL 57
Isac Costa

4. TRIBUTAÇÃO DOS CRIPTOATIVOS 91
Thiago Barbosa Wanderley

5. *SMART CONTRACTS* E CRIPTOATIVOS 127
Rodrigo Fernandes Rebouças

6. O USO DE CRIPTOATIVOS NO SETOR PÚBLICO 147
Andressa Guimarães Torquato Fernandes
Isabella de Oliveira dos Santos
Maria Paula Resende Gallucci Rodriguez

7. NFT E OS DIREITOS AUTORAIS 177
Jacqueline Mayer da Costa Ude Braz

8. DIREITO E METAVERSO: OS DESAFIOS JURÍDICOS DA REALIDADE VIRTUAL 201
Annalice O. A. Baldini Figueira

9. A TECNOLOGIA PARA DESINTERMEDIAÇÃO: A CONSTRUÇÃO DE CRIPTOATIVOS EM CADEIA DE BLOCOS 213
Lucio H. A. Reis
Dianne S. V. Medeiros
Diogo M. F. Mattos

1
INTRODUÇÃO AO UNIVERSO *CRYPTO*

Andressa Guimarães Torquato Fernandes

Nos últimos anos, o tema criptoativos tem sido uma constante, tanto em noticiários econômicos, como no debate acadêmico. Não faltam entusiastas que vêm o seu surgimento como um divisor de águas na história da humanidade, capaz de provocar não apenas alterações profundas no sistema econômico mundial, mas também reflexos importantes nos sistemas político e social. Jack Dorsey, co-fundador do Twitter, ao falar sobre o bitcoin, até então a espécie mais notória de criptoativo, argumentou: "Para mim, o bitcoin muda absolutamente tudo. O que mais me atrai é o espírito, o que representa. As condições que o criaram são tão raras, tão especiais e tão preciosas, e não acho que haja nada mais importante na minha vida do que trabalhar nisso"[1]. Na mesma linha, Andreas M. Antonopoulos, ao tecer comentários sobre o futuro do sistema monetário e da internet em sua obra *The Internet of Money*, desenvolve a ideia de que após a primeira revolução da internet, que consistiu em uma revolução da Internet da Informação (*Internet of Information*), o Bitcoin teria sido o ponta pé inicial para a próxima revolução da internet, *The Internet of Money*. Além disso, a tecnologia que suporta o bitcoin, o blockchain, também tem sido objeto de grande notoriedade. Por exemplo, pesquisa publicada pelo Linkedin mostra que

[1] Acesso em: 04 de maio de 2022. Disponível em: < https://www.bbc.com/portuguese/geral-57500984>.

no ano de 2019 o gerenciamento de blockchain foi a habilidade (ou conhecimento) mais requisitada pelo mercado em todo o mundo.

Apesar dos criptoativos terem se popularizado com o surgimento do bitcoin, razão pela qual são constantemente relacionados às criptomoedas, as expressões não se confundem. Ambas – criptoativos e criptomoedas – derivam do nome atribuído à técnica computacional chamada de criptografia. De acordo com estudo publicado pelo Parlamento Europeu, intitulado *Cryptocurrencies and blockchain: legal context and implications for financial crime, money laundering and tax evasion*, publicado em julho de 2018, a aludida técnica pode ser compreendida como:

> Em termos simples, a criptografia é a técnica de proteger as informações, transformando-as (ou seja, criptografando-as) em um formato ilegível que só pode ser decifrado (ou descriptografado) por alguém que possua uma chave secreta. Criptomoedas como Bitcoin são protegidas por esta técnica usando um sistema engenhoso de chaves digitais públicas e privadas (tradução nossa, 2018, pg. 20).

Ao termo criptoativo (*crypto asset*) atribui-se sentido mais amplo que à expressão criptomoeda. Em texto publicado pelo Fundo Monetário Internacional (FMI) em 2018, intitulado *Treatment of Crypto Assets in Macroeconomic Statistics*, utiliza-se o termo *crypto asset* como gênero do qual derivariam duas espécies: (i) Bitcoin-like crypto assets – BLCA (ou crypto currencies), criadas com o propósito de servir apenas como meio de pagamento; e os (ii) crypto assets other than BLCAs (também chamados de digital tokens), os quais teriam um escopo mais amplo, que pode ir desde permitir que os seus titulares tenham acesso a um determinado serviço ou possibilitar o investimento e participação societária em um empreendimento. Especificamente com relação aos *digital tokens*, o estudo desenvolvido pelo FMI classifica-os em quatro espécies, a depender da sua função econômica subjacente, quais sejam:

> **Payments Tokens**: aqueles destinados a se tornarem BLCAs e a serem usados universalmente (ou seja, não restritos a uma plataforma específica) como unidades de conta, reserva de valor e meios de pagamento (por exemplo, Litecoin).
>
> **Tokens de utilidade**: aqueles projetados para fornecer aos titulares acesso futuro a serviços por meio de um aplicativo baseado em DLT. Exemplos desses

aplicativos são aqueles para armazenamento de arquivos, mensagens sociais e negociação (por exemplo, Ether, Binance coin e Filecoin)

Asset token: aqueles que representam reivindicações de dívida ou participação no patrimônio do emissor. Eles geram juros para o detentor ou prometem uma participação nos ganhos futuros da empresa, respectivamente.

Tokens híbridos: aqueles que são parte tokens de utilidade e parte asset token ou payment token. (grifos nossos, tradução nossa, 2018, pg. 07)

No Brasil, os criptoativos têm sido objeto de notas e regulamentações emitidas por entidades como Banco Central do Brasil, Receita Federal do Brasil, bem como pela Comissão de Valores Mobiliários, cada qual analisando o tema sobre o seu campo de atuação, os quais serão analisados em detalhes nos capítulos que se seguem.

Para uma compreensão mais aprofundada acerca do conceito de token, mencionado acima, destaca-se estudo empreendido por Tatiana Falcão, que apresenta um rol ampliado de categorias nas quais os tokens podem ser enquadrados, embora, conforme explica a autora, uma categorização não exclua a outra:

(i) Currency ou Value Tokens, quando se assemelham a uma moeda fiduciária, designadamente, quando pretendem representar o valor dessa moeda e servir como eventual meio de troca (e.g. Bitcoin);

(ii) Securities Tokens e Equity Tokens (também por vezes denominado Income-Sharing Token), quando o contrato versa sobre instrumentos financeiros e valores mobiliários representativos de capital próprio e alheio, podendo assumir a forma de instrumentos financeiros, incluindo derivados e, tem servido, frequentemente, como "veículo" para reproduzir um Initial Public Offering (Oferta Pública Inicial) em plataformas blockchain;

(iii) Utility Tokens, quando a sua emissão não implica a concessão de direitos para além da propriedade do próprio Token, podendo, (i) admitir o acesso a um produto ou a um serviço da empresa (e.g. um Usage Token) ou (ii) a permissão para contribuir e participar em certo trabalho (e.g.Work Token, normalmente associado a aplicações e serviços descentralizados), ou (iii) admitir a sua venda em mercado (também frequentemente emitidos no âmbito de um ICO); e

(iv) Asset Tokens, quando corresponde a um ativo físico subjacente (e.g. ouro ou um imóvel).

> (v) Royalty – Sharing token, quando o contrato permite que o comprador do token tenha participação nos royalties futuros gerados pelo emissor a partir da nova tecnologia. A remuneração do detentor do token (investidor) é proporcional ao montante de royalties pagos à empresa emissora do token. O token pode vir a ter seu valor referenciado de acordo com a renda gerada pela nova tecnologia (2018, pg. 222-223).

A autora explica também que essas categorias não são finitas nem exclusivas. Destaca ainda que "especialistas no mercado de negociação de moedas virtuais alertam que muitas outras modalidades podem existir, e inclusive vir a ser criadas, já que as regras operativas em cada token (e sua consequente caraterização legal e financeira) são essencialmente criadas pelo emissor" (2018, pg. 222-223).

Esclarecidos tais conceitos preliminares acerca dos criptoativos, os capítulos seguintes destinam-se a abordar a sua relação com campos do conhecimento que têm sido profundamente afetados com o seu surgimento: regulação financeira, tributação, *compliance* e prevenção a lavagem de dinheiro, propriedade intelectual e o caso das NFTs, o uso de criptoativos no setor público, os contratos inteligentes criados para funcionar em uma *blockchain*, metaverso, e por fim, aspectos técnicos e de segurança.

2
DESAFIOS DA REGULAÇÃO DOS CRIPTOATIVOS E CBDC's NO BRASIL

André Castro Carvalho
Vitor Stevam Seriacopi Otoni

Introdução

Como forma de atender os anseios do mercado e dos próprios consumidores, que visam alternativas para trocas, investimentos etc., os ativos virtuais vêm ganhando cada vez mais destaque na economia.

Contudo, atualmente, mesmo tendo sido publicada recentemente a lei sobre ativos virtuais no Brasil, ainda não há uma regulamentação dela, o que tende a endereçar algumas preocupações, sobretudo sobre a confiança e um melhor desenvolvimento deste mercado.

Essa é a razão pela qual existe um certo ceticismo por parte dos governos acerca da viabilidade de se ter um ativo que concorrerá com a própria moeda nacional, e que, juntamente com outras tecnologias e novos modelos de negócios, coloquem em xeque as atividades bancárias tradicionais, de modo a influenciar, neste caso, a própria política monetária.

Surge, então, como forma alternativa à crescente utilização dos criptoativos, as moedas digitais emitidas pelos bancos centrais, também chamadas de CBDC's (*Central Bank Digital Currencies*).

Independentemente de ser um ativo virtual ou uma moeda digital emitida por um Banco Central, o que se deve ter é um ambiente jurídico seguro, que favoreça o seu crescimento e que sustente novos modelos de negócios sujeitos à algum grau de supervisão, de forma a estabelecer um patamar mínimo de proteção para a sociedade.

E é exatamente a respeito disso que o presente estudo pretende contribuir: quais os desafios a serem enfrentados pelas regulamentações, considerando a dimensão econômica que essas atividades podem causar, inclusive no que tange a riscos sistêmicos, e como conciliar essas regras de forma a evitar rápida obsolescência por parte da regulamentação, agravado pelo ritmo acelerado de novas tecnologias.

1. (Novos) ativos como meio de troca

A sociedade sempre realizou troca uns com os outros, com o objetivo de adquirir algum bem ou serviço. Antes do dinheiro, o método utilizado era o escambo. Com o passar do tempo, todas as nações passaram a ter a sua moeda. O dinheiro só possui valor quando a sociedade diz quanto ela vale, de maneira consensual[1].

Como consequência da pressão para exploração de novas ideias e tecnologias, o capitalismo acaba por gerar *"inovações que rompem a ordem estabelecida, aumentam as pressões competitivas e suscitam novas ordens estabelecidas"*[2]. Com isso, tem-se a dinamicidade da sociedade atual, em constante cambiamento.

Não à toa, o setor financeiro, desde sempre, mostrou-se atento à inovação e sua respectiva evolução: o cartão de crédito e de débito surgiram como alternativa à utilização de dinheiro físico; os caixas eletrônicos, criados nos anos 1960, mas acessível no Brasil só a partir dos anos 1980, possibilitaram uma interação direta entre o consumidor e a máquina, de maneira a garantir a disponibilidade de numerário para a população em qualquer hora; a integração, nos anos 1990, das finanças brasileiras no sistema internacional, passando a aderir aos padrões regulatórios internacionais do Comitê da Basileia; o próprio Sistema de Reservas (STR) e o Sistema de Pagamentos Brasileiro[3] fizeram com que o regulador tivesse

[1] Silva, Isabela Ruiz Roque da Silva; Ribas, Jessica Barbara da Silva; Omar, Nizam. Governabilidade e democracia em moedas digitais. In: Costa, Isac Silveira da; Prado, Viviane Muller; Grupenmacher, Giovana Treiger (orgs.). *Cryptolaw: inovação, direito e desenvolvimento.* São Paulo: Almedina, 2020. p. 145.

[2] Faria, José Eduardo. *Poucas certezas e muitas dúvidas: o direito depois da crise financeira.* Revista Direito GV, [S. l.], v. 2, n. 5, 2009. p. 298.

[3] Cf. Salama, Bruno Meyerhof; Balduccini, Bruno. Fintechs 2.0. *Valor Econômico.* [S. l.], 17 mai. 2019. Disponível em: <https://valor.globo.com/opiniao/coluna/fintechs-2-0.ghtml> Acesso em 6 fev. 2023.

que acelerar o uso de tecnologias, começando a surgir os bancos digitais e as *fintechs*, até que, mais recentemente, foi implementado o sistema de pagamento instantâneo (o Pix), que funciona 24 horas por dia, 7 dias por semana, e o *open banking*, que tem por objetivo empoderar o consumidor[4].

Com o surgimento dessas novas tecnologias, começaram a surgir a necessidade de se estudar (ou criar) novas formas de representar o pagamento de valores. Nesse oceano de novas tecnologias alternativas e aliadas às novas formas de representação, surgem os criptoativos descentralizados e, mais recentemente, as moedas digitais emitidas por bancos centrais, também chamadas de *Central Bank Digital Currency* (CBDC).

Porém, em um cenário de transformação digital, muito se discute sobre como deve ser a regulamentação sobre esses assuntos; o que deve ter e o que não se faz necessário nesse momento; é por esse motivo que iniciaremos o estudo dos desafios que as regulamentações terão, pois, mesmo que seja um cenário nebuloso e existam muitas dúvidas de como será o futuro dos criptoativos e das CBDCs, o modo pelo qual está se estabelecendo a regulamentação influenciará drasticamente o seu uso futuro, e o que todos querem (ao menos aqueles que estejam estudando o assunto de boa-fé) é evitar que haja um risco sistêmico, prejudicando o que foi construído até então.

2. Contexto dos criptoativos

2.1. *Cenário legislativo no brasil*

Desde 2015, o Congresso Nacional tem suscitado a discussão sobre a regulamentação de criptoativos, pois cada vez mais ele vem fazendo parte da economia nacional.

Na Câmara dos Deputados, tramitavam quatro proposições: Projeto de Lei nº 2.303/2015, Projeto de Lei nº 2.060/2019, Projeto de Lei nº 2.234/2021 e Projeto de Lei nº 2.140/2021. No Senado Federal, por sua vez, existiam três projetos de lei para tratar sobre criptoativos, os quais tramitavam conjuntamente: Projeto de Lei nº 3.825/2019, Projeto de Lei nº 3.949/2019 e Projeto de Lei nº 4.207/2020.

Pode-se dizer que, de todos esses Projetos de Lei que tratam da regulação da apenas o Projeto de Lei nº 2.303/2015 foi sequenciado: é de inicia-

[4] Costa, Isac Silveira da; Prado, Viviane Muller; Grupenmacher, Giovana Treiger (orgs.). *Cryptolaw: inovação, direito e desenvolvimento*. São Paulo: Almedina, 2020. p. 93.

tiva da Câmara dos Deputados, esse Projeto de Lei foi aprovado por essa Casa Legislativa em dezembro de 2021, ocasião em que foi enviado para apreciação do Senado Federal, onde adquiriu a numeração 4.401/2021, que culminou na aprovação, em dezembro de 2022, da Lei nº 14.478, que analisaremos, abaixo, alguns de seus aspectos.

Antes de adentrar ao mérito das novidades trazidas por essa Lei, e fugindo um pouco do cenário legislativo propriamente dito, mas ainda levando em conta discussões atuais sobre esse modelo de ativo virtual, a Comissão de Valores Mobiliários já aprovou a criação de ETF de cripto[5] e a Receita Federal, por meio da Instrução Normativa nº 1.888/2019 disciplinou a obrigatoriedade de prestação de informações relativas às operações realizadas com criptoativos, sendo uma das primeiras medidas na tentativa de regulamentação do tema, como já delineamos[6].

2.2. *Desafios da regulamentação*

Assim como ocorre em diversos setores da economia, o ritmo em que as tecnologias e o modo como os consumidores têm cada vez mais opções à sua disposição está cada vez mais acelerado.

A depender do impacto da tecnologia e o mercado ao qual ela pretende adentrar, sua implementação depende de mudanças legislativas, principalmente para que o ambiente se torne seguro sob o ponto de vista legal e econômico.

O caso dos criptoativos não é diferente. Especialmente pelo fato de que, embora existam alegações de que esse ativo virtual é confiável, o fato de a legislação ser muito recente no Brasil e ainda depender de um certo grau de regulamentação pode trazer muitos riscos à economia e à estabilidade financeira, já que atualmente esses ativos se comportam mais como "ativos especulativos".

Por isso a importância de se ter uma regulamentação sobre o assunto que tende a ser publicada em um futuro próximo. Porém, em contrapartida, há muita discussão que o mercado terá que se debruçar, para que, ao longo

[5] Simões, Luis Felipe. CVM dá sinal verde para primeiro ETF de Ether da América Latina: Esse é o segundo ETF de criptoativos da gestora QR Asset Management. *Estadão.* [S.l.], 14 jul. 2021. Investimentos. Disponível em: <https://einvestidor.estadao.com.br/investimentos/cvm-autoriza-primeiro-etf-de-ethereum>. Acesso em: 6 fev. 2023.

[6] Cf. Carvalho, André Castro. Regime jurídico da e-cash bitcoin no direito financeiro brasileiro. *Revista de Direito Público da Economia*, Belo Horizonte, ano. 16, 2018. p. 9-35.

do tempo a forma como a regulamentação será implementada não afete negativamente esse (e outros) mercado(s). É o que se analisará a seguir.

2.2.1. *Abordagem funcional da definição legal*

Um dos primeiros desafios que a Lei teve foi definir o que é propriamente um ativo virtual. Podemos conceituá-lo como um criptoativo? Está correto chamarmos de criptomoeda? Faz sentido definir exaustivamente na legislação o que é um ativo virtual?

Inicialmente, é importante considerar que ativos virtuais podem ser definidos a partir de sua funcionalidade econômica, podendo ser (i) de troca ou de pagamento: comumente denominados de criptomoedas, sendo usados como meio de pagamento ou de troca e passível de aceitação por credores, a exemplo do Bitcoin; (ii) de investimento: que podem representar direitos de propriedade, contratos de investimento, entre outros, a exemplo da emissão inicial de tokens pela Bankera; (iii) de utilidade: permitindo acesso a produtos e serviços específicos, a exemplo da compra dentro de um jogo; (iv) de captação: servindo como aumento de capital, permitindo que as sociedades vendam fundos mediante a venda de criptoativos; (v) híbrido, que são tokens de investimento, que pode ser também usado como meio de troca ou de pagamento, a exemplo do próprio Bitcoin[7].

Ainda, criptoativos não se confundem com moedas eletrônicas e não estão sujeitos à regulamentação sobre o assunto, a exemplo da Lei nº 12.865 de 2013, pois moedas eletrônicas são recursos em reais mantidos em meios eletrônicos em qualquer instituição financeira e que podem ser utilizados como meio de pagamento denominada em moeda nacional (Real).

Dada essa classificação, é fácil perceber que, tecnicamente, é incorreto conceituar ativo virtual como criptomoeda, especialmente pelo fato de que, da forma como atualmente é prevista a disciplina legal da moeda, criptoativos não se enquadram na definição legal de moeda corrente nacional, com curso legal ou curso forçado, assim como o Real (Decreto-Lei nº 857/1969 e Lei nº 9.069/1995).

[7] DURAN, Camila Villard; STEINBERG, Daniel Fideles; CUNHA FILHO, Marcelo de Castro. Ativos Virtuais No Brasil: O Que São E Como Regular? Recomendações ao Projeto de Lei Nº 2.060/2019. *In:* COSTA, Isac Silveira da; PRADO, Viviane Muller; GRUPENMACHER, Giovana Treiger (orgs.). *Cryptolaw: inovação, direito e desenvolvimento.* São Paulo: Almedina, 2020. p. 74.

Ainda, diversamente do Real (que detém o poder liberatório, que é a atribuição de poder para saldar obrigações pecuniárias, e que não pode ser recusado pelo credor), os efeitos das criptomoedas não resultam na liberação do devedor pelo pagamento de suas obrigações. Esse atributo é o mesmo de outras moedas fiduciárias, pois o lastro em ouro ou em outro ativo não existe nos dias atuais[8].

Evidentemente que os criptoativos podem circular como bens que extinguem dívidas, porém, neste caso, o que se dará é a dação em pagamento, ou seja, é a entrega de bem diverso daquele que é objeto da prestação, com a concordância do credor para sua aceitação *a posteriori*, conforme artigo 356 e seguintes do Código Civil[9].

Adotando o conceito de Duran, Stinberg e Filho, pode-se dizer que ativo virtual é *"qualquer representação digital de um valor, seja ele criptografado ou não, que é aceito ou utilizado por pessoas físicas ou jurídicas como meio de troca, de pagamento ou de investimento, e que possa ser transferido, armazenado ou transacionado eletronicamente"*[10].

E exatamente pelo fato de sua característica apresentar natureza jurídica mutável de acordo com a sua utilização, e pelo fato de surgirem, cada vez mais, tecnologias e novos perfis de consumidores, trazendo uma imprevisibilidade nos modelos de negócios, não nos parece adequado ter definições exaustivas de ativos virtuais previstas em lei.

Isso porque, em razão da amplitude e do contínuo uso de novas funcionalidades a que os ativos virtuais estão sujeitos, eventual definição "fechada" em lei pode trazer um engessamento na sua natureza jurídica, prejudicando o seu contínuo desenvolvimento. O modelo ideal, portanto, é sua definição vir com um certo grau de generalidade e flexibilidade.

Levando em consideração essa discussão doutrinária tida até então, e que foi objeto de amplos debates no decorrer dos projetos de lei sobre o assunto, a Lei nº 14.478/2022 definiu ativo virtual, em seu artigo 3º, como a "representação digital de valor que pode ser negociada ou transferida por meios eletrônicos e utilizada para realização de pagamentos ou com propósito de investimento".

[8] Cf. Carvalho, André Castro. *Regime...*, p. 12.

[9] Gonçalves, Carlos Roberto. *Direito Civil Brasileiro – Teoria Geral das Obrigações*. São Paulo: 9. ed. Saraiva, 2012. p. 328

[10] Duran, Camila Villard; Steinberg, Daniel Fideles; Cunha Filho, Marcelo de Castro. Ativos Virtuais No Brasil: *O Que São...* p. 72.

Em contrapartida, a Lei definiu as modalidades que não estão incluídas no conceito de ativo virtual, quais sejam: (a) moeda nacional e moedas estrangeiras; (b) moeda eletrônica, nos termos da Lei nº 12.865/2013; (c) instrumentos que provejam ao seu titular acesso a produtos ou serviços especificados ou a benefício proveniente desses produtos ou serviços, a exemplo de pontos e recompensas de programas de fidelidade; e (d) representações de ativos cuja emissão, escrituração, negociação ou liquidação esteja prevista em lei ou regulamento, a exemplo de valores mobiliários e de ativos financeiros.

Essa definição legal, contudo, também esbarra em questões de competência para sua regulamentação, sendo esse mais um desafio a ser enfrentado, conforme se vê a seguir.

2.2.2. *Competência para a regulação*

A constante evolução das funcionalidades econômicas e a natureza jurídica dos criptoativos, conforme seu uso e emissão, traz consequências, inclusive, na competência dos órgãos reguladores.

Os criptoativos, apesar de atualmente não se enquadrarem entre os ativos financeiros, pois entre os ativos financeiros são incluídos os títulos de crédito, instrumentos financeiros, direitos creditórios, bens e direitos de obrigação de pagamento de instituições financeiras ou demais autorizadas a funcionar pelo Banco Central, sujeitos à escrituração e custódia dessas instituições, originários de operações nos mais diversos segmentos (nos termos da Resolução nº 4.593/2017, do Conselho Monetário Nacional), poderiam estar sujeitos ao regime de ativos financeiros se assim fosse previamente regulamentado pelo Banco Central do Brasil, com sua sujeição expressa à sua supervisão.De acordo com o art. 6º, da Lei, ato do Poder Executivo atribuirá a um ou mais órgãos ou entidades da Administração Pública federal a disciplina do funcionamento e a supervisão da prestadora de serviços de ativos virtuais

Uma possibilidade, portanto, seria estabelecer que compete ao Banco Central do Brasil a supervisão e a regulação da atividade (de ativos virtuais), nas circunstâncias específicas em que a emissão, a transação ou a transferência de ativos virtuais, por sua natureza, integrem a sua competência.

De outro lado, e sem prejuízo da competência do Banco Central do Brasil acima mencionada, a competência da Comissão de Valores Mobiliares pode ser atribuída quando a supervisão e a regulação da atividade sejam necessárias nas circunstâncias específicas em que a emissão, a transação ou a transferência dos ativos virtuais seja compatível com suas responsabilidades.

O enquadramento mencionado neste estudo não muda o fato, no entanto, de uma multiplicidade de usos e destinações atualmente existentes para os criptoativos, o que faz com que sejam reconhecidos a partir de uma extensa taxonomia e variado enquadramento.

Ainda, o Conselho Monetário Nacional poderia estabelecer a competência ao Banco Central do Brasil para autorizar o funcionamento de sociedades corretoras de criptoativos, regulando-as do ponto de vista prudencial, com o requerimento de capital mínimo, o gerenciamento de políticas e procedimentos de controles internos e de riscos, em competência compartilhada com a Comissão de Valores Mobiliários para o regramento dessas atividades, na medida em que a distribuição e negociação de criptoativos, administração e custódia, sejam enquadradas como atividades relacionadas a competência desse órgão ou possam a ela se submeter para fins de adequação do perfil do cliente (*suitability*).

É claro que há muito o que se discutir acerca da definição legal de ativos financeiros (ou criptoativos) e sua respectiva regulamentação, porém, uma saída, ainda que para esse primeiro momento, seja conferir um espaço de diálogo entre os reguladores, ou seja, entre o Conselho Monetário Nacional, o Banco Central do Brasil, a Comissão de Valores Mobiliários e demais órgãos que possam ser impactados em razão da matéria.

Uma possibilidade para esse diálogo seria criar um Fórum Multidisciplinar para tratar do assunto, a exemplo do que acontece com o ENCCLA – Estratégia Nacional de Combate à Corrupção e à Lavagem de Dinheiro, que é *"a principal rede de articulação para o arranjo e discussões em conjunto com uma diversidade de órgãos dos Poderes Executivo, Legislativo e Judiciário das esferas federal e estadual e, em alguns casos, municipal, bem como do Ministério Público de diferentes esferas, e para a formulação de políticas públicas e soluções voltadas ao combate àqueles crimes"*[11].

Por meio desse Fórum, por exemplo, os órgãos poderiam tratar de aspectos decorrentes da mineração, intermediação, custódia, distribuição, liquidação, negociação, emissão ou gestão de criptoativos.

[11] ENCCLA. Estratégia Nacional de Combate à Corrupção e à Lavagem de Dinheiro. *O que é a ENCCLA?* Quem Somos. ENCCLA. Disponível em: <http://enccla.camara.leg.br/quem-somos> Acesso em: 6 fev. 2023.

Esse diálogo certamente contribuiria para um mercado de criptoativos com segurança, sem comprometer o próprio desenvolvimento dessa atividade e sem engessar o tema, mitigando o risco de a legislação se tornar obsoleta em pouco tempo de sua aplicação.

2.2.3. *Enfoque das exchanges*

O art. 5º, da Lei nº 14.478/2022, estabeleceu o conceito de prestadoras de serviços virtuais (*exchanges*), qual seja: a pessoa jurídica que executa, em nome de terceiros, pelo menos um dos serviços de ativos virtuais, entendidos como (a) troca entre ativos virtuais e moeda nacional ou moeda estrangeira; (b) troca entre um ou mais ativos virtuais; (c) transferência de ativos virtuais; (d) custódia ou administração de ativos virtuais ou de instrumentos que possibilitem controle sobre ativos virtuais; ou (e) participação em serviços financeiros e prestação de serviços relacionados à oferta por um emissor ou venda de ativos virtuais.

Dada as inúmeras possibilidades de enquadramentos, naturezas e funcionalidades econômicas e jurídicas dos criptoativos, uma alternativa para a disciplina imediata e segura da regulamentação da lei que alcance a segurança esperada pelo setor é focar na atuação dos agentes econômicos que exercem as tais atividades.

Isso porque, em razão de os consumidores custodiarem e negociarem os criptoativos por meio dessas *exchanges*, facilitaria a condução de melhores resultados e diretrizes para o efetivo controle de toda variedade de atividades exercidas em operações com os criptoativos, possíveis regimes jurídicos dos serviços prestados e efeitos decorrentes – tudo isso de forma indireta.

Considerando que as *exchanges* diferenciam-se de outras instituições de atividade similar (a exemplo dos Bancos), propõe-se que a regulamentação que recairá sobre elas traga aspectos norteadores da normatização, da regulação e da fiscalização desses agentes, no exercício de suas atividades econômicas.

Isso se dá pelo fato de que as *exchanges* atraem a competência legislativa precípua da União, em razão de exercerem funções de interesse público e coletivo e, por envolver sistemas de economia e poupança popular, sendo necessário que seus órgãos e autarquias, conforme suas respectivas competências, autorizem, regulamentem e fiscalizem a atuação de agentes econômicos.

Ademais, cumpre ressaltar o papel relevante da Associação Brasileira de Criptoativos (ABCripto), que conta com as principais exchanges do Brasil, e o seu processo de autorregulação, como no Código de Conduta e Autorregulação e no Manual de Boas Práticas em Prevenção à Lavagem de Dinheiro e ao Financiamento do Terrorismo para Exchanges Brasileiras[12].

Em virtude das suas especificidades, é fundamental que seja disciplinado na regulamentação da lei (i) as obrigações e responsabilidades para o regular funcionamento, controle e relacionamento dos clientes com as *exchanges*, (ii) a necessidade de liquidez imediata dos recursos, (iii) a proteção da segregação do patrimônio da *exchange* e de seus clientes, bem como a segregação dos recursos entre os próprios clientes[13]; (iv) os mecanismos para prevenção à lavagem de dinheiro, combate ao financiamento do terrorismo e o financiamento de armas de destruição em massa (PLD/FTP). Tudo isso em linha com o disposto no art. 7º da lei.

Isso tudo para evitar o que atualmente observamos no dia a dia, em que os problemas com as *exchanges* são comumente atrelados e confundidos com fraudes ou "pirâmides financeiras", ou como ativos sujeitos à "criptolavagem"[14], especialmente porque falta clareza sobre a própria atividade dessas sociedades – e também em razão de elas são estarem submetidas a uma regulação específica.

Tanto é assim que a própria *Internacional Organization of Securities Commissions* – IOSCO apresentou, em 2019, alguns pontos de atenção acerca das *exchanges*, os quais resumimos da seguinte forma[15]:

12 Cf. ABCRIPTO. Associação Brasileira de Criptoeconomia. *Autorregulação.* Disponível em: <https://www.abcripto.com.br/autorregulacao-abcripto>. Acesso em: 6 fev. 2023.

13 DUTRA, Marcos Galileu; PRADO, Viviane Muller. O duro aprendizado: lições do mercado de capitais para a proteção de ativos em exchanges. In: COSTA, Isac Silveira da; PRADO, Viviane Muller; GRUPENMACHER, Giovana Treiger (orgs.). *Cryptolaw: inovação, direito e desenvolvimento.* São Paulo: Almedina, 2020. p. 328.

14 Cf. ABREU, Allan de. Criptolavagem, Um Novo Método Para Um Velho Crime: Polícia Federal investiga como quadrilha usou bitcoins, as moedas digitais, para lavar 110 milhões de reais do tráfico. *Piauí*, [S. l.], 17 mai. 2021. Questões Criminais. Disponível em: <https://piaui.folha.uol.com.br/criptolavagem-um-novo-metodo-para-um-velho-crime/>. Acesso em: 6 fev. 2023.

15 IOSCO – INTERNATIONAL ORGANIZATION OF SECURITIES COMMISSIONS. *Issues, Risks and Regulatory Considerations Relating to Crypto-Asset Trading Platforms – Consultation Report.* [S. l.], mai. 2019. Disponível em: <https://www.iosco.org/library/pubdocs/pdf/IOSCOPD627.pdf>. Acesso em: 6 fev. 2023.

(i) a admissão de novos clientes tem que observar procedimentos de forma justa e não discriminatória, incluindo processos robustos para PLD/FTP, bem como processos para conhecer o seu cliente (KYC), de modo a adequar o produto ao perfil do cliente;
(ii) adequação para avaliação de eventual conflito de interesses quando envolver a *exchange*, nas situações em que elas se posicionarem para fornecer serviços de ponta a ponta (a exemplo da admissão, negociação, liquidação, custódia e consultoria sobre os produtos e serviços);
(iii) a existência de transparência das informações, regras e políticas por parte do consumidor, incluindo aspectos relativos a preços, de modo que eles possam ser livres para a tomada de decisão;
(iv) devem ser implementados mecanismos para monitorar e prevenir fraudes e situações que atentem contra a integridade do mercado;
(v) as *exchanges* devem dispor de sistemas que garantam a resiliência, confiabilidade e a integridade, de forma adequada à natureza do serviço prestado, além do necessário plano de continuidade de negócios (PCN), na medida que são importantes meios de proteção do investidor e de garantia da prestação do serviço;
(vi) a efetividade na compensação e liquidação dos criptoativos, como forma de proteção ao investidor, na medida em que seu regular funcionamento gerará benefícios aos consumidores-investidores, bem como efetividade nas salvaguardas para a proteção dos ativos dos consumidores.

Os pilares da regulamentação aqui propostos servem como ponto de partida para que as *exchanges* possam finalmente gerar a tão esperada segurança e confiança dos consumidores-investidores, pois, como diz Dutra e Muller:

> é necessário alertar para a representatividade econômica da atividade dessas entidades, que, se não chegam a assumir dimensões que implicariam riscos de natureza sistêmica, têm sido destinatárias de um volume não desprezível de poupança dos indivíduos. Nesse sentido, caberia a reflexão acerca da necessidade de algum grau de regulação e supervisão, seja de iniciativa dos próprios participantes da indústria (em um esforço de efetiva autorregulação), seja do próprio Estado, de forma a estabelecer um patamar mínimo de proteção ao público investidor[16].

[16] DUTRA, Marcos Galileu; PRADO, Viviane Muller. *O duro*... p. 335.

2.2.4. *Proteção do consumidor investidor*

A preocupação com a proteção do consumidor-investidor é calcada na necessidade, principalmente, de uma autorização prévia de algum órgão competente (a exemplo do Banco Central do Brasil sugerido aqui neste estudo) para funcionamento das *exchanges* (em linha com o inciso I, do art. 7º da Lei), de modo que elas sejam constituídas com capital social suficiente para arcar com possíveis pretensões jurídicas dos consumidores decorrentes do risco inerente ao negócio.

Isso porque, da mesma forma em que as atividades das *exchanges* indicam um número significativo de negociações em criptoativos (R$ 1,8 bilhão em bitcoins acumulados em 2019, por meio das entidades monitoradas pelo bitvalor.com)[17], os prejuízos já ocorridos nesse mercado são igualmente relevantes: estima-se um prejuízo de cerca de US$ 8 bilhões até 2019[18].

O fato é que, mesmo sem uma regulamentação que traga a devida segurança jurídica nesse momento, bem como sem consenso sobre quem deve ser o órgão que deve fiscalizar as *exchanges,* os consumidores brasileiros estão cada vez mais aderindo a esse novo mercado[19], mesmo desconhecendo suas características e possíveis riscos a ele atrelados.

Um ponto extremamente relevante diz respeito à necessária definição jurídica de que os ativos depositados nas *exchanges* pelos clientes são uma hipótese especial de contrato de depósito regular de coisas fungíveis[20]. Longe de ser uma questão meramente acadêmica, a definição jurí-

[17] BITVALOR. Relatório do Mercado Brasileiro de Bitcoin. *bitValor.* [S. l.], mai. 2019. Disponível em: <https://bitvalor.com/relatorios/201905_relatorio_mercado_brasileiro_bitcoin> Acesso em: 6 fev. 2023.

[18] GREGÓRIO, Rafael. Criptopílulas: hackers já roubaram mais bitcoins que todo o patrimônio do criador Satoshi Nakamoto: Desde 2009, criminosos já saquearam 1 milhão de bitcoins, o equivalente a US$ 8,2 bilhões; especialistas veem riscos em concentrar ativos em uma ou poucas 'exchanges'. *Valor Investe.* São Paulo: 13. jun. 2019. Disponível em: <https://valorinveste.globo.com/mercados/cripto/noticia/2019/06/13/criptopilulas-hackers-ja-roubaram-mais-bitcoins-que-todo-o-patrimonio-do-criador-satoshi-nakamoto.ghtml>. Acesso em: 6 fev. 2023.

[19] COINTELEGRAPH BRASIL. Mais de 30% dos brasileiros já utilizam criptomoedas, diz pesquisa da Visa: Para a gigante dos pagamentos, Brasil seria o país com maior potencial para crescimento no mercado cripto; pesquisa revelou que a maioria dos habitantes já conhece as criptomoedas. *Exame,* [S. l.], 28 dez. 2021. Future of Money. Disponível em: <https://exame.com/future-of-money/mais-de-30-dos-brasileiros-ja-utilizam-criptomoedas-diz-pesquisa-da-visa/> Acesso em: 6 fev. 2023.

[20] DURAN, Camila Villard; STEINBERG, Daniel Fideles; CUNHA FILHO, Marcelo de Castro. Ativos Virtuais No Brasil: *O Que São...* p. 80-81.

dica dessa forma impossibilitaria que as *exchanges* considerassem tais ativos como de sua propriedade (tais ativos são de propriedade do consumidor--investidor)[21].

2.2.5. *Sujeição às regras de PLD/FTP*

Diferentemente das moedas oficiais dos países, os criptoativos (mesmo após a publicação da Lei), por enquanto, não têm uma autoridade encarregada de investigar ou monitorar as transações e supostas atividades criminosas.

Da mesma forma, uma das características dos criptoativos é uma "pseudoanonimidade", pois, em que pese em alguns casos as operações não são propriamente anônimas, a exemplo do Bitcoin, onde está presente o *hash* da transação, de toda forma é garantido um certo grau de privacidade aos titulares em razão da ausência de controles uniformes de PLD/FTP ao redor do mundo, o que pode prejudicar a persecução penal da lavagem de dinheiro[22].

Tanto é assim que, ao abrir uma "conta", o consumidor não é obrigado a se identificar, bastando "*o acesso à internet e a um cliente de bitcoin para gerar um par de chaves e um endereço e ter acesso a transações*"[23]. Com isso, uma pessoa que está na Coreia do Norte, por exemplo, pode ser titular dessa conta em uma exchange brasileira, sem que essa informação fique regulatoriamente registrada. O exemplo é bem oportuno, pois muitos países sujeitos às regras de sanções econômicas e financeiras dirigidas costumam utilizar criptoativos para evasão de sanções[24].

Somado a isso, são diversas as notícias do uso dos criptoativos em atividades ilícitas, desde "sequestro" de dados, por meio de *ransomwares*, até o financiamento de atividades terroristas contratadas via *dark web*. Isso tudo faz com que os criptoativos sejam um atrativo para os criminosos.

[21] Esse, aliás, é mais um motivo que diferencia a atividade da *Exchange* com os Bancos, pois no contrato de depósito bancário há a transferência da propriedade do bem (moeda) ao depositário (banco).

[22] ESTELLITA, Heloisa. Bitcoin e lavagem de dinheiro: uma aproximação. In: COSTA, Isac Silveira da; PRADO, Viviane Muller; GRUPENMACHER, Giovana Treiger (orgs.). *Cryptolaw: inovação, direito e desenvolvimento*. São Paulo: Almedina, 2020. p. 344.

[23] *Ibidem*.

[24] Cf., por exemplo, VAN VORIS, Bob. Crypto expert who helped North Korea evade U.S. sanctions in 2019 gets five-year prison sentence. *Fortune*, [S.l.], 12 abr. 2022. The Coins Cryptocurrency Disponível em: <https://fortune.com/2022/04/12/crypto-expert-virgil-griffith-prison-sentence-north-korea-us-sanctions/>. Acesso em: 6 fev. 2023.

Preocupado com isso, o GAFI produziu algumas recomendações sobre o assunto[25], e, tendo em vista que o Brasil é membro desse Grupo, deverá aplicar medidas para prevenir esse tipo de prática criminosa.

Esse, portanto, é um dos principais pontos que deve ser claramente tratado e regulamentado com urgência pelo órgão regulador: as *exchanges* devem estar sujeitas às normas de PLD/FTP, incluindo cadastro, conheça seus clientes, registros das operações e comunicação à autoridade competente, além da aplicação de outras formas de controles especiais das operações.

A justificativa para isso, como bem lembrado por Heloísa Estellita[26], é bem simples: se a Receita Federal já impôs regras relativas ao reconhecimento do valor economicamente relevante dos criptoativos, não nos parece razoável desconsiderar os criptoativos – ou a sujeição das *exchanges* – às medidas de PLD/FTP.

Vale ressaltar que, embora isso já conste na Lei nº 14.478 de 2022 (art. 12), uma vez que alterou a Lei nº 9.613 de 1998, a fim de estabelecer que as *exchanges* se sujeitam à referida lei de PLD/FT, é importante esclarecer que o modo como isso será operacionalizado deve ser detalhadamente regulamentado, assim como acontece com outras instituições, a exemplo dos Bancos, por conta da Circular BACEN nº 3.978 de 2020, e do próprio Manual de Boas Práticas em PLD/FTP da ABCripto supramencionado; somente assim há de se ter uma segurança jurídica no que tange à regulamentação complementar, na medida em que existirá regras mínimas de cadastro, armazenamento de informações, procedimentos e controles internos para um efetivo KYC.

Não obstante, vale dizer que a submissão das *exchanges* à Lei 9.613/1998 reforça, por si só, a possibilidade de supervisão dessas atividades pelo Conselho de Controle de Atividades Financeiras (COAF) e da consequente obrigação de reporte de operações suspeitas.

Além do mais, é salutar a criação do Cadastro Nacional de Pessoas Expostas Politicamente – CNEP, que poderá servir como um efetivo instrumento para sujeitar as operações com criptoativos às melhores práticas de prevenção à lavagem de dinheiro, facilitando a aplicação de políticas,

[25] FATF. *Guidance for a Risk-Based Approach to Virtual Assets and Virtual Asset Service Providers*. FATF, Paris, 2019. Disponível em: <https://www.fatf-gafi.org/publications/fatfrecommendations/documents/guidance-RBA-virtual-assets.html>. Acesso em 29.04.2022.

[26] Estellita, Heloisa. *Bitcoin e lavagem...* p. 346.

procedimentos e controles relativos ao uso desses bens, direitos ou valores provenientes de infração penal, com o mérito adicional de aproveitar a estrutura de órgão já existente e especialista no tema, o COAF. Importante é, conforme já ressaltamos, que medidas de inserção em cadastro nacional sejam pressupostas para que o agente público possa ser empossado regularmente no cargo, e que as informações mapeadas não se limite somente à figura dos PEPs, mas também dos respectivos familiares[27].

2.2.6. *Aspectos importantes que não foram aprovados pelo Congresso Nacional, mas que devem fazer parte da regulamentação*

O primeiro aspecto que não foi aprovado pelo Congresso Nacional, embora seja de suma importância para que esse mercado ganhe cada vez mais credibilidade é a segregação patrimonial.

A segregação patrimonial entre os recursos próprios as prestadoras de serviços de ativos virtuais e os recursos aportados pelos clientes foi diretriz aprovada pelo Senado Federal, incluída no Projeto de Lei n. 4.401 de 2021, que deu origem à lei n. 14.478 de 2022, porém a Câmara dos Deputados rejeitou essa modificação.

A segregação patrimonial consiste em importante garantia aos consumidores e é exigência para evitar que, em caso de falência das *exchanges*, tal como recentemente aconteceu com a segunda maior corretora do mundo, a FTX, os consumidores não percam os seus recursos total ou parcialmente.

Além disso, a medida auxilia na prevenção a fraudes, pois mitiga a prática de golpes de pirâmides financeiras.

A ESMA (European Securities and Markets Authority) divulgou, em 30 de novembro de 2022, o pronunciamento de seu *head* de análise de risco e economista-chefe, perante o Comitê de Assuntos Econômicos e Monetários do Parlamento Europeu, a respeito do colapso da corretora FTX e suas implicações para a União Europeia. De acordo com ele, a segregação de ativos dos clientes é uma salvaguarda crucial nas finanças. A falta de garantias como essa em várias instituições que atuam no mercado de criptoativos está entre um dos fatores que fez com que a ESMA e outras

[27] Cf. Carvalho, André Castro. Pessoa politicamente exposta: reflexões e propostas de regulamentação. *Consultor Jurídico.* [S.l.], 19 set. 2021. Disponível em: <https://www.conjur.com.br/2021-set-19/publico-pragmatico-pessoa-politicamente-exposta-reflexoes-propostas-regulamentacao>. Acesso em: 6 fev. 2023.

autoridades nacionais com a mesma função emitissem avisos aos investidores em 2018 e, novamente, em 2022 sobre os riscos severos envolvendo a posse de criptoativos[28].

Ainda, ponderou que criptoativos trazem consigo um risco de mercado extremo, com grande volatilidade de preços. O preço do bitcoin, por exemplo, segundo ele, está cerca de dois terços abaixo de seu pico há cerca de um ano atrás. Riscos de liquidez e operacional, inclusive o risco de segurança cibernética, significam que investidores que possuam ativos em exchanges de criptoativos podem vir a não ter acesso a seus investimentos temporária ou permanentemente[29].

Além disso, apesar desses riscos fundamentais atrelados aos criptoativos, tem se visto, na opinião daquele *head*, a continuidade de um marketing difundido e frequentemente agressivo que faz com que os consumidores invistam sem terem consciência dos riscos extremos envolvidos.

Adicionalmente aos riscos do investidor, foi relatado que a ESMA tem monitorado o mercado de criptoativos sob a perspectiva de estabilidade financeira e publicou uma avaliação em um relatório especial sobre o assunto em 2022.

A partir disso, depreende-se a importância da segregação patrimonial, na medida em que resvala duplamente na esfera de interesses do consumidor: primeiro, garante que este não perderá seus recursos em caso de falência, depois, é uma salvaguarda à própria estabilidade do Sistema Financeiro Nacional, pois, de agora em diante, a conexão entre estruturas e instituições tradicionais será cada vez maior com o ecossistema cripto e eventual instabilidade relacionada a controles e governança frágeis poderão contaminar o mercado financeiro como um todo (inclusive o tradicional).

Outro ponto relevante e que não constou da Lei é a exigência de CNPJ para as *exchanges*. Isso, contudo, é essencial, sobretudo sob a perspectiva tributária, para garantir que a "pirataria digital" nesse novo ecossistema não se perpetue.

Isso obrigará com que todas as empresas que queiram atuar nesse setor recolham impostos e cumpram todos os deveres estipulados pela legislação brasileira.

[28] KERN, Steffen. Opening Statement, Economic and Monetary Affairs Committee European Parliament. [S. l.] 30 nov. 2022. p. 3-4. Disponível em: <https://www.esma.europa.eu/sites/default/files/library/public_statement_to_econ_sk.pdf>. Acesso em: 6 fev 2023.

[29] *Ibidem*.

3. *Central Bank Digital Currencies* (CBDC's)

Diferentemente dos criptoativos, as moedas digitais emitidas por bancos centrais (internacionalmente conhecidas como CBDC) são a representação digital da moeda fiduciária de um determinado país. No caso do Brasil, o Real (Digital).

O Real Digital terá, portanto, as três funções básicas de uma moeda: (a) será um meio de troca, na medida em que poderá ser trocada por produtos e serviços, de forma substituta ao valor do objeto trocado; (b) terá uma unidade de conta, pois os produtos e os serviços poderão ser cotados e comparados por ela; (c) será uma reserva de valor, na medida em que manterá o poder de compra ao longo do tempo, caso não seja utilizada[30].

Existem, basicamente, três possíveis modelos de arquitetura que o mercado tem discutido acerca da CBDC: o cenário direto, o híbrido e o indireto[31].

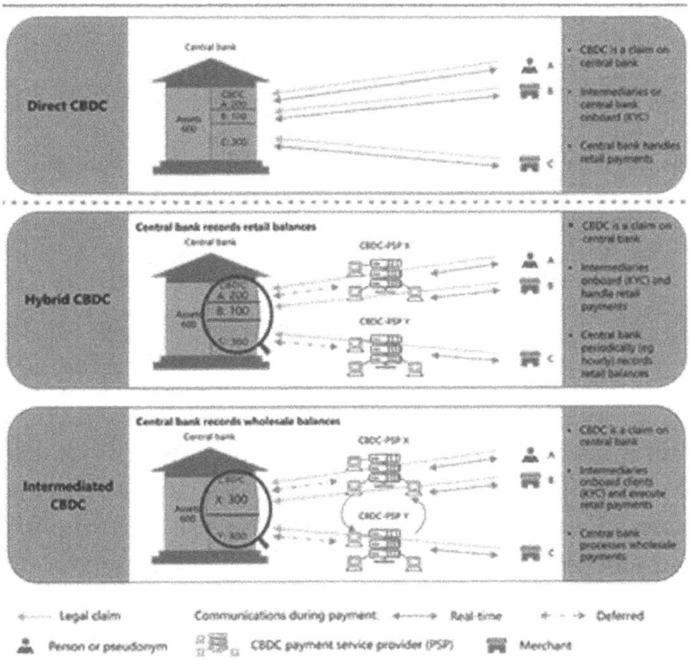

[30] DANTAS, Robinson Gamba; CARVALHO, Marcos; COSTA, Isac Silveira da. Você tem alguns minutos para ouvir a palavra do blockchain?. In: COSTA, Isac Silveira da; PRADO, Viviane Muller; GRUPENMACHER, Giovana Treiger (orgs.). *Cryptolaw: inovação, direito e desenvolvimento.* São Paulo: Almedina, 2020. p. 44.

[31] BIS. *CBDCs: an opportunity for the monetary system.* BIS Annual Economic Report. [S. l.], 23 jun. 2021. Disponível em: <https://www.bis.org/publ/arpdf/ar2021e3.htm>. Acesso em: 6 fev. 2023.

Depreende-se desses três modelos que, no cenário direto, não há intermediação bancária, sendo o Banco Central do Brasil responsável por todas as fases, ocasião em que a interação do consumidor dar-se-ia diretamente com o Banco Central, por meio de sua *wallet*.

Já no cenário híbrido, o Banco Central é o responsável por emitir o Real digital e o consumidor final terá a opção de operar diretamente com o Banco Central, através da *wallet*, ou com as instituições intermediadoras, seguindo as definições do Banco Central para a interoperabilidade entre os custodiantes.

E, no cenário indireto, o Banco Central é o responsável pela emissão da moeda digital e distribuição para as instituições intermediadoras, que, por sua vez, serão as responsáveis pela custódia e disponibilização ao consumidor final.

A responsabilidade do Banco Central e das instituições ficariam retratadas da seguinte forma e na mesma sequência (modelo direto, híbrido e indireto)[32]:

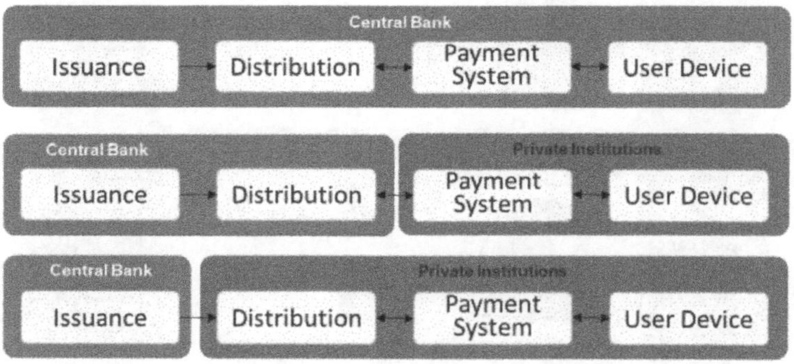

Sem pretensão de se definir, neste momento, qual é o modelo ideal, é certo que existem modelos que atraem maiores riscos e têm chances de causar um risco sistêmico; da mesma forma, não se exclui a possibilidade de conviver com dois modelos ao mesmo tempo, a depender do modelo de negócios. Por exemplo, seria possível que o modelo indireto fosse aplicado como regra geral e, ao mesmo tempo, tivessem alguns casos em que o modelo seria o híbrido, como o pagamento de benefícios sociais, do "coronavoucher", aposentadoria, por meio da CBDC.

32 KIFF, Mr John et al. *A survey of research on retail central bank digital currency*. 26 jun. 2020. Disponível em: <https://www.imf.org/en/Publications/WP/Issues/2020/06/26/A-Survey-of-Research-on-Retail-Central-Bank-Digital-Currency-49517> Acesso em: 6 fev. 2023.

Nesse sentido, faz-se necessário avaliar o cenário legislativo para emissão do Real Digital, bem como os possíveis riscos atrelados à sua implementação.

3.1. *Cenário legislativo*

Preocupado com o aumento de denúncias relacionados ao mercado de criptoativos, o Banco Central do Brasil emitiu o Comunicado nº 31.379 de 2017, com alerta sobre os riscos decorrentes de operações de guarda e negociação das denominadas moedas virtuais[33].

Com a mesma preocupação, em 2020, por meio do Ofício BCB 18.728, o Banco Central respondeu à Câmara dos Deputados, em resposta ao Requerimento de Informação (RIC) nº 802/20, que moeda digital é diferente das criptomoedas, pois:

> a moeda digital de banco central, tratada internacionalmente como CBDC (Central Bank Digital currency), é emitida pelo banco central do país e é a representação digital da moeda fiduciária local. Criptomoedas, por outro lado, geralmente possuem uma nova unidade de conta e são emitidas e geridas por algoritmos definidos durante seu projeto, não sendo passíveis de intervenção de nenhuma entidade de forma individual, incluindo reguladores financeiros[34].

No mesmo documento, o Banco Central deixou claro que há iniciativas para aprofundar o tema. Para isso, por meio da Portaria nº 108.092, foi constituído Grupo de Trabalho do Banco Central do Brasil, que estabeleceu algumas diretrizes para a implementação da CBDC[35]:

- ênfase na possibilidade de desenvolvimento de modelos inovadores a partir de evoluções tecnológicas, como contratos inteligentes (smart contracts), internet das coisas (IoT) e dinheiro programável;

[33] BACEN – BANCO CENTRAL DO BRASIL. *Comunicado n° 31.379 de 16/11/2017.* [S. l], 16 nov. 2017. Disponível em: <https://www.bcb.gov.br/estabilidadefinanceira/exibenormativo?tipo=Comunicado&numero=31379> . Acesso em: 6 fev. 2023.

[34] _____. *Ofício 18728/2020-BCB/Gapre.* Brasília, 27 ago. 2020. Disponível em: <https://www.camara.leg.br/proposicoesWeb/prop_mostrarintegra;jsessionid=node01suxabvqdp1zuz22u388sf0o47125868.node0?codteor=1926053&filename=Tramitacao-RIC+802/2020> . Acesso em: 6 fev. 2023.

[35] _____. *Banco Central divulga as diretrizes gerais de uma moeda digital para o Brasil.* [S. l], 24 mai. 2021. Disponível em: <https://www.bcb.gov.br/detalhenoticia/17398/nota> Acesso em: 6 fev. 2023.

- previsão de uso em pagamentos de varejo;
- capacidade para realizar operações online e eventualmente operações offline;
- emissão pelo BCB, como uma extensão da moeda física, com a distribuição ao público intermediada por custodiantes do Sistema Financeiro Nacional (SFN) e do Sistema de Pagamentos Brasileiro (SPB);
- ausência de remuneração;
- garantia da segurança jurídica em suas operações;
- aderência a todos os princípios e regras de privacidade e segurança determinados, em especial, pela Lei do Sigilo Bancário e pela Lei Geral de Proteção de Dados;
- desenho tecnológico que permita integral atendimento às recomendações internacionais e normas legais sobre prevenção à lavagem de dinheiro, ao financiamento do terrorismo e ao financiamento da proliferação de armas de destruição em massa, inclusive em cumprimento a ordens judiciais para rastrear operações ilícitas;
- adoção de solução que permita interoperabilidade e integração visando à realização de pagamentos transfronteiriços; e
- adoção de padrões de resiliência e segurança cibernética equivalentes aos aplicáveis a infraestruturas críticas do mercado financeiro.

Pode-se dizer, atualmente, que o Brasil está entre os países cuja exploração de CBDC – o Real Digital – se encontra em estágio avançado, porém, envolve questões que precisam ser resolvidas até o lançamento de seu piloto, entre elas, a interoperabilidade com o Pix e com o Open Banking, a avaliação do uso off-line da CBDC, e outras questões que exigem maior maturidade em seu uso.

Em nosso entendimento, e diferentemente do que aconteceu com o Pix e com o Open Banking, que ambos os projetos foram regulamentados por normas do Conselho Monetário Nacional e do Banco Central do Brasil, o Real Digital dependerá de alteração legislativa.

Isso porque, o art. 10, da Lei nº 4.595/1964, estabelece que "*Compete privativamente ao Banco Central da República do Brasil: I – Emitir moeda-papel e moeda metálica, nas condições e limites autorizados pelo Conselho Monetário Nacional; IV – receber os recolhimentos compulsórios de que trata o inciso anterior e, ainda, os depósitos voluntários à vista das instituições financeiras, nos termos do inciso III e § 2° do art. 19*".

Ainda, o art. 12, da mesma Lei, estabelece que *"O Banco Central da República do Brasil operará exclusivamente com instituições financeiras públicas e privadas, vedadas operações bancárias de qualquer natureza com outras pessoas de direito público ou privado, salvo as expressamente autorizadas por lei"*.

Ou seja, não há previsão legal expressa para emissão de moeda digital, e não há previsão para que o Banco Central receba diretamente depósitos de pessoas físicas, a fim de viabilizar tal empreitada[36].

Para alterar a referida legislação será necessário um projeto de lei complementar, que dependerá de maioria absoluta tanto na Câmara dos Deputados, quanto no Senado Federal, em razão do disposto no art. 69 da Constituição Federal.

Atualmente, existe um Projeto de Lei Complementar na Câmara dos Deputados, sob o nº 9, de 2022; porém, ainda está em fases iniciais de tramitação.

Pelo fato de depender de maioria absoluta, a aprovação desse projeto tende a ser mais morosa, embora o Presidente do Banco Central alegar, com frequência, que o Real Digital será uma realidade em breve (segundo semestre de 2022[37]). Eventual emissão de uma CBDC sem alterações legislativas poderá ensejar uma série de questionamentos, inclusive constitucionais.

3.2. *Uma análise internacional*

Segundo o Banco de Compensações Internacionais (BIS), o número de Bancos Centrais trabalhando ativamente em algum projeto para emitir moedas digitais próprias foi de aproximadamente 86% em 2020, uma porcentagem relevante, ainda que poucas tenham sido de fato lançadas[38].

[36] A necessidade de alteração legislativa para prever a possibilidade de que o Banco Central receba diretamente depósitos de pessoas físicas só será necessária a depender do modelo de arquitetura de CBDC que será implementado no Brasil; porém, a necessidade de emissão de moeda digital precisará em qualquer dos modelos.

[37] COINTELEGRAPH BRASIL. Real Digital será lançado no segundo semestre, afirma Campos Neto: Em evento, o presidente do Banco Central afirmou que uma espécie de versão beta da CBDC será lançada no segundo semestre desse ano para usuários selecionados. *EXAME*, [S. l.], 12 abr. 2022. Future of Money. Disponível em: <https://exame.com/future-of-money/real-digital-sera-lancado-no-segundo-semestre-afirma-campos-neto/>. Acesso em: 6 fev. 2023.

[38] BOAR, Codruta; WEHRLI, Andreas. *Ready, steady, go?* – Results of the third BIS survey on central bank digital currency. [S. l.], 27 jan. 2021. Disponível em: <https://www.bis.org/publ/bppdf/bispap114.htm>. Acesso em: 6 fev. 2023.

Outros países, apesar de ainda não terem lançado suas CBDCs, estão desenvolvendo seus projetos e já se encontram na fase de "teste piloto"[39]. Segundo a PwC CBDC Global index 2021[40], os 10 projetos de CBDC mais evoluídos do mundo são: 1. Bahamas, 2. Camboja, 3. China, 4. Ucrânia, Uruguai, 6. Equador, 07. Caribe oriental, 8. Suécia, 9. Coreia do Sul, e 10. Turquia.

Em razão de a maioria desses países estarem em fase de testes, pouco se discute sob os aspectos legais da CBDC em cada uma dessas jurisdições. No entanto, naqueles casos em que os projetos já estão mais avançados ou naqueles em que a moeda digital já foi implementada, é possível observar alguns pontos de atenção que são relevantes e poderão até servir como base para o desenvolvimento da CBDC brasileira.

Sem o objetivo de esgotar o estudo sobre as CBDCs ao redor do mundo, citaremos, abaixo, alguns pontos relevantes previstos nos projetos de alguns países.

O projeto de lei chinês[41], que prevê o yuan digital, estipula que o Renminbi (RMB) inclui os formatos físicos e digitais, fornecendo uma base legal para a emissão de moeda digital, evitando riscos de moeda virtual e esclarecendo que qualquer unidade ou indivíduo está proibido de fazer e vender tokens digitais:

> Artigo 19 (Unidade de Renminbi) A unidade de Renminbi é Yuan, e a unidade de moeda de Renminbi é Jiao e Fen. O renminbi inclui a forma física e a forma digital.
>
> Artigo 22 (Tokens): Nenhuma unidade ou indivíduo pode fabricar ou vender fichas, cupons e fichas digitais para substituir o Renminbi em circulação no mercado.

[39] JONES, Marc; WILSON, Tom. Central bank digital cash could come to 20% of the world in three years – BIS. *Reuters*, Londres, 27 jan. 2021. Middle East & Africa. Disponível em: <https://www.reuters.com/article/cenbanks-digital-bis-int-idUSKBN29W2NX> . Acesso em: 6 fev. 2023.

[40] PWC. *PwC Global CBDC Index 2021: 1st Edition*. [S. l.], abr. 2021. Disponível em: <https://www.pwc.com/gx/en/industries/financial-services/assets/pwc-cbdc-global-index-1st-edition-april-2021.pdf> Acesso em: 6 fev. 2023.

[41] THE PEOPLE'S BANK OF CHINA. *Aviso do Banco Popular da China sobre Comentários Públicos sobre a "Lei da República Popular da China sobre o Banco Popular da China (Rascunho para Comentários)"*. Disponível em: <http://www.pbc.gov.cn/goutongjiaoliu/113456/113469/4115077/index.html> 23 out. 2020. Acesso em: 6 fev, 2023.

A interpretação mais ampla deste artigo baniria todos os tokens de criptomoeda na China. Qualquer violação do artigo 22 resultará no confisco de todos os lucros, na destruição de todos os tokens e na aplicação de uma multa não inferior a cinco vezes o montante ilegal criado, além da possibilidade de processo criminal e prisão.

Já nas Bahamas, a CBDC, chamada de Sand Dollar, é uma versão digital do dólar das Bahamas, e foi projetado para trazer um acesso mais inclusivo a pagamentos e outros serviços financeiros[42].

É importante destacar que as principais disposições do Regulamento do Banco Central das Bahamas[43] referem-se a (i) condições para registro de fornecedores de wallet; (ii) padrões mínimos de interoperabilidade; (iii) proteção ao consumidor, podendo o Banco Central cancelar o registro de qualquer provedor de *wallet* por conduzir seus negócios de maneira prejudicial ao interesse público; (iv) inclusão financeira, devendo os fornecedores de *wallet* fornecer serviços básicos sem nenhum custo e relatar periodicamente os dados de inclusão financeira ao Banco Central; (v) poder de fiscalização do Banco Central, entre outras.

Além dessas disposições, vale destacar que o Regulamento exige que o provedor de *wallet* mantenha medidas de manutenção de registros para coleta precisa de informações (incluindo processos de PLD/FTP), procedimentos para proteger os ativos do cliente contra acesso não autorizado a dados, medidas de mitigação e controle para gerenciar riscos operacionais e de segurança da informação, e procedimentos eficazes de gestão de incidentes para a detecção e classificação de principais incidentes operacionais e de segurança, cabendo ao Banco Central, a qualquer momento, cancelar o registro de qualquer provedor de *wallet* que esteja conduzindo seus negócios de maneira prejudicial ao interesse público ou aos interesses dos consumidores.

[42] REVOREDO, Tatiana. CBDCs: o que você precisa saber?: Um panorama geral sobre o assunto e o uso da blockchain como tecnologia de suporte às moedas digitais emitidas por bancos centrais. *Exame*, [*S.l.*], 28 ago. 2021. Future of Money. Disponível em: <https://exame.com/future-of-money/cbdcs-o-que-voce-precisa-saber/> Acesso em: 6 fev. 2023.

[43] CENTRAL BANK OF BAHAMAS. *Consultation Paper: Proposed Legislation For The Regulation Of The Provision And Use Of Central Bank Issued Electronic Bahamian Dollars*. [*S.l.*], 15, fev. 2021. Disponível em: <https://www.centralbankbahamas.com/viewPDF/documents/2021-02-15-11-24-12-Central-Bank-Electronic-Bahamian-Dollars-Regulations-2021.pdf> Acesso em: 6 fev. 2023.

Quanto à estabilidade financeira, o Regulamento estabelece que o Banco Central poderá suspender, por até 7 (sete) dias, a retirada de depósitos, ou limitar o valor máximo de retiradas de qualquer provedor de wallet ou grupo de provedores de wallets, em que tais retiradas são liquidadas ou convertidas em *Sand Dollars*. Vale ressaltar que o Banco Central só poderá exercer seu poder quando considerar que os saques contínuos de depósitos em dinheiro ou transferidos em *Sand Dollars* representam riscos para a estabilidade do sistema financeiro das Bahamas. No entanto, essa suspensão só pode ser mantida enquanto for necessária a adoção de outras medidas para resolver os problemas de estabilidade financeira, desde que a suspensão não exceda sete dias (salvo se houver consulta ao Ministro das Finanças, ocasião em que o Banco pode prorrogar a suspensão por um período adicional de até 14 dias).

Outro ponto que merece destaque são os limites para saldos de wallet e valores de transação para cada tipo de wallet (basic, premium etc.) estabelecidos pelo Regulamento. Segundo o Regulamento, nenhum provedor de wallet terá permissão para emitir mais de uma wallet Básica ou Nível I para cada portador de wallet. Os saldos da carteira e os valores das transações serão limitados.

O Uruguai, que em 2017 também deu início ao seu projeto piloto envolvendo CBDC, o qual durou seis meses, também definiu limites para sua emissão: 20 milhões de dólares para 10 mil usuários de celulares, limitado a 30 mil dólares por carteira, e 200 mil dólares para negócios registrados no projeto. Esse projeto foi concluído em 2019, recebendo o nome de e-Peso[44].

Outras jurisdições abordaram os aspectos legais das CBDCs. A Coréia do Sul, por exemplo, recrutou consultores jurídicos de destaque para publicar um artigo sobre questões jurídicas e revisão relacionadas ao CBDC[45]. Como considerações legais, alguns aspectos foram destacados, como a necessidade de estabelecer sistemas técnicos para retirada, execução forçada, entre outros.

[44] SARMIENTO, Adolfo. *Seven lessons from the e-Peso pilot plan: the possibility of a Central Bank Digital Currency*. [S. l.], 16 jun. 2021. Disponível em: <https://www.cemla.org/actividades/2021-final/2021-06-regional-conference-payments-markets-infrastructures/2021-06-regional-conference-payments-markets-infrastructures-10.pdf> Acesso em: 6 fev. 2023.

[45] BOK – BANK OF KOREIA. *Questões Legais Relacionadas à Moeda Digital do Banco Central (CBDC) e Direção da Promulgação e Revisão de Leis*. Disponível em: <https://www.bok.or.kr/viewer/skin/doc.html?fn=202102081135424820.pdf&rs=/webview/result/B0000232/202102> Acesso em: 6 fev. 2023.

Temos também o caso da Venezuela, que lançou o Petro (moeda digital puramente digital emitida pelo Banco Central), em que o seu valor será estabilizado por uma cesta de *commodities* ou matérias-primas que o país possui (incluindo petróleo, ouro, ferro, diamantes, coltan e gás), o que é bem diferente de outros CBDCs[46].

A Nigéria, por sua vez, inicialmente rejeitou a ascensão de criptomoedas no país, banindo as transações do gênero dentro do setor bancário; porém, pouco tempo depois, lançou a eNaira, moeda digital emitida pelo Banco Central da Nigéria, tendo como objetivo complementar (e não substituir) a atual moeda física da Nigéria.

O Camboja também está testando o sistema Bakong de CBDC, que suporta transações em riel cambojano ou dólar americano. Ao combinar a CBDC com uma iniciativa nacional de gerenciamento de identidade, o sistema pretende catalisar a ampliação do acesso a serviços financeiros em comunidades insuficientemente cobertas por serviços bancários[47].

Além desses projetos, é importante acompanhar as discussões de grandes potências mundiais para compreender o real contexto global das moedas digitais emitidas por bancos centrais.

Nessa linha, é importante demonstrar que o Banco Central Europeu (BCE) também explorou o lançamento de um CBDC, o euro digital, argumentando que poderia ser um meio de se adaptar à digitalização contínua da economia global[48]. Em um discurso, em maio de 2022, o membro do conselho do BCE, Fabio Panetta, disse que o euro digital pode chegar dentro de quatro anos, potencialmente projetado com uma solução de pagamentos *peer to peer*[49].

[46] BIT2ME ACADEMY. *O que é o Petro? Moeda digital da Venezuela.* [S. l.], 18 set. 2020. Criptomoedas. Disponível em: <https://academy.bit2me.com/pt/que-es-el-petro/> Acesso em: 6 fev. 2023.

[47] HYPERLEDGER. *Case Study: The National Bank of Cambodia boosts financial inclusion with Hyperledger Iroha.* [S. l.]. Disponível em: <https://www.hyperledger.org/wp-content/uploads/2020/11/Hyperledger_CaseStudy_Soramitsu_Printable_111220.pdf>. Acesso em: 6 fev. 2023.

[48] BCE – BANCO CENTRAL EUROPEU. *Euro digital.* Disponível em: <https://www.ecb.europa.eu/paym/digital_euro/html/index.pt.html> Acesso em: 6 fev. 2023.

[49] WRIGHT, Turner. Euro digital pode chegar já em 2026 — diz funcionário do BCE. *Coin Telegraph.* Disponível em: <https://cointelegraph.com.br/news/digital-euro-could-come-as-soon-as-2026-ecb-official> Acesso em 6 fev. 2023.

Segundo a UE, os países que não digitalizarem suas moedas podem se tornar dependentes de empresas de pagamento externas e grandes empresas de tecnologia, o que pode ameaçar a política monetária[50].

O presidente do Federal Reserve (Fed), Jerome Powell, afirmou que o banco central americano ainda não tomou nenhuma decisão sobre a emissão de um "dólar digital", mas que apoia a inovação e a tecnologia digital. Tanto é assim que há rumores de que o governo dos EUA está trabalhando com o Massachusetts Institute of Technology – MIT para construir e testar modelos para um dólar digital[51].

3.3. *Desafios da regulamentação*

Assim como aconteceu com os criptoativos, é possível que os bancos centrais caminhem na direção de também implementar um instrumento competitivo com esse mercado – as CBDCs –, mas com a segurança de ser a representação digital do dinheiro físico nacional, de modo que esses órgãos consigam influenciar na própria política econômica do país, além de trazer uma experiência muito semelhante para o usuário final.

Porém, a forma como a CBDC será estruturada será por alguma das arquiteturas que vimos anteriormente, sendo necessário, nesse momento, estudarmos o alcance e as limitações que poderão advir do Real Digital.

3.3.1. *Possível desintermediação?*

Quando nos deparamos com os três possíveis modelos de arquitetura a que o Real Digital está sujeito, depreendemos que, no cenário direto, haverá uma desintermediação bancária, de modo que o Banco Central passe a executar algumas atividades que hoje são de competência dos bancos, a exemplo da interação direta com o consumidor, por meio de sua *wallet*.

Em que pese seja uma possibilidade ventilada no mercado, entendemos ser improvável que um regulador queira, por exemplo, tomar risco de crédito ou até mesmo fazer todo o processo de KYC, uma vez que poderão se sujeitar a eventuais escândalos de lavagem de dinheiro. E mais: é improvável que os bancos centrais queiram remunerar os depósitos de seus

[50] BCE. *Report on a digital euro*. Out. 2020. Disponível em: <https://www.ecb.europa.eu/pub/pdf/other/Report_on_a_digital_euro~4d7268b458.en.pdf>. Acesso em: 6 fev. 2023.

[51] RIGGS, Wagner. EUA: Fed e MIT vão criar moeda digital para testes. *Portal do Bitcoin*. [S. l.], 14 ago. 2020. Disponível em: <https://portaldobitcoin.uol.com.br/eua-fed-e-mit-vao-criar-moeda-digital-para-testes/>. Acesso em: 6 fev. 2023.

clientes, até mesmo porque, se assim acontecesse, geraria uma competição com os produtos e serviços oferecidos pelos bancos, o que poderia ensejar um risco sistêmico, especialmente pelo fato de que seria provável um aumento no custo do crédito.

Ao terceirizar essa responsabilidade para os bancos, como acontece atualmente, os reguladores acabam se protegendo desses riscos.

Em razão disso, parece-nos (e esperamos) que o Banco Central optará por usar uma arquitetura de CBDC indireta, cuja custódia será feita por uma instituição financeira regulada, de forma a manter uma intermediação dos bancos.

Até mesmo porque aproveitar o que foi construído até então por todos os envolvidos no Sistema Financeiro Nacional vai intensificar o uso do Real Digital, diminuindo a demanda pelos criptoativos, já que os consumidores sentem confiança da forma atualmente proposta.

3.3.2. *Limitação do saldo da wallet*

Um ponto extremamente importante que deve ser levado em consideração na regulamentação do Real Digital é a limitação do saldo da *wallet*.

Isso porque, semelhante ao que acontece em Bahamas, sob o contexto jurídico e cultural do Brasil, a imposição legal de limites de saldo e de transação são aspectos fundamentais para a preservação da estabilidade financeira nacional, mitigando eventual "corrida aos Bancos".

Isso porque a CBDC tem potencial para fazer migrar todo o depósito à vista, ao toque de um clique, para as *wallets*, ocasião em que será necessário estudar com profundidade aspectos econômicos relativos à estabilidade dos depósitos à vista e a necessidade de maior remuneração nos depósitos à prazo, como forma de compensar eventual perda dos depósitos à vista.

Aliás, esse cenário é ainda mais relevante quando estamos diante de um ambiente econômico com juro baixo, em que a remuneração do depósito à vista é menor.

De todo modo, é razoável que, previamente à implementação de uma regulamentação sobre o Real Digital, seja feito uma avaliação de impacto regulatório, de modo a estudar os possíveis efeitos econômicos de uma *wallet* sem limitação de saldo, de forma a subsidiar a tomada de decisão do Banco Central.

3.3.3. *Uma necessária ausência de "anonimato" para PLD/FTP*

A partir do momento em que for possível a emissão do Real Digital, as atuais regras sobre PLD/FTP deverão ser observadas, independente do modelo de arquitetura a ser implementado, embora, como dito anteriormente, acreditamos que o cenário ideal seja o modelo indireto, preservando a intermediação das instituições.

E, sendo assim, caberá às instituições (ou ao Banco Central, na hipótese remota de ser adotado o modelo direto) se submeter às regras da Lei nº 9.613/1998, bem como da Circular BACEN nº 3.978/2020, ocasião em que será necessário identificar e rastrear todas as partes envolvidas, inclusive o beneficiário final, levando em conta a regulamentação vigente. Assim, haverá um ganho sob a perspectiva de PLD/FTP[52].

Em contrapartida, diferentemente do que acontece hoje com o dinheiro em espécie, a rastreabilidade pode gerar uma ausência de anonimato, surgindo a necessidade de conciliar os mecanismos de PLD/FTP com a proteção à privacidade e proteção de dados pessoais (PPD) dos consumidores – como, aliás, já é feito hoje com a harmonização da regulamentação de PLD/FTP com a de PPD, sobretudo com o advento da Lei nº 13.709/2018.

É claro que isso não possibilita que o Banco Central quebre qualquer paradigma relacionado à PPD dos consumidores, porém, o que deverá acontecer é uma necessária transparência do Banco Central com relação a esse tema, sendo esse, portanto, um dos principais desafios a que o Banco Central do Brasil estará sujeito.

Conclusões

Conforme explorado neste artigo, esse novo mercado, seja o de criptoativos ou as moedas digitais emitidas pelos Bancos Centrais, é altamente complexo, e eventual desequilíbrio na forma proposta pela regulação pode prejudicar sobremaneira o futuro das interações financeiras, resultado em um impacto político-econômico.

Por isso, em que pese ainda existam muitas dúvidas e ser muito cedo para se ter uma exata clareza de como será efetivamente o futuro do sistema financeiro por meio desses novos modelos – criptoativos ou o

[52] Logicamente, desconsideramos neste estudo eventual possibilidade de o Real Digital interoperar com outras moedas ao redor do mundo, o que poderia facilitar a evasão fiscal. Partimos do pressuposto, portanto, que o Real Digital só poderá circular dentro do Brasil.

Real Digital –, o modo pelo qual a regulação enfrentará os desafios aqui mencionados é o que influenciará no (in)sucesso do que foi construído até então.

Essa é a razão pela qual o mercado precisa ter definições claras a respeito, por exemplo, de quem irá regular os criptoativos, inclusive no que tange às próprias *exchanges,* especialmente em relação às suas obrigações e responsabilidades, a proteção da segregação do seu patrimônio e de seus clientes e criação de mecanismos robustos para PLD/FTP. Talvez seja interessante uma metodologia de regulação experimental (*sandbox* regulatório), a fim de que se possa ir testando modelos eficientes.

Do mesmo modo, parece-nos que o modelo mais seguro é que as CBDC`s sejam criadas na arquitetura indireta, continuando a intermediação dos bancos e aproveitando tudo o que foi desenvolvido por eles até aqui (KYC, regras robustas de PLD/FT etc.). Isso porque, eventual desintermediação poderá ainda encarecer o custo do crédito, gerando impacto para o cliente final (que certamente não é – e não poderá ser – o objetivo do regulador).

Além do mais, em novos ambientes virtuais, como o metaverso, parece patente que o uso do dinheiro tal como conhecemos não será viável; portanto, é imperioso que o ambiente de criptoativos ou de moedas digitais emitidas pelos bancos centrais esteja regulado e preparado para o advento dessa nova economia. O Brasil, haja vista a sua tradição de regulação forte, precisa se antecipar a esses fenômenos para não ficar para trás.

Referências

ABCRIPTO. Associação Brasileira de Criptoeconomia. **Autorregulação.** Disponível em: <https://www.abcripto.com.br/autorregulacao-abcripto>. Acesso em: 6 fev. 2023.

ABREU, Allan de. Criptolavagem, **Um Novo Método Para Um Velho Crime: Polícia Federal investiga como quadrilha usou bitcoins, as moedas digitais, para lavar 110 milhões de reais do tráfico.** Piauí, [S. l.], 17 mai. 2021. Questões Criminais. Disponível em: <https://piaui.folha.uol.com.br/criptolavagem-um-novo-metodo-para-um-velho-crime/>. Acesso em: 6 fev. 2023.

BACEN – BANCO CENTRAL DO BRASIL. **Comunicado n° 31.379 de 16/11/2017.** [S. l], 16 nov. 2017. Disponível em: <https://www.bcb.gov.br/estabilidadefinanceira/exibenormativo?tipo=Comunicado&numero=31379> . Acesso em: 6 fev. 2023.

_____. **Banco Central divulga as diretrizes gerais de uma moeda digital para o Brasil.** [S. l], 24 mai. 2021. Disponível em: <https://www.bcb.gov.br/detalhenoticia/17398/nota> Acesso em: 6 fev. 2023.

_____. **Ofício 18728/2020-BCB/Gapre.** Brasília, 27 ago. 2020. Disponível em: <https://www.camara.leg.br/proposicoesWeb/prop_mostrarintegra;jsessionid=node01suxa

bvqdp1zuz22u388sf0o47125868.node0?codteor=1926053&filename=Tramitacao-RIC+802/2020> . Acesso em: 6 fev. 2023.

BCE – BANCO CENTRAL EUROPEU. **Euro digital**. Disponível em: <https://www.ecb.europa.eu/paym/digital_euro/html/index.pt.html> Acesso em: 6 fev. 2023.

_____. **Report on a digital euro**. Out. 2020. Disponível em: <https://www.ecb.europa.eu/pub/pdf/other/Report_on_a_digital_euro~4d7268b458.en.pdf>. Acesso em: 6 fev. 2023

BIT2ME ACADEMY. **O que é o Petro? Moeda digital da Venezuela**. [S. l], 18 set. 2020. Criptomoedas. Disponível em: <https://academy.bit2me.com/pt/que-es-el-petro/> Acesso em: 6 fev. 2023.

BITVALOR. **Relatório do Mercado Brasileiro de Bitcoin.** bitValor. [S. l.], mai. 2019. Disponível em: <https://bitvalor.com/relatorios/201905_relatorio_mercado_brasileiro_bitcoin> Acesso em: 6 fev. 2023.

BIS. **CBDCs: an opportunity for the monetary system. BIS Annual Economic Report**. [S. l.], 23 jun. 2021. Disponível em: <https://www.bis.org/publ/arpdf/ar2021e3.htm>. Acesso em: 6 fev. 2023.

Boar, Codruta; Wehrli, Andreas. **Ready, steady, go? – Results of the third BIS survey on central bank digital currency**. [S. l.], 27 jan. 2021. Disponível em: <https://www.bis.org/publ/bppdf/bispap114.htm>. Acesso em: 6 fev. 2023.

BOK – BANK OF KOREIA. **Questões Legais Relacionadas à Moeda Digital do Banco Central (CBDC) e Direção da Promulgação e Revisão de Leis**. Tradução dos autores por meio de ferramenta eletrônica. Disponível em: <https://www.bok.or.kr/viewer/skin/doc.html?fn=202102081135424820.pdf&rs=/webview/result/B0000232/202102> Acesso em: 6 fev. 2023.

COINTELEGRAPH BRASIL. **Mais de 30% dos brasileiros já utilizam criptomoedas, diz pesquisa da Visa: Para a gigante dos pagamentos, Brasil seria o país com maior potencial para crescimento no mercado cripto; pesquisa revelou que a maioria dos habitantes já conhece as criptomoedas.** Exame, [S. l.], 28 dez. 2021. Future of Money. Disponível em: <https://exame.com/future-of-money/mais-de-30-dos-brasileiros-ja-utilizam-criptomoedas-diz-pesquisa-da-visa/> Acesso em: 6 fev. 2023.

_____. **Real Digital será lançado no segundo semestre, afirma Campos Neto: Em evento, o presidente do Banco Central afirmou que uma espécie de versão beta da CBDC será lançada no segundo semestre desse ano para usuários selecionados.** EXAME, [S. l.], 12 abr. 2022. Future of Money. Disponível em: <https://exame.com/future-of-money/real-digital-sera-lancado-no-segundo-semestre-afirma-campos-neto/>. Acesso em: 6 fev. 2023.

Carvalho, André Castro. **Regime jurídico da e-cash bitcoin no direito financeiro brasileiro**. Revista de Direito Público da Economia, Belo Horizonte, ano. 16, 2018. p. 9-35.

_____. **Pessoa politicamente exposta: reflexões e propostas de regulamentação.** Consultor Jurídico. [S.l.] 19 set. 2021. Disponível em: <https://www.conjur.com.br/2021-set-19/publico-pragmatico-pessoa-politicamente-exposta-reflexoes-propostas-regulamentacao>. Acesso em: 6 fev. 2023.

Dantas, Robinson Gamba; Carvalho, Marcos; Costa, Isac Silveira da. **Você tem alguns minutos para ouvir a palavra do blockchain?**. In: Costa, Isac Silveira da; Prado,

Viviane Muller; GRUPENMACHER, Giovana Treiger (orgs.). Cryptolaw: inovação, direito e desenvolvimento. São Paulo: Almedina, 2020. p. 44.

CENTRAL BANK OF BAHAMAS. **Consultation Paper: Proposed Legislation For The Regulation Of The Provision And Use Of Central Bank Issued Electronic Bahamian Dollars**. [S.l.], 15, fev. 2021. Disponível em: <https://www.centralbankbahamas.com/viewPDF/documents/2021-02-15-11-24-12-Central-Bank-Electronic-Bahamian-Dollars-Regulations-2021.pdf> Acesso em: 6 fev. 2023.

COSTA, Isac Silveira da; PRADO, Viviane Muller; GRUPENMACHER, Giovana Treiger (orgs.). **Cryptolaw: inovação, direito e desenvolvimento**. São Paulo: Almedina, 2020.

DURAN, Camila Villard; STEINBERG, Daniel Fideles; CUNHA FILHO, Marcelo de Castro. **Ativos Virtuais No Brasil: O Que São E Como Regular? Recomendações ao Projeto de Lei Nº 2.060/2019**. In: COSTA, Isac Silveira da; PRADO, Viviane Muller; GRUPENMACHER, Giovana Treiger (orgs.). Cryptolaw: inovação, direito e desenvolvimento. São Paulo: Almedina, 2020. p. 71-88.

DUTRA, Marcos Galileu; PRADO, Viviane Muller. **O duro aprendizado: lições do mercado de capitais para a proteção de ativos em exchanges**. In: COSTA, Isac Silveira da; PRADO, Viviane Muller; GRUPENMACHER, Giovana Treiger (orgs.). Cryptolaw: inovação, direito e desenvolvimento. São Paulo: Almedina, 2020. p. 328.

ENCCLA. **Estratégia Nacional de Combate à Corrupção e à Lavagem de Dinheiro. O que é a ENCCLA? Quem Somos**. ENCCLA. Disponível em: <http://enccla.camara.leg.br/quem-somos> Acesso em: 6 fev. 2023.

ESTELLITA, Heloisa. **Bitcoin e lavagem de dinheiro: uma aproximação**. In: COSTA, Isac Silveira da; PRADO, Viviane Muller; GRUPENMACHER, Giovana Treiger (orgs.). Cryptolaw: inovação, direito e desenvolvimento. São Paulo: Almedina, 2020. p. 344.

FARIA, José Eduardo. **Poucas certezas e muitas dúvidas: o direito depois da crise financeira**. Revista Direito GV, [S. l.], v. 2, n. 5, p. 297-324, 2009.

FATF. **Guidance for a Risk-Based Approach to Virtual Assets and Virtual Asset Service Providers**. FATF, Paris, 2019. Disponível em: <https://www.fatf-gafi.org/publications/fatfrecommendations/documents/guidance-RBA-virtual-assets.html>. Acesso em: 6 fev. 2023.

GREGÓRIO, Rafael. **Criptopílulas: hackers já roubaram mais bitcoins que todo o patrimônio do criador Satoshi Nakamoto: Desde 2009, criminosos já saquearam 1 milhão de bitcoins, o equivalente a US$ 8,2 bilhões; especialistas veem riscos em concentrar ativos em uma ou poucas 'exchanges'**. Valor Investe. São Paulo: 13. jun. 2019. Disponível em: <https://valorinveste.globo.com/mercados/cripto/noticia/2019/06/13/criptopilulas-hackers-ja-roubaram-mais-bitcoins-que-todo-o-patrimonio-do-criador-satoshi-nakamoto.ghtml> Acesso em: 6 fev. 2023.

GONÇALVES, Carlos Roberto. **Direito Civil Brasileiro – Teoria Geral das Obrigações**. São Paulo: 9. ed. Saraiva, 2012. p. 328.

HYPERLEDGER. **Case Study: The National Bank of Cambodia boosts financial inclusion with Hyperledger Iroha**. [S. l.]. Disponível em: <https://www.hyperledger.org/wp-content/uploads/2020/11/Hyperledger_CaseStudy_Soramitsu_Printable_111220.pdf>. Acesso em: 6 fev. 2023.

IOSCO – INTERNATIONAL ORGANIZATION OF SECURITIES COMMISSIONS. **Issues, Risks and Regulatory Considerations Relating to Crypto-Asset Trading Platforms – Consultation Report**. [S. l.], mai. 2019. Disponível em: <https://www.iosco.org/library/pubdocs/pdf/IOSCOPD627.pdf> Acesso em: 6 fev. 2023.

Jones, Marc; Wilson, Tom. **Central bank digital cash could come to 20% of the world in three years – BIS**. Reuters, Londres, 27 jan. 2021. Middle East & Africa. Disponível em: <https://www.reuters.com/article/cenbanks-digital-bis-int-idUSKBN29W2NX>. Acesso em: 6 fev. 2023.

Kern, Steffen. **Opening Statement, Economic and Monetary Affairs Committee European Parliament**. [S. l.] 30 nov. 2023. Disponível em: <https://www.esma.europa.eu/sites/default/files/library/public_statement_to_econ_sk.pdf>. Acesso em: 6 fev 2023.

Kiff, Mr John et al. **A survey of research on retail central bank digital currency**. 26 jun. 2020. Disponível em: <https://www.imf.org/en/Publications/WP/Issues/2020/06/26/A-Survey-of-Research-on-Retail-Central-Bank-Digital-Currency-49517> Acesso em: 6 fev. 2023.

PWC. **PwC Global CBDC Index 2021: 1st Edition**. [S. l.], abr. 2021. Disponível em: <https://www.pwc.com/gx/en/industries/financial-services/assets/pwc-cbdc-global-index-1st-edition-april-2021.pdf> Acesso em: 6 fev. 2023.

Revoredo, Tatiana. **CBDCs: o que você precisa saber?: Um panorama geral sobre o assunto e o uso da blockchain como tecnologia de suporte às moedas digitais emitidas por bancos centrais**. Exame, [S.l.], 28 ago. 2021. Future of Money. Disponível em: <https://exame.com/future-of-money/cbdcs-o-que-voce-precisa-saber/> Acesso em: 6 fev. 2023.

Riggs, Wagner. **EUA: Fed e MIT vão criar moeda digital para testes**. Portal do Bitcoin. [S. l.], 14 ago. 2020. Disponível em: <https://portaldobitcoin.uol.com.br/eua-fed-e-mit-vao-criar-moeda-digital-para-testes/>. Acesso em: 6 fev. 2023.

Salama, Bruno Meyerhof; Balduccini, Bruno. Fintechs 2.0. Valor Econômico. [S. l.], 17 mai. 2019. Disponível em: <https://valor.globo.com/opiniao/coluna/fintechs-2-0.ghtml> Acesso em 22 fev. 2022.

Sarmiento, Adolfo. **Seven lessons from the e-Peso pilot plan: the possibility of a Central Bank Digital Currency**. [S. l.], 16 jun. 2021. Disponível em: <https://www.cemla.org/actividades/2021-final/2021-06-regional-conference-payments-markets-infrastructures/2021-06-regional-conference-payments-markets-infrastructures-10.pdf> Acesso em: 6 fev. 2023.

Silva, Isabela Ruiz Roque da Silva; Ribas, Jessica Barbara da Silva; Omar, Nizam. **Governabilidade e democracia em moedas digitais**. In: COSTA, Isac Silveira da; Prado, Viviane Muller; Grupenmacher, Giovana Treiger (orgs.). Cryptolaw: inovação, direito e desenvolvimento. São Paulo: Almedina, 2020. p. 145.

Simões, Luis Felipe. **CVM dá sinal verde para primeiro ETF de Ether da América Latina: Esse é o segundo ETF de criptoativos da gestora QR Asset Management**. Estadão. [S.l.], 14 jul. 2021. Investimentos. Disponível em: <https://einvestidor.estadao.com.br/investimentos/cvm-autoriza-primeiro-etf-de-ethereum>. Acesso em: 6 fev. 2023.

THE PEOPLE'S BANK OF CHINA. **Aviso do Banco Popular da China sobre Comentários Públicos sobre a "Lei da República Popular da China sobre o Banco Popular da China (Rascunho para Comentários)"**. Tradução dos autores por meio de ferramenta eletrônica. Disponível em: <http://www.pbc.gov.cn/goutongjiaoliu/113456/113469/4115077/index.html> 23 out. 2020. Acesso em: 6 fev, 2023.

VAN VORIS, Bob. **Crypto expert who helped North Korea evade U.S. sanctions in 2019 gets five-year prison sentence.** Fortune, [S.l.], 12 abr. 2022. The Coins Cryptocurrency Disponível em: <https://fortune.com/2022/04/12/crypto-expert-virgil-griffith-prison-sentence-north-korea-us-sanctions/>. Acesso em: 6 fev. 2023.

WRIGHT, Turner. **Euro digital pode chegar já em 2026 — diz funcionário do BCE.** Coin Telegraph. Disponível em: <https://cointelegraph.com.br/news/digital-euro-could-come-as-soon-as-2026-ecb-official> Acesso em 6 fev. 2023.

3
O LONGO CAMINHO ANTES DO PRIMEIRO PASSO: A LEI DE ATIVOS VIRTUAIS NO BRASIL

Isac Costa

Introdução

O presente estudo apresenta um mapeamento dos projetos de lei propostos nas Casas Legislativas do Congresso Nacional brasileiro sobre ativos virtuais[1] e prestadoras de serviços de ativos virtuais até a promulgação da Lei nº 14.478/2022, que estabeleceu o marco legal sobre o tema no Brasil.

A popularidade dos criptoativos, sobretudo em meio a investidores de varejo[2], suscita preocupações pirâmides financeiras, manipulação de preços, tratamento equitativo e prestação de informações verdadeiras, claras e suficientes. Há, ainda, riscos relevantes com respeito à possibilidade de lavagem de dinheiro e ao financiamento do terrorismo[3], evasão de divisas,

[1] Como veremos ao longo do texto, os primeiros projetos utilizavam definições de criptomoedas, criptoativos e tecnologias de registro distribuído (*Distributed ledger Technologies* – DLT), mas a taxonomia evoluiu para a designação mais genérica de "ativos virtuais".

[2] INTERNATIONAL ORGANIZATION OF SECURITIES COMMISSIONS – IOSCO. *Investor Education on Crypto-Assets*. Madrid, 2020. Disponivel em https://www.iosco.org/library/pubdocs/pdf/IOSCOPD668.pdf. Acesso em 15 jun. 2022.

[3] FINANCIAL ACTION TASK FORCE – FATF. *Virtual Assets Red Flag Indicators of Money Laundering and Terrorist Financing*. Paris, 2020. Disponível em https://www.fatf-gafi.org/publications/methodsandtrends/documents/virtual-assets-red-flag-indicators.html. Acesso em 15 jun. 2022.

à tutela da concorrência entre prestadoras de serviços financeiros[4] e, gradualmente, evoluem as preocupações atinentes à estabilidade financeira[5].

A regulação de certas atividades relacionadas a ativos virtuais pode ser inviável em decorrência do uso de tecnologias que permitem ocultar a localização e identidade dos usuários, permitindo a realização de operações em canais que contornam as vias controladas pelos Estados. A título de ilustração, a proibição da negociação desses ativos e das atividades de mineração na China não impediu que o país fosse o segundo maior polo de mineração de bitcoins em fevereiro de 2022[6].

Uma lei que simplesmente proibisse a negociação ou a prestação de serviços em geral envolvendo esses ativos teria impacto limitado, pois as transações podem continuar a ocorrer com o auxílio de empresas com sede em países com regulação inexistente ou demasiadamente flexível ou diretamente entre usuários, bastando que tenham acesso à internet.

O caráter extraterritorial deste mercado, sua natureza infensa à intervenção estatal e, adicionalmente, a velocidade com que surgem novos modelos de negócio não impedem a elaboração e a aplicação de normas jurídicas sobre o tema, desde que as restrições mencionadas sejam devidamente levadas em conta em qualquer iniciativa regulatória. Logo, é preciso compreender as tecnologias e os incentivos dos agentes de mercado para que seja possível criar alguma regulação socialmente útil e potencialmente eficaz.

A busca por regulação de ativos virtuais demanda um diálogo entre o mercado tradicional e as empresas do setor e seus novos modelos de negócio – um mapeamento entre os novos riscos e aqueles já conhecidos – a fim de fomentar investimentos e o empreendedorismo, atenuando a sensação de "terra sem lei"[7] que, por muito tempo, conotou a atuação de *exchanges*

[4] BÚSSOLA. Coalizão nacional de criptoeconomia quer regulamentação e fim de piratas. *Exame*, 25 maio 2022. Disponível em https://exame.com/bussola/coalizao-nacional-de-criptoeconomia-quer-regulamentacao-e-fim-de-piratas/. Acesso em 15 jun. 2022.

[5] FINANCIAL STABILITY BOARD – FSB. *Assessment of Risks to Financial Stability from Crypto-assets*. Basel, Feb 14th, 2022. Disponível em https://www.fsb.org/2022/02/assessment-of-risks-to-financial-stability-from-crypto-assets/. Acesso em 15 jun. 2022.

[6] CAMBRIDGE CENTRE FOR ALTERNATIVE FINANCE. Cambridge Bitcoin Electricity Consumption Index. Cambridge, 2022. Disponível em https://ccaf.io/cbeci/mining_map. Acesso em 15 jun. 2022.

[7] PANETTA, Fabio. *For a few cryptos more: the Wild West of crypto finance*. Speech by Fabio Panetta, Member of the Executive Board of the ECB, at Columbia University. New York, 2021. Disponível em https://www.bis.org/review/r220425j.pdf. Acesso em 15 jun. 2022.

de criptoativos e a captação de recursos por meio de ofertas públicas de ativos virtuais, atraindo a atenção de reguladores do mercado financeiro em todo o mundo.

O presente estudo limita-se às discussões ocorridas no Legislativo brasileiro, embora existam iniciativas regulatórias em curso em diversos Estados[8], as quais, certamente, serão levadas em conta ao longo da regulamentação posterior em nosso país.

Após esta introdução, o texto se divide em três partes: (a) a descrição do projeto de lei aprovado no Senado Federal e remetido à Câmara dos Deputados, contendo a proposta final para a primeira norma sobre o tema, que culminou na edição da Lei nº 14.478/2022; (b) Os demais projetos de lei relacionados ao tema, que foram arquivados ou retirados; (c) provocações sobre possíveis pontos cegos e temas a serem detalhados na regulamentação posterior. Ao final, apresento uma síntese conclusiva.

1. O primeiro passo: a Lei nº 14.478/2022

Embora os criptoativos tenham sido criados para desintermediar transações e oferecer certa resistência à intervenção de terceiros (especialmente do Estado), a dificuldade de gerir a propriedade desses ativos e a complexidade dos modelos de negócios levaram ao surgimento de diversos prestadores de serviços, tais como os ambientes de negociação denominados de *exchanges*, emissores de stablecoins, "tokenizadoras", provedores de custódia, aplicativos de carteiras, fabricantes de dispositivos de carteiras, plataformas de serviços de finanças descentralizadas (DeFi), entre outros.

A discussão sobre a regulação desse mercado envolve a estipulação de balizas para a conduta desses prestadores de serviços e os requisitos mínimos para que possam exercer a sua atividade de modo a mitigar os riscos de estabilidade financeira e danos aos investidores-consumidores por falhas operacionais, manipulação de mercado, violação de deveres fiduciários, entre outras possibilidades.

Desde 2015, diversos Projetos de Lei tramitaram no Legislativo brasileiro e, enquanto isso, os reguladores financeiros tradicionais (Bacen, CVM e COAF) tiveram dificuldade em reconhecer a sua competência para regular e fiscalizar essas atividades.

[8] Para um mapeamento abrangente, cf. THOMSON REUTERS. *Crypto on the rise*, 2022. Disponível em https://www.thomsonreuters.com/en/reports/cryptos-on-the-rise-2022.html. Acesso em 15 jun.2022.

No final de 2021, tramitavam os seguintes projetos de lei sobre a matéria:

a) Projetos de Lei da Câmara dos Deputados
   - PL 2.303/15, Dep. Aureo Ribeiro – renumerado como PL 4.401/21
   - PL 2.234/21, Dep. Vitor Hugo (arquivado)
   - PL 2.140/21, Dep. Alexandre Frota (arquivado)
   - PL 2.060/19, Dep. Aureo Ribeiro (arquivado)

b) Projetos de Lei do Senado Federal
   - PLS 4.401/21, aprovado na forma de Substitutivo
   - PLS 3.825/19, Sen. Flávio Arns (arquivado)
   - PLS 4.207/20, Sen. Soraia Thronicke (arquivado)
   - PLS 3.949/19, Sen. Styvenson Valentim (arquivado)

Na Câmara dos Deputados, prevaleceu o Projeto de Lei nº 2.303/2015[9], de autoria do Dep. Aureo Ribeiro, aprovado e remetido ao Senado em 9.12.2021, quando foi numerado como Projeto de Lei nº 4.401/2021[10]. No Senado Federal, o PL 2.303/15 foi apensado o Projeto de Lei do Senado nº 3.825/2019[11], de autoria do Sen. Flávio Arns, que teve relatório apresentado pelo Sen. Irajá em 14.12.2021. Ao final, os textos dos projetos do Senado foram consolidados em um substitutivo ao PL 4.401/21.

Por sua vez, o PL 4.401/21 foi aprovado pela Câmara dos Deputados, com rejeição à maioria das inclusões feitas pelo Senado Federa ao texto aprovado na Câmara em dezembro de 2021 e, enfim, em 21.12.2022, tornou-se a Lei nº 14.478/2022.

Iniciaremos com o exame do texto da Lei nº 14.478/2022, ressaltando as diferenças com relação ao texto do PL 4.401/21 aprovado pelo Senado e remetido à Câmara dos Deputados em 4.5.2022. Posteriormente, descreveremos a evolução do tratamento do tema, com o exame dos demais projetos e das propostas originais.

9 BRASIL. Câmara dos Deputados. Projeto de Lei nº 2.303/2015, Prop; Dep Aureo Ribeiro (SD/RJ), 8 jul. 2015. Disponível em https://www.camara.leg.br/proposicoesWeb/fichadetramitacao?idProposicao=1555470&ord=1. Acesso em 26 mar. 2022.

10 BRASIL. Senado Federal. Projeto de Lei nº 4.401/2021, recebido em 13 dez. 2021. Disponível em https://www25.senado.leg.br/web/atividade/materias/-/materia/151264. Acesso em 26 mar. 2022.

11 BRASIL Senado Federal. Projeto de Lei do Senado nº 3.825/2019, Prop. Sen. Flávio Arns (REDE/PR), 2 jul. 2019. Disponível em https://www25.senado.leg.br/web/atividade/materias/-/materia/137512. Acesso em 26 mar. 2022.

1.1. *Critério de incidência – ativos virtuais e serviços de ativos virtuais*

A Lei nº 14.478/2022 tem como destinatários aqueles que exercem a atividade de prestação de serviços de ativos virtuais, referidos em documentos internacionais como *virtual asset service providers* – VASP[12]. Logo, não se trata de uma iniciativa para regular um objeto que não pode ser alvo de uma disciplina jurídica estatal (um ativo virtual em si).

Para delimitar seu campo de incidência, a norma traz a definição de ativo virtual e uma enumeração exemplificativa de quais são os serviços sujeitos às suas disposições.

Dentre os serviços em questão, temos, de imediato: (a) a troca entre ativos virtuais ou entre um ativo virtual e moeda (nacional ou estrangeira); (b) transferência de ativos virtuais; (c) custódia ou administração de ativos virtuais (ou de instrumentos que possibilitem controle sobre ativos virtuais); e (d) participação em serviços financeiros e prestação de serviços relacionados à oferta por um emissor ou venda de ativos virtuais. Ademais, há uma autorização para que o rol de serviços seja estendido por ato infralegal do Poder Executivo.

Tais regras nos permitem inferir que a norma pretende incidir sobre *exchanges* de criptoativos (MB, Bitso, BitPreço, Binance, Coinbase, entre outras), plataformas de distribuição de *tokens* (ex. Liqi Digital Assets, BlockBR e MB Digital Assets), provedores de carteiras e serviços de custódia (*wallets* como MetaMask, Trezor, Ledger), soluções de pagamentos com criptoativos, mercados de NFT (ex. OpenSea) e gestores de investimentos em criptoativos que não sejam valores mobiliários.

A norma não menciona expressamente *criptoativos* e não faz menção à *tecnologia de registro distribuído, blockchain* ou a algoritmos criptográficos. Assim, a definição de ativo virtual é abrangente e independente da tecnologia utilizada em sua implementação, não seguindo o detalhamento que encontramos na Instrução Normativa RFB nº 1.888/2019, primeira norma a expressamente definir criptoativos em nosso país como

12 FINANCIAL ACTION TASK FORCE – FATF. *Updated Guidance for a Risk-Based Approach to Virtual Assets and Virtual Asset Service Providers.* Paris, 2021. Disponível em https://www.fatf-gafi.org/publications/fatfrecommendations/documents/guidance-rba-virtual-assets-2021.html. Acesso em 15 jun. 2022; INTERNATIONAL MONETARY FUND – IMF. *Virtual Assets and Anti-Money Laundering and Combating the Financing of Terrorism.* Fintech Notes, 2021. Disponível em https://www.imf.org/en/Publications/fintech-notes/Issues/2021/10/14/Virtual-Assets-and-Anti-Money-Laundering-and-Combating-the-Financing-of-Terrorism-1-463654. Acesso em 15 jun. 2022.

> a representação digital de valor denominada em sua própria unidade de conta, cujo preço pode ser expresso em moeda soberana local ou estrangeira, transacionado eletronicamente com a utilização de criptografia e de tecnologias de registros distribuídos, que pode ser utilizado como forma de investimento, instrumento de transferência de valores ou acesso a serviços, e que não constitui moeda de curso legal.

Assim, ativo virtual é uma representação *digital* de valor usada para *pagamento* ou *investimento*, passível de *negociação e transferência eletrônica*[13].

Diante da possibilidade de que um ativo virtual assim definido também possa se amoldar a critérios de incidência de outras instituições que regulam o sistema financeiro nacional e outros regimes jurídicos, a norma exclui da definição – e, portanto, do regime da lei– os ativos virtuais que também forem (a) moeda soberana (moedas soberanas, emitidas por autoridade que tenha o controle sobre o sistema monetário de uma economia); (b) *moeda eletrônica* (no contexto de arranjos de pagamento da Lei nº 12.865/2013), (c) ativos com emissão, escrituração, negociação e liquidação disciplinados em outras normas; e (d) instrumentos que provejam ao seu titular acesso a produtos ou serviços especificados ou a benefício proveniente desses produtos ou serviços (ex. pontos e recompensas de programas de fidelidade).

Em termos práticos, há exclusão expressa de ativos sob a competência da CVM ou do Banco Central. Ou seja, o microssistema jurídico criado pela lei de ativos virtuais é afastado pela regulação já aplicável a bolsas, corretoras, fundos, gestores de recursos, administradores fiduciários, entre outros. Portanto, se um ativo virtual for qualificado como valor mobiliário, incide o regime mais oneroso (e supostamente mais protetivo ao consumidor) da Lei nº 6.385/1976 e das normas expedidas pela CVM, assim como o regime da Lei nº 4.595/1964 e as normas expedidas pelo Conselho Monetário Nacional (CMN) e pelo Banco Central.

1.2. *Regime de autorização*

A norma prevê a necessidade de autorização prévia para prestadoras de serviços de ativos virtuais pelo Poder Executivo federal, com possibilidade de procedimento simplificado. Desse modo, é possível que o Banco Central do

[13] Lei nº 14.478/2022, Art. 3º: "considera-se ativo virtual a representação digital de valor que pode ser negociada ou transferida por meios eletrônicos e utilizada para realização de pagamentos ou com propósito de investimento".

Brasil venha a criar, por meio de normas infralegais, um regime semelhante ao das instituições de pagamento previstas na Lei nº 12.865/2013, cujo procedimento de autorização é regido pelas Resolução CMN nº 4.282/2013 e Resoluções BCB nº 80 e 81/2021.

Para não incorrer em inconstitucionalidade formal ao dispor sobre a estrutura e organização do Poder Executivo, o projeto não prevê qual órgão ou entidade do Poder Executivo federal a quem será delegado tal poder normativo e competência para disciplinar o funcionamento, autorizar ou cancelar autorização de prestadora de serviços de ativos virtuais.

A regulamentação infralegal abrange, ainda, a autorização para operações societárias (transferência de controle, fusão, cisão e incorporação), restrições de governança corporativa (condições para o exercício de cargos em órgãos estatutários ou contratuais, posse e exercício de pessoas para cargos de administração) e diálogo com a regulação cambial vigente.

À semelhança das instituições de pagamento, as empresas deverão observar requisitos a serem definidos pelo Poder Executivo federal, tais como tipo societário, patrimônio líquido mínimo, condições para o exercício de cargo na administração ou para ter o poder de controle, aprovação prévia de operações societárias.

Após a autorização, essas prestadoras de serviços se sujeitarão à fiscalização e às penalidades previstas na Lei nº 13.506/2017 e serão equiparadas a instituições financeiras para fins penais (Lei nº 7.492/1986). Ou seja, seus administradores poderão ser acusados e condenados em processos administrativos sancionadores (no âmbito do Bacen ou da CVM) ou em processos criminais (por exemplo, gestão fraudulenta de instituição financeira). O próprio exercício da atividade sem autorização será crime.

1.3. Princípios, proteção ao consumidor e insolvência

A Lei nº 14.478/2022 enuncia seus princípios norteadores, alguns deles materializados em outras regras trazidas no texto: livre iniciativa, livre concorrência, boas práticas de governança, segurança da informação, proteção de dados pessoais, proteção e defesa de consumidores e usuários, proteção à poupança popular, solidez e eficiência das operações, prevenção à lavagem de dinheiro, financiamento do terrorismo e proliferação de armas de destruição em massa.

Nesse sentido, a norma proposta prevê expressamente, "no que couber", a incidência das regras do Código de Defesa do Consumidor (Lei nº 8.078/1990), procurado afastar controvérsias sobre a aplicabilidade do regime consumerista às instituições financeiras e a insegurança presente no que concerne à prestação de serviços no mercado de valores mobiliários (por exemplo, na relação entre investidores e corretoras e entre cotistas e gestores e administradores de fundos de investimento e entre investidores e corretoras)[14]. Desse modo, ao menos em teoria, os investidores poderão ter alguma segurança adicional para indicar estas empresas em processos judiciais, executar sentenças condenatórias e denunciar abusos aos reguladores.

1.4. *Prevenção à lavagem de dinheiro*

Nos termos da Lei nº 14.478/2022, as prestadoras de serviços virtuais são obrigadas a comunicar operações suspeitas de lavagem de dinheiro para o COAF e as operações com ativos virtuais deverão ser mantidas em registro se ultrapassado limite previsto na legislação (assim como transações com moeda e outros ativos financeiros).

A causa de aumento de 1/3 a 2/3 da pena para o crime de lavagem de dinheiro passa a englobar tanto a prática reiterada por intermédio de organização criminosa como por meio da utilização de ativos virtuais.

A norma traz, ainda, uma disposição que não guarda relação direta com ativos virtuais: há uma regra delegando ao Poder Executivo a disciplina de Cadastro Nacional de Pessoas Expostas Politicamente (CNPEP), por meio de inclusão de dispositivo na Lei nº 9.613/1998.

Para a formação desse cadastro, os órgãos e entidades da Administração Pública de todas as esferas deverão enviar informações periódicas a um gestor do CNPEP, sob pena de serem destacados como inadimplentes na apresentação dos dados para o público no Portal da Transparência. Todas as pessoas obrigadas a comunicar informações suspeitas sobre lavagem de dinheiro deverão incluir os dados do CNPEP em seus procedimentos internos.

1.5. *Normas penais*

A Lei nº 14.478/2022 inclui um novo delito no Código Penal, um estelionato especializado denominado de fraude com ativos virtuais, valores mobiliários e outros ativos financeiros, com pena de reclusão de 4 a 8 anos e multa:

[14] Batista, Carlos Henrique. A aplicação do Código de Defesa do Consumidor na proteção dos investidores de fundos de investimento, de acordo com a jurisprudência do STJ. *Revista de Direito Bancário e Mercado de Capitais*, v. 74, out./dez. 2016.

> "Fraude com a utilização de ativos virtuais, valores mobiliários ou ativos financeiros
>
> Art. 171-A. Organizar, gerir, ofertar ou distribuir carteiras ou intermediar operações que envolvam ativos virtuais, valores mobiliários ou quaisquer ativos financeiros com o fim de obter vantagem ilícita, em prejuízo alheio, induzindo ou mantendo alguém em erro, mediante artifício, ardil ou qualquer outro meio fraudulento.
>
> Pena – reclusão, de 4 (quatro) a 8 (oito) anos, e multa."

Outra regra importante é a equiparação da prestadora de serviços virtuais a instituições financeiras, no contexto da Lei nº 7.492/1986, para fins de responsabilidade penal por crimes contra o sistema financeiro. Assim, seus dirigentes podem ser acusados de gestão fraudulenta ou gestão temerária de instituições financeiras, dentre os outros crimes próprios previstos naquela lei. Decorre desta previsão a criminalização da prestação de serviço de ativos virtuais sem autorização prévia.

1.6. *Regime de transição e prazo para regulamentação e eficácia*

Diante da existência de inúmeras prestadoras de serviços de ativos virtuais em um vácuo normativo, a proposta legislativa trouxe a previsão de um prazo de 180 dias para o início da produção de efeitos (*vacatio legis*) e a sua efetiva aplicação dependerá de detalhamento, pelo Poder Executivo federal, acerca do regime de autorização supramencionado.

A regulamentação deverá considerar um prazo de adequação de até seis meses para as prestadoras de serviços de ativos virtuais e decorrerá, como de praxe, de consulta pública e a complexidade do tema autoriza certo pessimismo com relação à possibilidade de uma disciplina jurídica eficaz em menos de um ano após a promulgação da lei cujo projeto é aqui descrito.

1.7. *O que ficou de fora*

1.7.1. *Segregação patrimonial*

Um "princípio" presente no PL 4.401/2021 que não prevaleceu no texto final foi o controle e manutenção, de forma segregada, dos recursos aportados pelos clientes.

A segregação de recursos seria aplicável a "recursos financeiros, ativos virtuais e respectivos lastros de titularidade própria daqueles detidos por conta e ordem de terceiros". Esses recursos mantidos por conta e ordem de terceiros não responderiam, direta ou indiretamente, às obrigações das prestadoras de serviços de ativos virtuais, nem integrariam o patrimônio desta, nem poderiam ser dadas em garantia de obrigações assumidas por esta, em decorrência de seus débitos, objeto de arresto, sequestro, busca e apreensão ou qualquer outro ato de constrição judicial.

Adicionalmente, esses recursos não se sujeitariam à recuperação judicial da prestadora de serviços de ativos virtuais, devendo ser restituídos na hipótese de decretação e falência.

1.7.2. *Regras com eficácia imediata*

O PL 4.401/2021 trazia uma previsão de que, enquanto não fosse proferida a decisão final acerca do pedido de autorização para funcionamento, as prestadoras de serviços virtuais deveriam ter: (a) cadastro regular no Sistema de Controle de Atividades Financeiras (SisCOAF); (b) inscrição no Cadastro Nacional de Pessoas Jurídicas (CNPJ) e cumprimento da legislação fiscal brasileira. Tal previsão foi rejeitada pela Câmara na votação e não foi incorporada à Lei nº 14.478/2022.

1.7.3. *Incentivo à mineração "verde"*

O PL 4.401/2021 previa benefícios fiscais para a aquisição de hardware e software para "processamento, mineração e preservação de ativos virtuais" até 31.12.2029, com alíquota zero para alguns tributos federais (PIS, COFINS-Importação, IPI-Importação, II, se adquiridos por importação; e PIS, COFINS e IPI se adquiridos no mercado nacional).

Esse benefício só seria concedido para empreendimentos que "utilizarem em suas atividades 100% de sua necessidade de energia elétrica de fontes renováveis e que neutralizem 100% das emissões de gases de efeito estufa (GEE) oriundas dessas atividades".

A proposta, incluída pelo Senado, não foi aprovada pela Câmara na votação final.

2. O longo caminho: demais projetos de lei

2.1. *Projeto de Lei nº 2.303/2015 (PL 2.303/15)*

Este projeto[15], de autoria do Deputado Aureo Ribeiro, dispunha "sobre a inclusão das moedas virtuais e programas de milhagem aéreas na definição

[15] Disponível em https://www.camara.leg.br/proposicoesWeb/fichadetramitacao?idProposicao=1555470.

de arranjos de pagamento sob a supervisão do Banco Central", propondo a alteração da Lei nº 12.865/2013, que trata dos arranjos de pagamento, e da Lei nº 9.613/1988 – que disciplina a lavagem de capitais.

A proposta procurava "reduzir os riscos das moedas virtuais contra a estabilidade financeira da economia, diminuir a possibilidade de elas financiarem atividades ilegais, além de proteger o consumidor contra eventuais abusos".

O PL 2.303/15 endereçava os eventuais riscos à estabilidade financeira e o financiamento de atividades ilegais pela inclusão das atividades envolvendo moedas virtuais no conceito de arranjos de pagamentos, sujeitando-as, assim, à fiscalização pelo Banco Central pela alteração da redação do artigo 9º da Lei n. 12.865/2013:

> Art. 1º Modifique-se o inciso I do art. 9º da Lei 12.865, de 09 de outubro de 2013:
>
> "Art. 9º ....
>
> I – disciplinar os arranjos de pagamento, **incluindo aqueles baseados em moedas virtuais e programas de milhagens aéreas;**" (grifamos).

A referida lei define arranjo de pagamento como o "conjunto de regras e procedimentos que disciplina a prestação de determinado serviço de pagamento ao público aceito por mais de um recebedor, mediante acesso direto pelos usuários finais, pagadores e recebedores". A Lei nº 12.865/2013 também define instituições de pagamento, pessoa jurídica que, aderindo a um ou mais arranjos de pagamento, tenha como atividade principal ou acessória, alternativa ou cumulativamente". As instituições de pagamento podem ser as emissoras de moeda eletrônica, as emissoras de instrumento de pagamento pós-pago e as credenciadoras (ou adquirentes).

De acordo com a Lei nº 12.865/2013, as instituições de pagamento não podem realizar atividades privativas de instituições financeiras, como a concessão de crédito e a gestão de uma conta corrente bancária. A antecipação de recebíveis de cartões de crédito é tratada de modo distinto das operações de crédito tradicionais e pode ser oferecida pelas credenciadoras aos lojistas.

Ainda, moedas eletrônicas "são os recursos armazenados em dispositivo ou sistema eletrônico que permitem ao usuário final efetuar transação de pagamento", ou seja, representações digitais de moeda soberana, não se confundindo com criptomoedas ou moedas virtuais.

O PL 2.303/15 limitou-se a incluir os serviços envolvendo criptoativos no escopo de atuação das instituições de pagamento, sem fornecer maiores detalhes, suscitando algumas preocupações. Por exemplo, a depender do grau de descentralização de dado protocolo, pode não haver uma pessoa jurídica central, responsável pela instituição de regras, isto é, por instituir um arranjo de pagamentos. Ainda, as *exchanges* de criptoativos, por seu turno, não têm uma correspondência exata com as instituidoras de arranjos de pagamentos, limitando-se a agregar compradores e vendedores de determinados criptoativos e proceder à efetivação da operação em um *blockchain* que pode ser totalmente descentralizado.

É importante destacar que o regime das instituições de pagamento tem sido expandido pelo Banco Central especialmente para a recepção de novos modelos de negócio como as *fintechs* de crédito[16].

Tais iniciativas regulatórias procuraram assegurar que certos serviços financeiros estejam sujeitos à fiscalização do Banco Central, com requisitos específicos para autorização de funcionamento, divulgação de informações periódicas e eventuais, controles de risco e segregação de patrimônio, bem como um controle específico sobre o escopo das atividades realizadas.

Por fim, vale apontar que, além de expressamente declarar a incidência do Código de Defesa do Consumidor (Lei nº 8.078/1990) sobre os serviços envolvendo as moedas virtuais, o PL 2.303/15 incluá as operações com moedas virtuais e programas de milhagens aéreas dentre aquelas que, nos termos de instruções emanadas das autoridades competentes, possam constituir-se em sérios indícios dos crimes previstos na Lei nº 9.613/1998, ou com eles relacionar-se. Assim, tais operações passariam a ser monitoradas pelas instituições responsáveis pelo controle de atividades financeiras com vistas à prevenção à lavagem de dinheiro e financiamento do terrorismo.

Um problema fundamental deste projeto de lei é a ausência de uma definição legal de "moeda virtual", assim como o tratamento conjunto dessa modalidade de ativo com as milhas aéreas. Por mais que os *tokens* de utilidade se aproximem do conceito de saldo de milhas aéreas, no que concerne à aquisição futura de bens e serviços, sua dinâmica operacional é bastante distinta.

[16] Veja-se, nesse sentido, a Resolução CMN nº 4.656/2018, a Circular BACEN nº 3.898/2018, que criaram as Sociedades de Crédito Direto (SCD) e as Sociedades de Empréstimos entre Pessoas (SEP).

Em substitutivo apresentado ao PL 2.303/2015, datado de 13.12.2017, foi inserida a definição de moeda digital, moeda virtual ou criptomoeda como "representação digital de valor que funcione como meio de pagamento, ou unidade de conta, ou reserva de valor e que não tem curso legal no País ou no exterior".

Foi inserida também uma segunda definição, a de "ficha digital": "representação digital de um bem ou direito, que não se classifique como moeda digital, moeda virtual ou criptomoeda", a qual, a nosso ver, se aproxima do conceito mais abrangente de criptoativo.

De acordo com o Parecer do Relator Deputado Expedito Netto, o substitutivo propunha a proibição da realização de operações com criptomoedas, atraindo a repressão penal, com permissão apenas para *utility tokens*:

> "Nessa linha, naquilo que diz respeito às moedas virtuais, digitais ou criptomoedas, decidimos nos posicionar pela proibição de emissão em território nacional, bem como de vedar a sua comercialização, intermediação e mesmo a aceitação como meio de pagamento para liquidação de obrigações no País.
>
> Para tal fim, optamos por inserir no Código Penal o tipo específico para a prática descrita no parágrafo anterior, mas deixamos aberta a possibilidade de emissão para uso em ambiente restrito, sob a responsabilidade do emissor, de moedas digitais, moedas virtuais e criptomoedas, desde que exclusivamente para a aquisição de bens e serviços oferecidos pelo emissor ou por terceiros".

A fim de não sufocar totalmente a inovação, o substitutivo propunha a concessão de exceções nos regulamentos da CVM para que essas empresas tenham um ambiente de testes controlado (*sandbox*)[17].

Em matéria penal, convém ainda destacar a previsão de um novo delito de pirâmide financeira, incluído na Lei de Crimes contra a Economia Popu-

[17] O substitutivo propõe a inclusão do seguinte dispositivo na Lei nº 6.385/1976: Art. 28-A. A Comissão de Valores Mobiliários deve dispensar o registro de atividades regulamentadas nos termos desta Lei, com a finalidade de instituir ambiente de testes de novas tecnologias e inovações em produtos e serviços no mercado de valores mobiliários. Parágrafo único. A Comissão de Valores Mobiliários deve conceder a autorização prevista no caput deste artigo dentro de limites e restrições preestabelecidos, observando: I – os riscos e benefícios de cada autorização; e II – o estímulo a iniciativas que visem conferir maior eficiência, segurança e ampliação do acesso ao mercado de valores mobiliários.

lar (Lei nº 1.521/1951), revogando seu atual inciso IX do art. 2º[18] (que tem pena de detenção de seis meses a dois anos e multa), passando a estipular pena de reclusão de um a cinco anos e multa[19], equiparando, assim, o preceito secundário ao do delito de estelionato.

2.2. *Projeto de Lei nº 2.060/2019 (PL 2.060/19)*

Este projeto de lei[20], também proposto pelo Deputado Federal Aureo Ribeiro, buscou estabelecer o "regime jurídico dos criptoativos", os quais "englobam ativos utilizados como meio de pagamento, reserva de valor, utilidade e valor mobiliário".

Nesse contexto, os criptoativos seriam divididos em três espécies:

a) Unidades de valor criptografadas mediante a combinação de chaves públicas e privadas de assinatura por meio digital, geradas por um sistema público ou privado e descentralizado de registro, digitalmente transferíveis e que não sejam ou representem moeda de curso legal no Brasil ou em qualquer outro país;
b) Unidades virtuais representativas de bens, serviços ou direitos, criptografados mediante a combinação de chaves públicas e privadas de assinatura por meio digital, registrados em sistema público ou privado e descentralizado de registro, digitalmente transferíveis, que não seja ou representem moeda de curso legal no Brasil ou em qualquer outro país; e,
c) *Tokens* virtuais que conferem ao seu titular acesso ao sistema de registro que originou o respectivo *token* de utilidade no âmbito de uma determinada plataforma, projeto ou serviço para a criação de novos registros em referido sistema e que não se enquadram no conceito de valor mobiliário.

[18] Art. 2º (...) IX – obter ou tentar obter ganhos ilícitos em detrimento do povo ou de número indeterminado de pessoas mediante especulações ou processos fraudulentos ("bola de neve", "cadeias", "pichardismo" e quaisquer outros equivalentes);

[19] Art. 2º-A. Constitui crime da mesma natureza obter ou tentar obter ganhos ilícitos em detrimento de uma coletividade de pessoas, ainda que indetermináveis, mediante especulação, artifício, ardil, ou qualquer outro meio fraudulento. Pena – reclusão, de um a cinco anos, e multa."

[20] Disponível em https://www.camara.leg.br/proposicoesWeb/fichadetramitacao?idProposicao=2196875.

As duas primeiras espécies ressaltam o caráter "cripto" dos ativos ao qualificá-los como criptografados, digitalmente transferíveis, segundo uma estrutura de chaves em um sistema público ou privado de registro.

O PL 2.060/19 destacava que tais ativos representam unidades de valor (aproximando-se de moedas) ou representações digitais de bens, direitos ou serviços e, ao mesmo tempo, não representavam moedas soberanas, seja no Brasil ou em qualquer outro país.

Ressalte-se que, apesar de tentar conferir uma das funções econômicas de moeda para o criptoativo, o próprio dispositivo prescrevia que tais ativos não eram ou não representavam moeda de curso legal no Brasil ou em qualquer outro país.

A terceira espécie agregava apenas os *utility tokens* de utilidade, uma vez que os *security tokens* se enquadrariam no conceito de valor mobiliário e sujeitam-se à regulação da CVM. Nota-se certa sobreposição com os criptoativos da espécie anterior, que são representações digitais de bens, direitos ou serviços e, portanto, também podem ser *utility tokens*.

O PL 2.060/19 trazia, ainda, a definição de "intermediador de criptoativos", como sendo "a pessoa jurídica prestadora de serviços de intermediação, negociação, pós-negociação e custódia de criptoativos". Entretanto, não tratava de sua natureza jurídica ou autorização para funcionamento, não trazia a definição da natureza da relação jurídica entre as *exchanges* e seus clientes, tampouco trazia qualquer espécie de tratamento jurídico sobre o que se deve entender por custódia ou intermediação de criptoativos, nem mesmo se estaria submetida à regulação do Banco Central ou da CVM.

O projeto propunha a inclusão do artigo 28-A na Lei nº 6.385/1976 (que trata da CVM e dos valores mobiliários) para trazer a possibilidade de a CVM dispensar o registro de atividades regulamentas pela lei com o objetivo de se criar um ambiente de inovação e testes de novos empreendimentos tecnológicos. Tal dispositivo parecia contradizer a alteração proposta no § 1º do art. 2º da Lei nº 6.385/1976, que afastava expressamente os criptoativos, "ainda que tenham os seus valores correspondentes ao valor de cotas de pessoas jurídicas" da competência da CVM.

Não faria sentido envolver a CVM para autorizá-la a dispensar registro se nenhum dos criptoativos conceituados pelo projeto de lei seriam valores mobiliários, estes sim sujeitos à regulação da CVM. Afinal, já existem na Lei nº 6.385/1976 as previsões, sob certas condições, para a dispensa de registro na emissão de valores mobiliários.

O PL 2.060/19 prescrevia também a liberdade de emissão de *tokens* de utilidade por pessoas jurídicas estabelecidas no Brasil, desde que a finalidade da emissão fosse compatível com as suas atividades ou mercados de atuação, sujeitando-se à regulação específica a depender da natureza dos bens, serviços ou direitos subjacentes.

Por fim, o PL 2.090/19, além de propor um novo tipo penal para operações ilícitas com criptoativos[21], reproduzia a tutela penal do substitutivo ao PL 2.303/15, dando nova redação ao crime de pirâmide financeira na Lei de Crimes contra a Economia Popular (Lei nº 1.521/1951) e cominando a mesma pena que a do crime de estelionato, harmonizando o preceito secundário desses delitos.

2.3. *Projeto de Lei nº 3.825/2019 (PLS 3.825/19) e Projeto de Lei nº 3.949/2019 (PLS 3.949/19)*

O PLS 3.825/19[22] propunha "a regulamentação do mercado de criptoativos no país, mediante a definição de conceitos; diretrizes; sistema de licenciamento de *Exchanges*; supervisão e fiscalização pelo Banco Central e CVM". Nele encontramos o tratamento de questões relacionadas à lavagem de dinheiro e outros ilícitos, especialmente a "gestão fraudulenta ou temerária de *Exchanges* de criptoativos"[23].

Ao justificar a proposta, o Senador Flávio Arns afirma que:

> "No Brasil, onde, em 2018, o volume negociado de moedas virtuais correspondeu a R$ 6,8 bilhões, carecem de regulamentação as empresas que negociam, fazem a intermediação ou custódia de criptoativos, que são conhecidas como 'exchanges'.

[21] Art. 292-A. Organizar, gerir, ofertar carteiras, intermediar operações de compra e venda de Criptoativos com o objetivo de pirâmide financeira, evasão de divisas, sonegação fiscal, realização de operações fraudulentas ou prática de outros crimes contra o Sistema Financeiro, independentemente da obtenção de benefício econômico: Pena – detenção, de um a seis meses, ou multa.

[22] Disponível em https://www25.senado.leg.br/web/atividade/materias/-/materia/137512.

[23] Com a criação de dois tipos penais nesse sentido na Lei nº 7.492/1986: Art. 4º-A. Gerir fraudulentamente Exchange de criptoativos: Pena – Reclusão, de 3 (três) a 12 (doze) anos, e multa.

§1º Se a gestão fraudulenta é realizada mediante prática de pirâmide financeira: Pena – Reclusão, de 6 (seis) a 12 (doze) anos, e multa.

§2º Se a gestão é temerária: Pena – Reclusão, de 2 (dois) a 8 (oito) anos, e multa."

> Atualmente, existem cerca de 35 exchanges no Brasil, sendo que 23 delas foram criadas em 2018, o que denota o crescimento exponencial deste novo setor. Tais empresas, contudo, agem livremente no mercado pátrio, sem qualquer supervisão ou fiscalização de órgãos governamentais. (...)
>
> O fato de também não haver identificação dos compradores e vendedores nas transações, e de não serem submetidas a jurisdições de países e bancos centrais, induz a práticas perniciosas, tais como lavagem de dinheiro, evasão de divisas, tráfico de drogas ou, até mesmo, terrorismo".

Criptoativo foi definido como sinônimo de "moeda virtual" e de forma idêntica à do art. 5º, I, da IN RFB nº 1888/2019, reproduzido anteriormente. Por seu turno, *exchange* de criptoativos seria a "pessoa jurídica que oferece serviços referentes a operações realizadas com criptoativos em plataforma eletrônica, inclusive intermediação, negociação ou custódia".

De acordo com o PLS 3.825/19, as *exchanges* de criptoativos deveriam obter autorização prévia do Banco Central para funcionamento, sujeitando-se à sua regulamentação e fiscalização. Seriam exigidos das *exchanges* infraestrutura compatível para garantir a segurança, confiabilidade e qualidade dos serviços e procedimentos para identificação dos clientes (*know your customer* – KYC), assim como a prestação de informações à RFB.

Encontramos também alguns princípios que norteiam o regular funcionamento da intermediação de criptoativos, valores a serem tutelados pelas regras do Banco Central no exercício de seu poder normativo[24].

Havia no PLS 3.825/19 um dispositivo redundante, que prevê a competência da CVM para fiscalizar oferta pública de criptoativos "que gerem direito de participação, de parceria ou de remuneração, inclusive resultante de prestação de serviços, cujos rendimentos advêm do esforço do empreendedor ou de terceiros", o que não seria necessário, dada a definição de valor mobiliário contida no art. 2º, IX, da Lei n. 6.385/1976. No mais, com respeito, à CVM, o projeto previa a exclusão expressa de sua competência para regular criptoativos.

[24] Notadamente solidez e eficiência das operações realizadas nas plataformas eletrônicas, promoção da competitividade entre os operadores de criptoativos, confiabilidade e qualidade dos serviços, excelência no atendimento às necessidades dos clientes, segurança da informação (em especial proteção de ativos e de dados pessoais); transparência e acesso a informações claras e completas sobre as condições de prestação de serviços, adoção de boas práticas de governança e gestão de riscos, estímulo à inovação e à diversidade das tecnologias e, por fim, autorregulação

O PLS 3.825/19 endereçava questões relacionadas à segregação entre o patrimônio da *Exchange* e o de seus clientes[25], com destaque, ainda, para a manutenção "em ativos de liquidez imediata o equivalente aos valores em Reais aportados pelos clientes em contas de movimentação sob sua responsabilidade, ainda não investidos em criptoativos, ou resgatados e ainda não retirados pelos clientes".

Por fim, o PLS 3.825/19 adicionava as *exchanges* ao rol de sujeitos que devem comunicar operações suspeitas de lavagem de dinheiro.

Por seu turno, o PLS 3.949/19[26], de autoria do Senador Styvenson Valentim, tramitou em conjunto com o PLS 3.825/19 e dispunha sobre "transações com moedas virtuais e estabelece condições para o funcionamento das *exchanges* de criptoativos", além de propor mudanças nas leis que versam sobre os crimes de lavagem de dinheiro, nas leis sobre o mercado de capitais e o Sistema Financeiro Nacional.

O foco envolveu a regulação das atividades das *exchanges* na intermediação de operações realizadas com criptoativos, submetendo sua autorização e funcionamento ao Banco Central. Da justificativa do projeto, merece destaque o seguinte trecho:

> "Apesar de servir como substituto à moeda soberana para efetuar o pagamento de bens e serviços pela Internet ou simplesmente efetuar transferências de valores entre pessoas, não estamos impondo-as como moeda de curso forçado. Estamos tão somente reconhecendo a legalidade de sua aceitação por parte de empresas e demais agentes econômicos que efetuam transações pela Internet".

Em essência, o projeto trazia as mesmas regras do PLS 3.8925/19, com destaque para a ampla delegação de poderes normativos para o Banco Central[27].

[25] Art. 8º Os recursos aportados pelos clientes em contas de movimentação financeira nas Exchanges de criptoativos: I – constituem patrimônio separado, que não se confunde com o da Exchange; II – não respondem direta ou indiretamente por quaisquer obrigações da Exchange nem podem ser objeto de arresto, sequestro, busca e apreensão ou qualquer outro ato de constrição judicial em função de débitos de responsabilidade da Exchange; III – não compõem o ativo da Exchange, para efeito de falência ou liquidação judicial ou extrajudicial; e IV – não podem ser dados em garantia de débitos assumidos pela Exchange.

[26] Disponível em https://www25.senado.leg.br/web/atividade/materias/-/materia/137644.

[27] De acordo com o projeto, compete ao Banco Central: (i) baixar normas para disciplinar as operações com criptoativos, inclusive no que se refere à supervisão prudencial e à

Apesar de expressamente prever que criptoativo não seria moeda de curso legal, o projeto reconhecia as operações com moedas virtuais com a finalidade de investimento, submetendo as transações à legislação cambial[28], o que não parece fazer muito sentido, pois, se é operação de câmbio, a indagação a ser feita é se o criptoativo configura moeda estrangeira.

Um aspecto específico do PLS 3.939/15 era a alteração da Lei nº 8.981/1995 no tocante à incidência da tributação do ganho de capital das pessoas físicas para as operações de alienação de criptoativos.

Com isso, pode-se afirmar que estes projetos de lei buscaram trazer para a regulação do Banco Central as transações com criptoativos quando utilizados como objeto de compra e venda, podendo ser utilizado como objeto de investimento, mas excluíam da regulação do Banco Central o criptoativo com características de valor mobiliário, submetido à regulação da CVM.

2.4. *Projeto de Lei nº 4.207/2020 (PLS 4.207/20)*

Este projeto[29] de autoria da Senadora Soraya Thronicke, dispunha "sobre os ativos virtuais e sobre as pessoas jurídicas que exerçam as atividades de intermediação, custódia, distribuição, liquidação, transação, emissão ou gestão desses ativos virtuais".

contabilização das operações com criptoativos; (ii) estabelecer normas complementares para as exchanges de criptoativos, dentre as quais sobre o objeto social, a autorização, a constituição, o funcionamento e a fiscalização das operações e das exchanges; (iii) autorizar o funcionamento de exchanges de criptoativos no país, a transferência de controle, fusão, cisão e incorporação, inclusive quando envolver participação de pessoa física ou jurídica não residente, segundo abrangência e conduções que fixar; (iv) fiscalizar as exchanges e as operações com criptoativos; (v) adotar medidas preventivas, com o objetivo de garantir a solidez, eficiência e o regular funcionamento das exchanges; (vi) e, intervir nas exchanges e decretar sua liquidação extrajudicial na forma e condições previstas na legislação especial aplicável às instituições financeiras Dentre as medidas preventivas de competência do Banco Central estão: (i) estabelecimento de limites operacionais mínimos, inclusive em relação ao capital social integralizado e ao patrimônio líquido; (ii) fixar regras de operação, de gerenciamento de riscos,de controles internos e de governança, inclusive quanto ao controle societário e aos mecanismos para assegurar deliberativa dos órgãos de direção e de controle; e, (iii) limitar ou suspender a venda de produtos, a prestação de serviços de pagamento e a utilização de modalidades operacionais.

[28] Art. 3º Ficam reconhecidas as operações com moedas virtuais, com a finalidade de investimento, acesso a serviços ou transferência de valores, observada a legislação cambial.

[29] Disponível em https://www25.senado.leg.br/web/atividade/materias/-/materia/144036.

Assim como os outros projetos de lei descritos, trouxe a disciplina de crimes relativos a ilícitos praticados por meio de criptoativos, especialmente pirâmides financeiras, bem como a inclusão de operações com criptoativos no escopo da prevenção à lavagem de dinheiro, nos termos da Lei nº 9.613/1998.

De acordo com a justificativa do projeto, a regulação se preocupa com o combate à lavagem de dinheiro, a proteção da propriedade privada dos investidores e a incorporação de normas tributárias.

O projeto propunha a criação de um Comitê interministerial de acompanhamento e monitoramento das atividades envolvendo ativos virtuais, destinado à análise contínua da evolução do mercado de tais ativos, prevenindo e identificando os riscos associados e decidindo sobre a regulação a ser adotada. Na composição deste Comitê, temos: Ministério da Economia, Ministério da Ciência e Tecnologia, RFB, Banco Central, CVM e COAF, pelo menos[30].

À semelhança dos demais projetos descritos, o PLS 4.207/2020 trazia regras destinadas à proteção dos dados pessoais dos investidores e do seu patrimônio em ativos digitais, cria mecanismos para a supervisão do mercado desses ativos e, por fim, propõe a alteração da Lei nº 9.613/1998 para aumentar o rol de sujeitos que devem reportar operações suspeitas ao COAF envolvendo criptoativos.

O projeto também propunha a criação do Cadastro Nacional de Pessoas Expostas Politicamente (CNPEP), a fim de ser consultado pelas instituições financeiras para aprimorar a execução de políticas de prevenção à lavagem de dinheiro e para avaliação de risco de crédito.

Como critério de incidência, o PLS 4.207/20 definiu ativos virtuais como:

a) qualquer representação digital de um valor, seja ele criptografado ou não, que não seja emitido por banco central ou qualquer autoridade pública, no país ou no exterior, ou represente moeda eletrônica de curso legal no Brasil ou moeda estrangeira, mas que seja aceito ou transacionado por pessoa física ou pessoa jurídica como meio de troca ou de pagamento, e que possa ser armazenado, negociado ou transferido eletronicamente.

[30] Art. 9º As circunstâncias não descritas nesta Lei que sejam relacionadas aos escopos definidos devem ser analisadas por Fórum Interministerial, com funcionamento, competência e composição a serem estabelecidos em Decreto.

b) ativos virtuais intangíveis ("*tokens*") que representem, em formato digital, bens, serviços ou um ou mais direitos, que possam ser emitidos, registrados, retidos, transacionados ou transferidos por meio de dispositivo eletrônico compartilhado, que possibilite identificar, direta ou indiretamente, o titular do ativo virtual, e que não se enquadrem no conceito de valor mobiliário.

De plano, observa-se a ausência de correlação necessária entre ativos virtuais e algoritmos criptográficos.

Qualquer representação digital de um valor que possa ser utilizado como meio de troca ou pagamento e passível de armazenamento, negociação ou transferência eletrônica, excluídos os ativos digitais que (a) forem emitidos por banco central ou autoridade pública no Brasil ou no exterior; ou (b) não representem moeda eletrônica de curso legal.

Temos, por outro lado, *tokens* que não são valores mobiliários e passíveis de emissão, registro, custódia, negociação ou transferência eletrônica e que representem bens, serviços ou direitos e, ainda, permitam a identificação de seu titular.

Para as pessoas jurídicas envolvidas em atividades de emissão, intermediação, custódia, distribuição, liquidação, negociação ou administração de ativos virtuais, o PLS 4.207/20 exigia que fossem constituídas sob a forma de sociedade anônima ou sociedade limitada, tivessem capital social mínimo integralizado de R$ 100.000,00 e segregassem seu patrimônio do de seus clientes.

O projeto trazia também requisitos qualitativos para o exercício da atividade regulada, envolvendo segurança, controles internos, governança, mitigação de conflitos de interesses, transparência, prestação de informações a clientes e ao Estado, termos e condições de serviço e proteção da propriedade dos clientes.

O PLS 4.207/2020 trazia uma divisão de competências entre RFB, Banco Central, CVM e COAF:

a) RFB: tributação, fiscalização e arrecadação;
b) Banco Central: supervisão e regulação nas circunstâncias específicas em que a emissão, a transação ou a transferência de ativos virtuais, por sua natureza, integrem os arranjos de pagamento do Sistema de Pagamentos Brasileiro (SPB);

c) CVM: supervisão e regulação nas circunstâncias específicas em que a emissão, a transação ou a transferência dos ativos virtuais seja compatível com a natureza de valores mobiliários;
d) COAF: supervisão e regulação nos termos da Lei nº 9.613/1998.

Por fim, convém registrar que o PLS 4.207/20 previa novo tipo penal na Lei nº 7.492/1986, o qual tem como elemento subjetivo do tipo a prática do delito de pirâmide financeira previsto na Lei 1.521/1951[31].

2.5. *Quadros comparativos*

Os quadros a seguir permitem comparar as principais regras trazidas nos projetos de lei comentados, a fim de demonstrar a evolução rumo ao PL 4.401/21.

2.5.1. *Critérios de incidência*

PL 2.303/15	• Moeda digital, moeda virtual ou criptomoeda: representação digital de valor que funcione como meio de pagamento, ou unidade de conta, ou reserva de valor e que não tem curso legal no País ou no exterior. • Ficha digital: representação digital de um bem ou direito, que não se classifique como moeda digital, moeda virtual ou criptomoeda.
PL 2.060/19	Criptoativos: • Unidades de valor (criptografadas mediante a combinação de chaves públicas e privadas de assinatura por meio digital, geradas por um sistema público ou privado e descentralizado de registro, digitalmente transferíveis) e que não sejam ou representem moeda de curso legal no Brasil ou em qualquer outro país; • Unidades virtuais representativas de bens, serviços ou direitos, (...), que não seja ou representem moeda de curso legal no Brasil ou em qualquer outro país; • *Tokens* Virtuais que conferem ao seu titular acesso ao sistema de registro que originou o respectivo *token* de utilidade no âmbito de uma determinada plataforma, projeto ou serviço para a criação de novos registros em referido sistema e que não se enquadram no conceito de valor mobiliário.

[31] Art. 24-A. Organizar, gerir, ofertar carteiras, intermediar operações de compra e venda de ativos virtuais com o objetivo previsto no inciso IX, do art. 2º, da Lei nº 1.521, de 26 de dezembro de 1951, evasão de divisas, sonegação fiscal, realização de operações fraudulentas ou prática de outros crimes contra o Sistema Financeiro, independentemente da obtenção de benefício econômico: Pena – detenção, de seis meses a dois anos, e multa.

PLS 3.825/19 e 3.919/19	• Criptoativo: a representação digital de valor denominada em sua própria unidade de conta, cujo preço pode ser expresso em moeda soberana local ou estrangeira, transacionado eletronicamente com a utilização de criptografia e/ou de tecnologia de registro distribuído, que pode ser utilizado como forma de investimento, instrumento de transferência de valores ou acesso a bens ou serviços, e que não constitui moeda de curso legal; • *Exchange* de criptoativos: a pessoa jurídica que oferece serviços referentes a operações realizadas com criptoativos em plataforma eletrônica, inclusive intermediação, negociação ou custódia.
PLS 4.207/20	• Ativos virtuais: qualquer representação digital de um valor, seja ele criptografado ou não, que não seja emitido por banco central ou qualquer autoridade pública, no país ou no exterior, ou represente moeda eletrônica de curso legal no Brasil ou moeda estrangeira, mas que seja aceito ou transacionado por pessoa física ou pessoa jurídica como meio de troca ou de pagamento, e que possa ser armazenado, negociado ou transferido eletronicamente • Ativos virtuais intangíveis ("*tokens*") que representem, em formato digital, bens, serviços ou um ou mais direitos, que possam ser emitidos, registrados, retidos, transacionados ou transferidos por meio de dispositivo eletrônico compartilhado, que possibilite identificar, direta ou indiretamente, o titular do ativo virtual, e que não se enquadrem no conceito de valor mobiliário.

2.5.2. *Serviços de ativos virtuais e proibições*

PL 2.303/15	É vedada a emissão de fichas digitais cujos bens ou direitos subjacentes sejam constituídos por moeda digital, moeda virtual ou criptomoeda. Constituição de sociedades empresárias e EIRELI emissoras de fichas digitais e a emissão de fichas digitais.
PL 2.060/19	É reconhecida a emissão e circulação de Criptoativos. É livre a emissão de criptoativos de utilidade, bem como de outros tipos de criptoativos que, por sua natureza ou pela natureza dos bens, serviços e/ou direitos subjacentes, não estejam sujeitos à regulação específica.
PLS 3.825/19 e 3.919/19	O funcionamento da *Exchange* de criptoativos depende de prévia autorização do Banco Central. Ficam reconhecidas as operações com moedas virtuais, com a finalidade de investimento, acesso a serviços ou transferência de valores, observada a legislação cambial.
PLS 4.207/20	Emissão, intermediação, custódia, distribuição, liquidação, negociação ou administração.

2.5.3. *Requisitos e competência normativa e fiscalizatória*

PL 2.303/15	Órgãos legalmente competentes para editar normas relativas aos bens ou direitos subjacentes à ficha digital. Não havendo órgão regulador específico para o bem ou direito subjacente à ficha digital, é livre a constituição e o funcionamento da sociedade ou da empresa mencionada e a emissão de fichas digitais. A CVM pode dispensar o registro de atividades por ela regulamentadas.
PL 2.060/19	A emissão de criptoativos que, por sua natureza ou pela natureza dos bens, serviços ou direitos subjacentes, estejam sujeitos à regulação específica a ela devem se submeter. São expressamente excluídos da competência da CVM os Criptoativos, ainda que tenham os seus valores correspondentes ao valor de cotas de pessoas jurídicas. Autorização para que a CVM dispense os registros de sua competência.
PLS 3.825/19 e 3.919/19	Banco Central, devendo prestar informações requisitadas pela RFB (neste último caso, sujeitam-se as pessoas físicas ou jurídicas residentes ou domiciliadas no país que realizam operações com criptoativos em ambiente fora de *Exchanges* ou em *Exchanges* domiciliadas no exterior). As competências do Banco Central não afetam as atribuições legais do Sistema Brasileiro de Defesa da Concorrência, nem as dos outros órgãos ou entidades de governo responsáveis pela regulação e supervisão setorial. São expressamente excluídos da competência da CVM os criptoativos, salvo quando consubstanciarem valor mobiliário. Detalhamento das informações mínimas que devem constar do pedido de autorização da *exchange*.
PLS 4.207/20	• RFB: tributação, fiscalização e arrecadação; • Banco Central: supervisão e regulação nas circunstâncias específicas em que a emissão, a transação ou a transferência de ativos virtuais, por sua natureza, integrem os arranjos de pagamento do Sistema de Pagamentos Brasileiro (SPB); • CVM: supervisão e regulação nas circunstâncias específicas em que a emissão, a transação ou a transferência dos ativos virtuais seja compatível com a natureza de valores mobiliários; • COAF: supervisão e regulação nos termos da Lei nº 9.613/1998. • Casos omissos: Fórum Interministerial. • Sociedade anônima ou limitada e capital social mínimo integralizado de R$ 100 mil. Reputação ilibada, competência técnica, sistema adequado de segurança e controles internos, sistema eletrônico resiliente, governança e mitigação de conflitos de interesse.

2.5.4. *Proteção do investidor*

PL 2.303/15	No caso de existência de bolsa ou mercado de balcão regulado para o bem ou direito subjacente à ficha digital, compete ao órgão regulador responsável por editar norma que garanta a venda direta, ou mesmo a criação de mercados virtuais específicos de negociação, como forma de reduzir custos para os consumidores e fomentar a concorrência.b
PL 2.060/19	N/A
PLS 3.825/19 e 3.919/19	Incidência expressa do Código de Defesa do Consumidor.Segregação do patrimônio da *Exchange* e dos clientes, sendo que este não responde pelas obrigações daquela, nem pode ser objeto de atos de constrição patrimonial em função de débitos da *Exchange*. Patrimônio dos clientes não pode ser dado em garantia de débitos da *Exchange* e não integra o patrimônio desta em casos de insolvência.Prestação de informações periódicas.
PLS 4.207/20	Segregação patrimonial dos ativos dos investidores, que não respondem pelas obrigações da empresa, não podem ser dados em garantia e devem ser devolvidos na falência.Abster-se de usar as chaves dos clientes salvo se consentimento prévio e expresso. Permitir a devolução imediata dos ativos sempre que requisitado.Fornecimento de informações claras e precisas aos clientes, indicação de riscos e inexistência de seguro para esse tipo de investimento ou regime especial de insolvência.

2.5.5. *Tutela penal*

PL 2.303/15	Alteração do delito de emissão de título ao portador sem permissão legal (art. 292 do Código Penal): (...) Pena - detenção, de um a seis meses, ou multa. § 1º Incide na mesma pena quem, sem permissão legal, emite, intermedeia troca, armazena para terceiros, realiza troca por moeda de curso legal no País ou moeda estrangeira, moeda digital, moeda virtual ou criptomoeda que não seja emitida pelo Banco Central do Brasil. Alteração da redação e aumento de pena do crime de pirâmide financeira da Lei nº 1.521/1961: Art. 2º-A. Constitui crime da mesma natureza obter ou tentar obter ganhos ilícitos em detrimento de uma coletividade de pessoas, ainda que indetermináveis, mediante especulação, artifício, ardil, ou qualquer outro meio fraudulento. Pena – reclusão, de um a cinco anos, e multa.

PL 2.060/19	Novo crime no Código Penal: Art. 292-A. Organizar, gerir, ofertar carteiras, intermediar operações de compra e venda de Criptoativos com o objetivo de pirâmide financeira, evasão de divisas, sonegação fiscal, realização de operações fraudulentas ou prática de outros crimes contra o Sistema Financeiro, independentemente da obtenção de benefício econômico: Pena – detenção, de um a seis meses, ou multa. Alteração da redação e aumento de pena do crime de pirâmide financeira da Lei nº 1.521/1961: Art. 2º-A. Constitui crime da mesma natureza obter ou tentar obter ganhos ilícitos em detrimento de uma coletividade de pessoas, ainda que indetermináveis, mediante especulações ou processos fraudulentos ("bola de neve", "cadeias", "pichardismo", "pirâmides" e quaisquer outros equivalentes)". Pena – reclusão, de um a cinco anos, e multa.
PLS 3.825/19 e 3.919/19	Novo tipo da Lei nº 7.492/1986: Art. 4º-A. Gerir fraudulentamente *Exchange* de criptoativos: Pena – Reclusão, de 3 (três) a 12 (doze) anos, e multa. §1º Se a gestão fraudulenta é realizada mediante prática de pirâmide financeira: Pena – Reclusão, de 6 (seis) a 12 (doze) anos, e multa. §2º Se a gestão é temerária: Pena – Reclusão, de 2 (dois) a 8 (oito) anos, e multa.
PLS 4.207/20	Novo tipo da Lei nº 7.492/1986: Art. 24-A. Organizar, gerir, ofertar carteiras, intermediar operações de compra e venda de ativos virtuais com o objetivo previsto no inciso IX, do art. 2º, da Lei nº 1.521, de 26 de dezembro de 1951, evasão de divisas, sonegação fiscal, realização de operações fraudulentas ou prática de outros crimes contra o Sistema Financeiro, independentemente da obtenção de benefício econômico: Pena – detenção, de seis meses a dois anos, e multa.

2.5.6. *Prevenção à lavagem de dinheiro*

PL 2.303/15	N/A
PL 2.060/19	N/A
PLS 3.825/19 e 3.919/19	Inclusão das *exchanges* no rol de sujeitos obrigados a comunicar operações suspeitas ao COAF.
PLS 4.207/20	Comunicação obrigatória ao COAF para os que exercem atividades envolvendo ativos virtuais. Criação do CNPEP.

3. Provocações

A regulação é condição necessária para a realização de investimentos. Sem regras claras, qualquer mercado fica relegado à marginalidade, por mais promissor que seja.

O discurso anárquico em torno do bitcoin é sedutor, mas o dinheiro fala – e fala alto. Não é à toa que instituições financeiras e gestoras – e a própria bolsa – têm criado novos produtos para atender à demanda de seus clientes por criptoativos, uma tendência que parece não ser passageira. Esse mercado continua a crescer, apesar dos recorrentes estouros de bolhas endêmicas, do ceticismo com relação a projetos duvidosos e da proliferação de golpes.

Nesta seção, apresentamos alguns possíveis "pontos cegos" das propostas comentadas, assim como provocações para a regulamentação posterior.

3.1. *Arbitragem regulatória*

Como vimos, a Lei nº 14.478/2022 prevê um regime de autorização prévia para as *exchanges* de criptoativos (os ambientes de negociação), com algumas exigências, de modo semelhante ao que ocorre com as instituições de pagamento. Trata-se de um movimento interessante para acomodar as *exchanges* ao ordenamento jurídico. O texto segue em linha com as recomendações mais recentes do GAFI/FATF sobre o tema[32].

Porém, a lei desincentiva investidores a serem clientes de *exchanges* brasileiras, pois estas serão obrigadas a prestar informações às autoridades. Receita Federal, Banco Central, COAF e CVM ainda não atuaram diretamente sobre nenhuma *exchange* relevante sem sede no Brasil, mesmo com normas claras sobre lavagem de dinheiro aplicáveis aos seus respectivos regulados que atuam em parceria com essas *exchanges*, fornecendo uma via de acesso ao Sistema de Pagamentos Brasileiro[33].

Um problema semelhante já ocorre com a Instrução Normativa RFB 1.888/2019, apenas as *exchanges* com sede no Brasil e adoção do respectivo CNAE devem prestar informações ao Fisco. Enquanto isso, outras *exchanges* conseguem oferecer os mesmos serviços sem cumprir as mesmas exigências, sendo inacessíveis aos tribunais brasileiros.

Para evitar que o mercado de criptoativos seja destinado a transações ilícitas, é preciso garantir a identificação das partes nas transações, a fim de rastrear os recursos. Isso pode parecer óbvio, mas, por ora, existem inú-

[32] FINANCIAL ACTION TASK FORCE – FATF. *Updated Guidance for a Risk-Based Approach to Virtual Assets and Virtual Asset Service Providers.* Paris, 2021. Disponível em https://www.fatf-gafi.org/publications/fatfrecommendations/documents/guidance-rba-virtual-assets-2021.html. Acesso em 15 jun. 2022.

[33] Sobre distorções concorrenciais, cf. DECLOEDT, Cynthia; MERKI II, Aramis. Especial: concorrência e potencial do mercado empurram binance ao ambiente regulado no Brasil. *Broadcast*, 29 abr. 2022. https://www.broadcast.com.br/cadernos/financeiro/. Acesso em 15 jun. 2022.

meras facilidades disponíveis para quem quer lavar dinheiro com cripto, com a conivência de instituições reguladas.

3.2. *Segregação patrimonial*

Como a segregação entre recursos dos investidores e o patrimônio da prestadora de serviços de ativos virtuais ficou de fora da lei, caberá ao Poder Executivo federal definir se os recursos dos investidores, em caso de insolvência, poderão ser restituídos diretamente ou se será necessário "ficar em uma fila" para receber. A depender das restrições impostas à livre disponibilidade dos recursos dos clientes, de modo que as prestadoras de serviços não poderão emprestá-los livremente como se fossem bancos. Inicia-se, assim, uma nova batalha para tentar proteger o patrimônio dos investidores.

Qual o efeito prático da segregação patrimonial? Se alguém cobra uma dívida da empresa, os saldos dos clientes não podem ser alcançados para quitar a obrigação. Assim, em cenários de insolvência, podemos ficar tranquilos quanto ao resgate do que tivermos em conta. Ainda, seu direito de propriedade é pleno, sendo ilícito impor qualquer restrição à sua movimentação.

Outra consequência importante é que, se a empresa pede algum tipo de proteção legal contra credores (tal como recuperação judicial), você deverá se habilitar como credor na jurisdição onde o processo for conduzido. Isso requer a contratação de advogados em outro país, com custos que podem ser impeditivos. Ou seja, além do risco de mercado, você tem o risco de não receber de volta o que é seu e, pior, ter que pagar (caro) para resgatar o que puder, com baixa probabilidade de sucesso.

Na hipótese de falência, a lei brasileira prevê o "direito de restituição" (art. 85 da Lei nº 11.101/2005): na hora de elencar os bens para pagar os credores, se algum ativo estava sob a posse da empresa, mas, juridicamente, não fazia parte do seu patrimônio, então será devolvida ao seu proprietário.

A segregação patrimonial é matéria de direito civil, pois envolve a regulação do direito de propriedade, e deve ser disciplinada por lei. Há quem defenda que uma norma do Banco Central (ou de outro eventual regulador) possa estabelecer essa separação. Contudo, no mercado financeiro tradicional, além das regras do Código Civil (sobre bens, propriedade, autonomia patrimonial de pessoas jurídicas e entes despersonalizados) e das Leis de Insolvência (Leis nº 6.024/1974 e 11.101/2005), temos a Lei nº

10.241/2001 para as infraestruturas de mercado financeiro. Essas regras, com status de lei ordinária, orientam as execuções comandadas pelo Poder Judiciário. Na ausência de leis equivalentes para o mercado cripto, dificilmente a segregação patrimonial por normas infralegais será observada.

Embora seja comum a objeção de que essas regras não se aplicam a ativos virtuais, pois estes não são moeda fiduciária, a lógica é idêntica. Se os recursos dos clientes não ficam em contas individualizadas, segregadas do patrimônio da empresa, quando algo de bom acontece, apenas esta se beneficia; se algo de ruim ocorre, a perda é do cliente. O melhor dos mundos em matéria de negócios "inovadores": o ganho é meu, o prejuízo é seu.

3.3. *Alguns "pontos cegos" e incertezas no desenho institucional*

Ao definir ativos virtuais sem mencionar criptografia e registro distribuído, os projetos de lei procuram ser neutros com relação à tecnologia *blockchain*, mas ignorá-la por completo afasta a possibilidade de explorar seu maior potencial: permitir a negociação e a custódia de ativos tradicionais, com possível redução de custos e melhoria da eficiência e segurança nas transações.

O texto legislativo cria regimes excludentes quando o melhor seria criar um regime de sobreposição. Nesse sentido, havia uma opção mais interessante no PLS 4.207/20 do Senado: além prever um Grupo Interministerial sobre o tema, há competências concorrentes para Receita, Banco Central, CVM e Susep, criando um arranjo mais apto a coordenar um regime geral em harmonia com regimes especiais potencialmente mais flexíveis.

Toda a infraestrutura de mercado financeiro atual é regulada segundo um paradigma de centralização. Fala-se em centrais registradoras e depositárias centrais, em uma mentalidade cartorial que reflete uma forma de organização da informação que já não faz sentido.

Um dos principais potenciais da tecnologia *blockchain* é a criação de infraestruturas descentralizadas de mercado, que podem reduzir substancialmente as taxas pagas pelos participantes e facilitar a interoperabilidade entre seus sistemas, o que é crucial em tempos de open banking e *open finance*.

O projeto de lei também é silente sobre *stablecoins*, finanças descentralizadas (DeFi) e *tokens* não fungíveis (NFTs). Como tratar o conceito de atividade privativa de instituição financeira se é possível fornecer empréstimos sem intermediários? Como conciliar as normas de câmbio e o uso de stablecoins? Como responsabilizar emissoras de stablecoins pela ausência de lastro? Quanto aos NFTs, quais seriam os critérios para utilizá-los em operações rotineiras (permuta com imóveis ou integralização de capital social), se não possuem liquidez?

Por fim, se a redução das taxas em pagamentos eletrônicos tem sido uma bandeira do Banco Central, que regras se aplicam às empresas que oferecem pagamentos com criptoativos em termos de informação sobre taxas e incentivos à competição?

As *exchanges* se assemelham mais às corretoras do que às instituições de pagamento. Toda a regulação sobre a prevenção a conflito de interesses na intermediação, dever de melhor execução, transparência na formação de preços é própria da competência da CVM, um regime que, por ora, só será aplicável se um criptoativo for considerado valor mobiliário.

As normas do BCB costumam focar em requisitos de capital regulatório, governança, escrutínio dos controladores, aprovação prévia de reorganizações societárias, segregação de patrimônio e inserção no sistema de pagamentos. Todavia, é nas normas da CVM que encontramos a proteção do investidor, ao estabelecermos o dever de melhor execução de ordens, normas de conduta para intermediários e outros prestadores de serviços, requisitos para prestação de serviços de escrituração, custódia e depósito, a organização dos mercados e formação de preços e, sobretudo, o regime jurídico das companhias abertas.

Ao negociar criptoativos, os investidores muitas vezes não sabem o que estão comprando ou como é gerida a propriedade dos recursos. As cotações podem ser distorcidas ou ilusórias, a depender de como são consolidadas as ofertas, liquidadas as operações e a carteira própria é utilizada nas transações.

Sobre esse ponto, perde-se a oportunidade de inserir na competência da CVM esse tipo de ativo, facilitando a vida de diversas empresas que lutam para enquadrar seus ativos dentro ou fora do conceito de valor mobiliário.

A nova lei – e sua regulamentação posterior, muito provavelmente – não reduz a insegurança jurídica em torno da análise da essência econômica dos criptoativos para fins de sua qualificação como valor mobiliário e eventual incidência da regulação da CVM.

Há, ainda, dúvidas sobre o escopo dos serviços de ativos virtuais abrangidos pela lei. Se você é uma empresa que deseja se financiar pela emissão de criptoativos, deve obter a autorização para atuar como prestadora de serviços de ativos virtuais? Ou, se você é uma tokenizadora que terá a autorização em questão, mas acaba por emitir um *token* que é considerado valor mobiliário, deverá se sujeitar também a um regime mais rigoroso, imposto pela CVM, que tem algumas incompatibilidades com o regime de ativos virtuais? Ou, ainda, se oferece serviços praticamente idênticos aos de corretoras de valores mobiliários, companhias securitizadoras ou bolsa, não se sujeitará às regras típicas desse mercado simplesmente porque seus *tokens* não são valores mobiliários?

Perde-se também a oportunidade de criar um regime facilitado para a emissão e negociação de criptoativos sob a supervisão da CVM. Aliás, as *exchanges* de criptoativos poderiam ser equiparadas às plataformas de *crowdfunding* (Resolução CVM nº 61/2021) para fins de emissão de *security tokens* e permitiriam um mercado secundário. Assim, o Brasil poderia ter o primeiro mercado regulado de criptoativos no mundo, com um regime informacional e controles diferenciados para investidores de varejo[34].

4. Síntese

A elaboração de normas sobre ativos virtuais tem como motivo determinante a promoção de segurança jurídica para viabilizar o crescimento de novos modelos de negócios e novas formas de oferecer produtos e serviços financeiros. Novas empresas e instituições incumbentes podem se beneficiar de um marco regulatório e diversos países estão tomando medidas efetivas para criar uma disciplina jurídica acerca do tema.

A extraterritorialidade do mercado de ativos virtuais, a possibilidade de contornar obstáculos impostos pelo Estado e a rapidez com que surgem inovações não inviabilizam a regulação do tema, uma vez levadas em contas tais restrições, com a utilização de mecanismos compatíveis com potencial de eficácia. O *alvo* está em movimento, mas pode ser perseguido.

O esforço legislativo atual pode ter um papel puramente simbólico no curto prazo, mas não deixa de ser importante: o Estado brasileiro está reconhecendo a relevância do mercado de ativos virtuais e a necessidade

[34] Uma iniciativa nesse sentido é a autorização temporária concedida à joint venture entre Vortx e QR Capital para a criação de um mercado secundário de *tokens*, no âmbito do primeiro ciclo de *sandbox* regulatório da CVM. GUSSON, Cassio. Com aval da CVM, brasileira Vórtx busca empresas que querem tokenizar ativos. *Coin Telegraph*, 1 abr. 2022. https://cointelegraph.com.br/news/with-the-approval-of-the-cvm-vortex-seeks-companies-that-want-to-tokenize-assets. Acesso em 15 jun. 2022.

de proteção dos investidores-consumidores, acomodando a inovação ao arcabouço normativo vigente.

Um longo caminho foi percorrido até aqui, de quase sete anos, para que, enfim, possa ser dado o primeiro passo para a regulação específica sobre ativos virtuais no Brasil, a partir do início da vigência da Lei nº 14.478/2022.

Referências

BATISTA, Carlos Henrique. **A aplicação do Código de Defesa do Consumidor na proteção dos investidores de fundos de investimento, de acordo com a jurisprudência do STJ**. Revista de Direito Bancário e Mercado de Capitais, v. 74, out./dez. 2016.

BRASIL. Câmara dos Deputados. **Projeto de Lei nº 2.303/2015**, Prop; Dep Aureo Ribeiro (SD/RJ), 8 jul. 2015. Disponível em https://www.camara.leg.br/proposicoesWeb/fichadetramitacao?idProposicao=1555470&ord=1. Acesso em 26 mar. 2022.

BRASIL Senado Federal. **Projeto de Lei do Senado nº 3.825/2019**, Prop. Sen. Flávio Arns (REDE/PR), 2 jul. 2019. Disponível em https://www25.senado.leg.br/web/atividade/materias/-/materia/137512. Acesso em 26 mar. 2022.

BRASIL. Senado Federal. **Projeto de Lei nº 4.401/2021**, recebido em 13 dez. 2021. Disponível em https://www25.senado.leg.br/web/atividade/materias/-/materia/151264. Acesso em 26 mar. 2022.

BÚSSOLA. **Coalizão nacional de criptoeconomia quer regulamentação e fim de piratas**. Exame, 25 maio 2022. Disponível em https://exame.com/bussola/coalizao-nacional-de-criptoeconomia-quer-regulamentacao-e-fim-de-piratas/. Acesso em 15 jun. 2022.

CAMBRIDGE CENTRE FOR ALTERNATIVE FINANCE. **Cambridge Bitcoin Electricity Consumption Index**. Cambridge, 2022. Disponível em https://ccaf.io/cbeci/mining_map. Acesso em 15 jun. 2022.

DECLOEDT, Cynthia; MERKI II, Aramis. **Especial: concorrência e potencial do mercado empurram binance ao ambiente regulado no Brasil**. Broadcast, 29 abr. 2022. https://www.broadcast.com.br/cadernos/financeiro/. Acesso em 15 jun. 2022.

FINANCIAL ACTION TASK FORCE – FATF. **Virtual Assets Red Flag Indicators of Money Laundering and Terrorist Financing**. Paris, 2020. Disponível em https://www.fatf-gafi.org/publications/methodsandtrends/documents/virtual-assets-red-flag-indicators.html. Acesso em 15 jun. 2022.

FINANCIAL ACTION TASK FORCE – FATF. **Updated Guidance for a Risk-Based Approach to Virtual Assets and Virtual Asset Service Providers**. Paris, 2021. Disponível em https://www.fatf-gafi.org/publications/fatfrecommendations/documents/guidance-rba-virtual-assets-2021.html. Acesso em 15 jun. 2022.

FINANCIAL STABILITY BOARD – FSB. **Assessment of Risks to Financial Stability from Crypto-assets**. Basel, Feb 14th, 2022. Disponível em https://www.fsb.org/2022/02/assessment-of-risks-to-financial-stability-from-crypto-assets/. Acesso em 15 jun. 2022.

GUSSON, Cassio. **Com aval da CVM, brasileira Vórtx busca empresas que querem tokenizar ativos**. Coin Telegraph, 1 abr. 2022. https://cointelegraph.com.br/news/

with-the-approval-of-the-cvm-vortex-seeks-companies-that-want-to-tokenize-assets. Acesso em 15 jun. 2022.

INTERNATIONAL MONETARY FUND – IMF. **Virtual Assets and Anti-Money Laundering and Combating the Financing of Terrorism**. Fintech Notes, 2021. Disponível em https://www.imf.org/en/Publications/fintech-notes/Issues/2021/10/14/Virtual-Assets--and-Anti-Money-Laundering-and-Combating-the-Financing-of-Terrorism-1-463654. Acesso em 15 jun. 2022.

INTERNATIONAL ORGANIZATION OF SECURITIES COMMISSIONS – IOSCO. **Investor Education on Crypto-Assets**. Madrid, 2020. Disponivel em https://www.iosco.org/library/pubdocs/pdf/IOSCOPD668.pdf. Acesso em 15 jun. 2022.

PANETTA, Fabio. **For a few cryptos more: the Wild West of crypto finance**. Speech by Fabio Panetta, Member of the Executive Board of the ECB, at Columbia University. New York, 2021. Disponível em https://www.bis.org/review/r220425j.pdf. Acesso em 15 jun. 2022.

THOMSON REUTERS. **Crypto on the rise**. 2022. Disponível em https://www.thomsonreuters.com/en/reports/cryptos-on-the-rise-2022.html. Acesso em 15 jun.2022.

4
TRIBUTAÇÃO DOS CRIPTOATIVOS

THIAGO BARBOSA WANDERLEY

Introdução

Em linha com o que fora tratado no decorrer deste Manual, como todo o ecossistema desenvolvido no *blockchain* consiste numa tecnologia relativamente nova, não existe um consenso sobre a natureza dos criptoativos, de modo que as agências reguladoras de cada país adotam tratamento diverso sobre a matéria. De igual maneira, ainda não existem posicionamentos sedimentados na esfera tributária, dado que as discussões acerca da incidência ainda não foram levadas à discussão nas esferas administrativa e judicial. Neste contexto, a finalidade deste capítulo é, por meio de uma interpretação sistemática, sinalizar ao leitor os possíveis posicionamentos a serem adotados pelo Fisco (pautados até o momento em normas infralegais e Soluções de Consulta), traçando em breves linhas os principais questionamentos que devem ser enfrentados pelos contribuintes.

Antes de analisar a tributação incidente sobre qualquer bem ou ativo, é de suma importância definir qual a sua natureza jurídica, ou seja, compreender como ele é classificado pelo Direito. Isto porque é com base nesta classificação que poderemos compreender os aspectos que circundam sua aquisição e, consequentemente, apontar em que materialidades tributárias as transações envolvendo tal ativo serão enquadradas.

No Brasil, a investigação da natureza dos criptoativos iniciou-se por meio de diversos instrumentos infralegais que trataram o tema, mediante os quais era possível deduzir sua natureza jurídica.

A Receita Federal do Brasil fez sua menção inaugural ao tratamento dos criptoativos em seu guia de Perguntas e Respostas do Imposto de Renda de Pessoa Física do exercício de 2016, no qual informou a necessidade de declaração de moedas virtuais na "Ficha de Bens e Direitos", como "outros bens", asseverando ainda que poderiam ser equiparados a um ativo financeiro, conforme Pergunta nº 447). Referida manifestação nos permite concluir que a RFB atribuiu aos criptoativos a natureza de "bens imateriais", classificação que é mantida até hoje (onde a RFB faz alusão ao termo "ativo"), sendo suprimida na Edição do Exercício 2022 a menção a "ativo financeiro", conforme exposto no item 445 do Perguntas e Respostas do Exercício 2022, cujo teor parcialmente transcrevemos:

> CRIPTOATIVOS E MOEDAS VIRTUAIS - COMO DECLARAR
>
> 445 — Como os criptoativos, tais como as moedas virtuais, devem ser declarados?
>
> Os criptoativos não são considerados moeda de curso legal nos termos do marco regulatório atual. Entretanto, podem ser equiparados a ativos sujeitos a ganho de capital e devem ser declarados pelo valor de aquisição na Ficha Bens e Direitos (Grupo 08 - Criptoativos), considerando os códigos específicos a seguir (01, 02, 03, 10 e 99), quando o valor de aquisição de cada tipo de criptoativo for igual ou superior a R$ 5.000,00 (cinco mil reais):

Já o Banco Central do Brasil (BACEN) emitiu em 16/11/2017 o Comunicado nº 31.379, no qual esclareceu que muito embora as operações com criptomoedas não encontrem vedação no país, estas não estão sujeitas à sua regulamentação ou supervisão, alertando os investidores de potenciais riscos em razão de não serem garantidas por nenhuma autoridade monetária. Por meio do referido comunicado, o BACEN também informou que não promoveria a regulamentação das criptomoedas enquanto não se observarem riscos relevantes ao Sistema Financeiro Nacional[1].

[1] 4. As empresas que negociam ou guardam as chamadas moedas virtuais em nome dos usuários, pessoas naturais ou jurídicas, não são reguladas, autorizadas ou supervisionadas pelo Banco Central do Brasil. Não há, no arcabouço legal e regulatório relacionado com o Sistema Financeiro Nacional, dispositivo específico sobre moedas virtuais. O Banco Central do Brasil, particularmente, não regula nem supervisiona operações com moedas virtuais.
(...)
7. Embora as moedas virtuais tenham sido tema de debate internacional e de manifestações de autoridades monetárias e de outras autoridades públicas, não foi identificada, até a

No mesmo sentido do Comunicado, o BACEN disponibilizou em seu site um campo de perguntas e respostas[2], ratificando que tanto as moedas virtuais como as atividades desenvolvidas pelas *exchanges* não são reguladas pela instituição, conforme respostas 1 a 3[3].

O posicionamento do BACEN, a priori, afasta a caracterização das criptomoedas como moeda ou forma de pagamento, uma vez que não estão inseridas no Sistema Financeiro Nacional, nos termos estabelecidos pela Lei nº 4.595/64.

Em 07.05.2019, a Receita Federal publicou a Instrução Normativa nº 1.888, mediante a qual estipulou a obrigatoriedade da prestação de informações tanto por parte das exchanges sediadas no Brasil, quanto das pessoas físicas e jurídicas que transacionam diretamente seus ativos (peer-to-peer) ou realizam transações no exterior. No contexto desta Instrução

presente data, pelos organismos internacionais, a necessidade de regulamentação desses ativos. No Brasil, por enquanto, não se observam riscos relevantes para o Sistema Financeiro Nacional. Contudo, o Banco Central do Brasil permanece atento à evolução do uso das moedas virtuais, bem como acompanha as discussões nos foros internacionais sobre a matéria para fins de adoção de eventuais medidas, se for o caso, observadas as atribuições dos órgãos e das entidades competentes.

[2] https://www.bcb.gov.br/acessoinformacao/perguntasfrequentes-respostas/faq_moedasvirtuais – Acessado em 28.04.2021.

[3] 1) O que são moedas virtuais?

As chamadas "moedas virtuais" ou "moedas criptográficas" são representações digitais de valor, o qual decorre da confiança depositada nas suas regras de funcionamento e na cadeia de participantes.

Não são emitidas por Banco Central, de forma que não se confundem com o padrão monetário do Real, de curso forçado, ou com o padrão de qualquer outra autoridade monetária.

Além disso, não se confundem com a moeda eletrônica prevista na legislação, que se caracteriza como recursos em Reais mantidos em meio eletrônico, em bancos e outras instituições, que permitem ao usuário realizar pagamentos e transferências.

2) O Banco Central do Brasil regula as "moedas virtuais"?

Não. As "moedas virtuais" não são emitidas, garantidas ou reguladas pelo Banco Central do Brasil. Possuem forma, denominação e valor próprios.

3) O Banco Central do Brasil autoriza o funcionamento das empresas que negociam "moedas virtuais" e/ou guardam chaves, senhas ou outras informações cadastrais dos usuários, empresas conhecidas como "exchanges"?

Não. Essas empresas não são reguladas, autorizadas ou supervisionadas pelo Banco Central. Não há legislação ou regulamentação específica sobre o tema no Brasil.

O cidadão que decidir utilizar os serviços prestados por essas empresas deve estar ciente dos riscos de eventuais fraudes ou outras condutas de negócio inadequadas, que podem resultar em perdas patrimoniais.

Normativa, trouxe em seu art. 5º, inciso I, um conceito de *criptoativos* (para fins da IN), senão vejamos:

> Art. 5º Para fins do disposto nesta Instrução Normativa, considera-se:
> I – criptoativo: a representação digital de valor denominada em sua própria unidade de conta, cujo preço pode ser expresso em moeda soberana local ou estrangeira, transacionado eletronicamente com a utilização de criptografia e de tecnologias de registros distribuídos, que pode ser utilizado como forma de investimento, instrumento de transferência de valores ou acesso a serviços, e que não constitui moeda de curso legal;

Neste cenário, é possível concluir que a Receita Federal do Brasil atribui aos criptoativos a natureza jurídica de *"bens imateriais"*[4], os quais possuem um valor próprio atribuído a cada unidade. A importância desta classificação, em termos práticos, consiste no fato de que serão aplicadas as mesmas normas de tributação incidente quando da realização de negócios jurídicos firmados com outros bens sujeitos a apuração do ganho de capital, tal como compra e venda de um carro ou uma obra de arte, por exemplo.

Poucos dias antes da revisão final deste texto, em 22.12.2022, foi publicada a Lei 14.478, que se destina a regulamentação do setor de ativos virtuais, a qual entrará em vigor após 180 dias de sua publicação (conforme art. 14). É interessante destacar que, no parágrafo único do art. 3º, o legislador conferiu ao Poder Executivo estabelecer qual seria o órgão responsável pela regulação dos ativos, sendo conferida competência ao Banco Central do Brasil para regular este mercado. Ou seja, apesar dos posicionamentos anteriores do órgão, o BACEN será responsável por regular o setor e deverá trazer normas de modo a delimitar os conceitos afetos a cada espécie de criptoativo ainda em 2023.

Por ora, a lei 14.478/22 prescreve no caput de seu art. 3º que *"considera-se ativo virtual a representação digital de valor que pode ser negociada ou transferida por meios eletrônicos e utilizada para realização de pagamentos ou com propósito de investimento"*[5]. Esta conceituação nos parece traçar as linhas gerais do

[4] Sobre a natureza jurídica dos criptoativos: GOMES, Daniel de Paiva. Bitcoin: a tributação de criptomoedas. Da taxonomia camaleônica à tributação de criptoativos sem emissor identificado. São Paulo: Thomson Reuters Brasil, 2021.

[5] Art. 3º Para os efeitos desta Lei, considera-se ativo virtual a representação digital de valor que pode ser negociada ou transferida por meios eletrônicos e utilizada para realização de pagamentos ou com propósito de investimento, não incluídos:

gênero "ativos virtuais" dentro do qual se encontram os criptoativos, cujas linhas demarcatórias específicas devem ser traçadas pelo órgão regulador.

Diante da definição da natureza jurídica, que por ora se adequa ao conceito de "bens imateriais", dada a objetividade a qual este Manual se propõe, optamos por abordar nas linhas abaixo as principais incidências tributárias no tocante as transações realizadas com criptoativos por pessoas físicas.

1. Tributação da Renda auferida pela Pessoa Física nas operações com Criptoativos

Ao traçar as normas gerais sobre direito tributário, o Código Tributário Nacional (Lei 5.172/66) disciplinou que o imposto sobre a renda e proventos de qualquer natureza tem como fato gerador a aquisição de disponibilidade econômica ou jurídica de rendas ou proventos. Nesta toada, designou como renda *"o produto do capital, do trabalho ou da combinação de ambos"*, enquanto atribuiu ao conceito de proventos *"os acréscimos patrimoniais não compreendidos"* na renda, conforme se extrai do art. 43 do CTN[6].

Ao asseverar que os proventos são acréscimos patrimoniais não compreendidos na renda, depreende-se por inferência lógica que o conceito de renda se refere a acréscimo patrimonial que seja produto do capital, trabalho ou combinação de ambos. Adotando tal interpretação, o professor Ricardo Mariz de Oliveira[7] nos ensina que o CTN haveria adotado a teoria

I – moeda nacional e moedas estrangeiras;
II – moeda eletrônica, nos termos da Lei nº 12.865, de 9 de outubro de 2013;
III – instrumentos que provejam ao seu titular acesso a produtos ou serviços especificados ou a benefício proveniente desses produtos ou serviços, a exemplo de pontos e recompensas de programas de fidelidade; e
IV – representações de ativos cuja emissão, escrituração, negociação ou liquidação esteja prevista em lei ou regulamento, a exemplo de valores mobiliários e de ativos financeiros.
Parágrafo único. Competirá a órgão ou entidade da Administração Pública federal definido em ato do Poder Executivo estabelecer quais serão os ativos financeiros regulados, para fins desta Lei.

[6] Art. 43. O imposto, de competência da União, sobre a renda e proventos de qualquer natureza tem como fato gerador a aquisição da disponibilidade econômica ou jurídica:
I – de renda, assim entendido o produto do capital, do trabalho ou da combinação de ambos;
II – de proventos de qualquer natureza, assim entendidos os acréscimos patrimoniais não compreendidos no inciso anterior.

[7] OLIVEIRA, Ricardo Mariz. *Fundamentos do Imposto de Renda*. S.Paulo: Quartier Latin. 2008, p. 285

da renda acréscimo, não podendo o intérprete enquadrar como renda aquilo que não represente acréscimo patrimonial.

Faz-se necessário destacar que o patrimônio de um indivíduo corresponde a universalidade de seus direitos, como dispõe o art. 91 do Código Civil[8]. Aparentemente, o ingresso de qualquer novo bem em sua esfera patrimonial poderia sinalizar o momento oportuno para configuração do referido acréscimo como renda e, consequentemente, submetê-lo a incidência do IR. No entanto, o professor Ricardo Mariz de Oliveira nos adverte que "o fato gerador é sempre acréscimo patrimonial, mas nem todo acréscimo patrimonial participa do fato gerador e da sua base de cálculo"[9]. Com isso, o ilustre professor nos indica que, nas hipóteses em que realizadas meras transferências patrimoniais, mas que ainda não houver uma efetiva realização da renda, não se pode cogitar como ocorrido o fato gerador do imposto de renda.

Nesta mesma linha, apontando com mestria a importância do princípio da realização da renda para que haja tributação, o saudoso Rubens Gomes de Sousa assim afirma:

> Em última análise, portanto, este terceiro elemento da definição apenas significa que **a renda só deve ser tributada quando realizada, isto é, quando o acréscimo de valor entra efetivamente para o patrimônio do titular.** Do contrário, isto é, se fosse tributada a simples valorização, esta poderia depois desaparecer pela desvalorização, e o proprietário que afinal vendesse o imóvel abaixo do preço de custo teria tido prejuízo e não lucro.[10]

Sendo assim, podemos concluir até o presente momento que será passível de incidência por meio do Imposto de Renda o acréscimo patrimonial auferido pela pessoa física, devendo-se manter em mente que apenas poderá ser tributada a renda efetivamente realizada, cujo valor passe efetivamente a pertencer ao patrimônio do titular.

Atualmente, as regras referentes a tributação do Imposto de Renda da Pessoa Física (IRPF) se encontram compiladas no Livro I do Anexo do

[8] Art. 91. Constitui universalidade de direito o complexo de relações jurídicas, de uma pessoa, dotadas de valor econômico.

[9] Oliveira, Ricardo Mariz. *Fundamentos do Imposto de Renda.* S.Paulo: Quartier Latin. 2008, p. 200

[10] Sousa, Rubens Gomes de. Compêndio de legislação tributária. Rio de Janeiro: Edições Financeiras S.A., p. 197.

Regulamento do Imposto de Renda (Decreto nº 9.580/2018 – RIR/18), o qual prescreve em seu art. 1º as hipóteses nas quais uma pessoa física será considerada contribuinte do IRPF, senão vejamos:

> Art. 1º As pessoas físicas que **perceberem renda ou proventos de qualquer natureza, inclusive rendimentos e ganhos de capital**, são contribuintes do imposto sobre a renda, sem distinção de nacionalidade, sexo, idade, estado civil ou profissão.

Como regra geral, os rendimentos auferidos pelas pessoas físicas são declarados e submetidos à tributação quando da apresentação compilada em sua declaração de imposto de renda, a qual pretende analisar a situação patrimonial do contribuinte referente ao ano-calendário verificando o acréscimo patrimonial experimentado.

No entanto, alguns rendimentos foram eleitos para ter sua tributação incidente de forma definitiva e antecipada, tal como ocorre com os ganhos de capital auferidos pelas pessoas físicas, tributação está que possui intrínseca relação com as operações realizadas com criptoativos, como passamos a abordar.

1.1. *IRPF incidente sobre o ganho de capital auferido na venda de criptoativos*

O ganho de capital corresponde a diferença positiva entre o preço de venda de um bem ou direito e o seu custo de aquisição, prescrevendo o art. 128 do RIR/18 que referida diferença será submetida ao Imposto de Renda da Pessoa Física. Dito de maneira mais simples, é o lucro auferido quando da venda de um bem ou direito.

O imposto de renda incidente sobre o ganho de capital resulta numa tributação definitiva, ou seja, o ganho de capital deverá ser apurado no mês em que ocorreu a venda do bem e submetido à tributação, não integrando os rendimentos que serão levados à tributação por meio da Declaração de Ajuste Anual entregue pelas pessoas físicas usualmente até o último dia de abril (art. 128, §2º do RIR/18).

No caso de bens móveis, tem-se que o ganho de capital deverá ser pago até o último dia do mês subsequente a venda[11], aplicando-se as alíquotas progressivas previstas no art. 153 do RIR para os ganhos auferidos a partir do ano-calendário de 2017, cujo teor sintetizamos abaixo:

[11] O prazo de recolhimento encontra-se previsto no Decreto 9.580/18, art. 153, §1º, inciso I.

1) 15% – sobre a parcela dos ganhos até R$ 5.000.000,00;
2) 17,5% – sobre a parcela de ganhos entre R$ 5.000.000,00 e R$ 10.000.000,00;
3) 20% – sobre a parcela de ganhos entre R$ 10.000.000,00 e R$ 30.000.000,00; e
4) 22,5% – sobre a parcela de ganhos que ultrapassar R$ 30.000.000,00.

Sendo assim, tem-se que o valor a ser levado à tributação (ganho de capital) corresponde ao preço da venda (líquido, excluindo-se a taxa de corretagem) subtraído do preço da compra (aqui incluída a taxa de corretagem), e sobre este montante incidirão alíquotas progressivas, sendo referida sistemática também aplicável às operações realizadas com criptoativos.

Vejamos um exemplo simples, no qual Rubens adquiriu 1BTC por R$ 150.000,00, pagando uma taxa de corretagem na compra de R$ 10.000,00 e, posteriormente, este ativo foi vendido por R$ 200.000,00, pagando o vendedor uma taxa de corretagem na venda de R$ 1.500,00. Tendo em vista que o custo de aquisição deste 1BTC foi de R$ 160.000,00 (R$ 150.000,00 do ativo + R$ 10.000,00 da corretagem), é possível calcular o tributo da seguinte forma:

Ganho de Capital = Valor da Venda do Ativo – Custo de Aquisição
Ganho de Capital = R$ 200.000,00 – R$ 160.000,00
Ganho de Capital = R$ 40.000,00
IRPF definitivo = R$ 40.000,00 x 15%
IRPF definitivo = R$ 6.000,00

A sistemática acima é relativamente simples, cabendo salientar apenas que o custo de corretagem cobrada na aquisição do criptoativo compõe o custo de aquisição do ativo, enquanto a corretagem incidente na venda não deve compor o valor de venda do ativo. O que confere certa complexidade ao cálculo do ganho de capital auferido na venda de criptoativos é o controle do custo de aquisição quando são realizadas múltiplas compras a diferentes preços, conforme passaremos a abordar.

Primeiramente, conforme destacamos acima, não existe nas leis em vigor normas específicas indicando como deve ser calculado o custo de aquisição dos criptoativos, obrigando o intérprete a verificar as demais normas do sistema jurídico, bem como as normas infralegais editadas pela Receita Federal.

Neste sentido, é importante destacar que a Receita Federal, ao fornecer instruções sobre como declarar a propriedade dos Criptoativos na Declaração de Imposto de Renda, determinou que os Bitcoins sejam declarados na Ficha de "Bens e Direitos", Grupo 08, sob o código 01, que as *altcoins* sejam declaradas sob o código 02, as stablecoins sob o código 03, os NFTs sob o código 10 e os demais criptoativos sejam declarados sob o código 99. É importante destacar que, mesmo dentre as *altcoins* e tokens, a Receita Federal determina que cada criptoativo seja declarado de forma separada (exemplo, segregando-se ETH, XRP, BCH, USDT, LTC, Token de Precatório, Wibz etc.), como se depreende da Pergunta nº 455 cujo teor reproduzimos:

455 — Como os criptoativos devem ser declarados?

Os criptoativos não são considerados moeda de curso legal nos termos do marco regulatório atual. Entretanto, podem ser equiparados a ativos sujeitos a ganho de capital e devem ser declarados pelo valor de aquisição na Ficha Bens e Direitos (Grupo 08 – Criptoativos), considerando os códigos específicos a seguir (01, 02, 03, 10 e 99), quando o valor de aquisição de cada tipo de criptoativo for igual ou superior a R$ 5.000,00 (cinco mil reais):

Código do bem	Descrição	Conteúdo do campo "Discriminação"
01	Criptomoeda Bitcoin - BTC	Quantidade e onde está custodiada (nome da empresa com CNPJ ou custódia própria).
02	Outras criptomoedas, conhecidas como altcoins.	Tipo, quantidade e onde está custodiada (nome da empresa com CNPJ ou custódia própria). Tipos de criptoativos diferentes devem constituir itens separados na declaração. Por exemplo, Ether (ETH), Binance Coin (BNB), XRP (Ripple), Bitcoin Cash (BCH), Litecoin (LTC), Cardano (ADA), Solana (SOL), Dogecoin (DOGE), entre outros.
03	Stablecoins	Tipo, quantidade e onde está custodiada (nome da empresa com CNPJ ou custódia própria). Exemplos: Tether (USDT), Brazilian Digital Token (BRZ), USDC, Binance dólar (BUSD), TrueUSD (TUSD), DAI, Paxos Gold (PAXG), Gemini dólar (GUSD), entre outros.
10	NFTs (Non-Fungible Tokens)	Tipo, quantidade e onde está custodiado (nome da empresa com CNPJ ou custódia própria). Exemplos: Tokens representativos de direitos sobre bens digitais ou físicos, como colecionáveis, obras de arte e imóveis.
99	Outros criptoativos não incluídos nos códigos 1, 2, 3 ou 10.	Tipo, quantidade e onde está custodiado (nome da empresa com CNPJ ou custódia própria). Exemplos: Fan Tokens, Tokens de Precatório, Tokens de Consórcio, Tokens de Crédito de carbono, recebíveis, entre outros.

Diante das instruções acima, as quais integram o conjunto da legislação tributária na qualidade de diploma infralegal, é possível concluir que a situação patrimonial do contribuinte a ser analisada por meio do Imposto de Renda será verificada mediante a análise de cada criptoativo de maneira segregada. Ou seja, importará para a Receita Federal, neste momento, saber quantos criptoativos são de titularidade do contribuinte, e qual o valor dispendido para adquirir aquela totalidade.

Dado que os criptoativos de mesmo tipo, adquiridos durante o ano serão apresentados conjuntamente à Receita Federal, referida sistemática nos permite concluir que a aquisição de cada tipo de criptoativos poderá ser controlada pelo custo médio de aquisição. Corroborando nosso entendimento, a professora Tathiane Piscitelli também assevera que uma interpretação sistemática indica a possibilidade de utilização do custo médio de aquisição, tal como ocorre no controle de aquisição previsto para moedas estrangeiras. Vejamos as palavras da professora:

> Na minha percepção, seria possível aplicar a mesma lógica utilizada para a alienação de moeda estrangeira: nos termos da Instrução Normativa SRF n. 118/2000, há que se considerar como valor de aquisição o "custo médio ponderado" da moeda, entendido esse como "o resultado da divisão do valor total das aquisições em reais pela quantidade de moeda estrangeira existente". Trata-se, portanto, de uma média dos custos de aquisição da moeda em diferentes momentos, que leva em conta não apenas a cotação de cada operação de compra, como também a quantidade de moeda estrangeira adquirida em cada aquisição.[12]

Baseados neste racional, entendemos que o custo de aquisição deverá ser controlado por meio da sistemática do custo médio de aquisição, analisado de acordo com cada tipo de criptoativo detido pela pessoa física, independentemente deste ativo se encontrar em diferentes *exchanges* ou em uma *cold wallet* (dispositivo físico).

Desta forma, seguindo com nossa premissa interpretativa, ao analisar o ganho de capital auferido no mês, o contribuinte deverá cotejar o custo de aquisição e de venda referente a cada criptoativo. Ou seja, o contribuinte deverá controlar o custo de aquisição (por meio do custo médio) de cada

[12] PISCITELLI, Tathiane. Criptomoedas e os possíveis encaminhamentos tributários à luz da legislação nacional. Revista de Direito Tributário Atual nº 40, p. 584

criptoativo (*BTC*, *ETH*, *XRP* etc.), comparando seu custo de aquisição com o valor da venda para verificar se houve ganho de capital passível de tributação.

Exemplificando, caso o contribuinte adquira 1 *BTC* por R$ 200.000,00 e, no mês subsequente adquira mais 1 *BTC* por R$ 300.000,00, tem-se que a pessoa física passa a deter 2 *BTC*, havendo dispendido R$ 500.000,00 para aquisição destes ativos. Neste caso, é possível concluir que o custo médio unitário do *BTC* foi de R$ 250.000,00 (resultado da operação R$ 500.000,00/2BTC). Assim, caso esta pessoa venha a alienar 1 BTC por R$ 300.000,00, é possível concluir que houve um ganho de capital de R$ 50.000,00, correspondente a diferença entre o custo médio de aquisição (R$ 250.000,00) e o valor da venda (R$ 300.000,00). Em nosso exemplo, o contribuinte deveria aplicar sobre o ganho de capital apurado (R$ 50.000,00) a alíquota de 15%, recolhendo o IR no valor de R$ 7.500,00 até o último dia do mês subsequente à venda.

Para controlar o custo médio de aquisição de cada criptoativos, basta somar todo o montante utilizado para adquirir determinado tipo de criptoativo, e dividir pelo número de unidades do criptoativos sob análise. Retomando o exemplo do parágrafo antecedente, temos que o custo médio unitário foi resultado da divisão: R$ 500.000/2BTC, concluindo-se que cada unidade de BTC foi adquirida ao custo de R$ 250.000,00. Destaque-se que, ao realizar uma venda, o custo médio unitário se mantém inalterado, apenas sendo modificado quando ocorrerem compras posteriores.

Uma vez realizada a operação de venda, o contribuinte poderá imputar os dados da transação no programa de cálculo do ganho de capital (Programa GCAP[13]), disponibilizado anualmente no site da Receita Federal do Brasil. O programa gerará uma guia DARF, sob código 4600, cujo vencimento ocorre no último dia útil do mês subsequente a operação de venda do criptoativo.

Por fim, destacamos que os NFTs (Non Fungible Tokens) não se submetem ao controle de custo de aquisição por meio do custo médio. Isso porque, como referidos NFTs são não fungíveis, ou seja, únicos, cada NFT possuirá seu próprio custo de aquisição.

Em resumo, é possível consolidar o exposto neste item do seguinte modo:

[13] Disponíveis em https://www.gov.br/receitafederal/pt-br/centrais-de-conteudo/download/pgd/gcap – Acesso em 29.01.2023.

1) O ganho de capital corresponde a diferença entre o custo de aquisição (que engloba o valor do ativo e a taxa de corretagem) e o valor da venda do ativo (descontada a taxa de corretagem);
2) O custo de aquisição deverá ser controlado em relação a cada espécie de criptoativos, independentemente de onde estejam custodiados (diferentes *exchanges* ou *cold wallets*);
3) O Custo de cada espécie de criptoativo pode ser controlado pelo custo médio de aquisição, assim entendido como a divisão do valor total de aquisição pelo número dos criptoativos analisados;
4) Dada a sua característica não fungível, os NFTs não se submetem ao controle por meio do custo médio de aquisição, devendo cada NFT ser registrado isoladamente pelo seu próprio custo de aquisição; e
4) Sobre o ganho de capital auferido deverá incidir as alíquotas progressivas (sendo de 15% para ganhos de até R$ 5.000.000,00), devendo o IR incidente ser pago até o último dia útil do mês subsequente.

1.2. *IRPF incidente sobre o ganho de capital auferido na permuta de criptoativos*

A Permuta é conceituada pelo direito civil como o contrato mediante o qual as partes avençam trocar uma coisa por outra diferente de dinheiro, prescrevendo o art. 533 do Código Civil que *"aplicam-se à troca as disposições referentes à compra e venda"*.

Neste sentido, o Regulamento do Imposto de Renda dispôs em seu art. 128, §4º, inciso II que as operações que importem a alienação de bem (dentre elas, a permuta) também deverão compor a apuração do ganho de capital, senão vejamos:

> Art. 128. Fica sujeita ao pagamento do imposto sobre a renda de que trata este Título a pessoa física que auferir ganhos de capital na alienação de bens ou direitos de qualquer natureza (Lei nº 7.713, de 1988, art. 2º e art. 3º, § 2º ; e Lei nº 8.981, de 1995, art. 21) .
>
> (...)
>
> § 4º **Na apuração do ganho de capital, serão consideradas as operações que importem a alienação,** a qualquer título, de bens ou direitos ou a cessão ou a promessa de cessão de direitos à sua aquisição, **tais como**(Lei nº 7.713, de 1988, art. 3º, § 3º):

I – compra e venda;
II – **permuta;**

Desta forma, tendo em vista que o dispositivo legal determina que o ganho de capital deverá ser apurado quando realizadas operações de permuta, considerando que os criptoativos possuem natureza jurídica de bem, tem-se que a permuta de criptoativos deverá considerada para cálculo do IRPF, seguindo os mesmos moldes do item anterior. A única alteração a ser considerada para fins de cálculo é que, como "valor da venda", deverá ser considerado o valor de mercado do ativo que é recebido na permuta.

Este entendimento foi sedimentado pela Receita Federal do Brasil por meio da Solução de Consulta nº 214, de 20.12.2021[14], asseverando o órgão que, sempre que houver ganho de capital em permuta de criptoativos, referido ganho deverá ser tributado pelo IR. Neste mesmo sentido, consignou a orientação constante no item 619 do Perguntas e Respostas 2022 IRPF:

> ALIENAÇÃO DE CRIPTOATIVOS
> 619 — Os ganhos obtidos com a alienação de criptoativos são tributados?
> (...)
> Atenção:
> O ganho de capital apurado na alienação de criptomoedas, **quando uma é diretamente utilizada na aquisição de outra**, ainda que a criptomoeda de aquisição não seja convertida previamente em real ou outra moeda fiduciária, é tributado pelo imposto sobre a renda da pessoa física, sujeito a alíquotas progressivas, devendo o valor de alienação da criptomoeda ser avaliado em reais pelo valor de mercado que tiver na data do recebimento.

Sendo assim, caso um investidor detenha 1BTC adquirido a R$ 150.000,00 e decida trocar este BTC por 20 ETHs, no valor unitário de

[14] Assunto: Imposto sobre a Renda de Pessoa Física – IRPF
IRPF. INCIDÊNCIA. ALIENAÇÃO DE CRIPTOMOEDAS. ISENÇÃO – OPERAÇÕES DE PEQUENO VALOR. R$ 35.000,00.
O ganho de capital apurado na alienação de criptomoedas, quando uma é diretamente utilizada na aquisição de outra, ainda que a criptomoeda de aquisição não seja convertida previamente em real ou outra moeda fiduciária, é tributado pelo imposto sobre a renda da pessoa física, sujeito a alíquotas progressivas, em conformidade com o disposto no art. 21 da Lei nº 8.981, de 20 de janeiro de 1995.
(...)

R$ 10.000,00, tem-se que o investidor permutará um bem de R$ 150.000,00 por um conjunto de bens de R$ 200.000,00. Deste modo, mediante aplicação literal da lei, a RFB constataria a existência de um ganho de capital de R$ 50.000,00 (R$ 200.000,00 – R$ 150.000,00), devendo ser submetido a incidência do IR sob alíquota de 15%, resultando no valor a pagar de R$ 7.500,00, que deve ser recolhido por meio de guia DARF, sob o código 4600, até o último dia útil do mês subsequente a realização da permuta.

Embora a lei faça referência expressa a tributação das operações de permuta, bem como a RFB já tenha sedimentado que a permuta de criptoativos não foge desta regra, é importante consignar que a doutrina encontra-se dividida, havendo quem defenda que: i) no momento da troca já há um acréscimo patrimonial tributável; e ii) no momento da troca ainda não há um acréscimo (sendo este somente potencial), e que por ainda não ter sido realizado[15] não poderia dar ensejo a tributação.

Seguindo a corrente mais conservadora, em consonância com a interpretação literal adotada pela Receita Federal, a professora Tathiane Piscitelli defende que no momento da troca já existe um acréscimo patrimonial tributável, dado que é possível verificar o ganho experimentado entre o custo de aquisição da moeda, em contrapartida ao custo atual da moeda pela qual o ativo está sendo permutado, senão vejamos:

> No tocante à permuta por outras criptomoedas, a despeito de se tratar de um bem virtual, entendo que a realização se verifica. Isso porque, no momento da transação, a troca de uma quantidade de moedas virtuais por moedas virtuais de outra espécie pode ser mensurada economicamente, havendo, destarte, condições para tributação.[16]

Por outro lado, parte da doutrina entende que no caso da permuta ainda não haveria que se falar em renda efetivamente realizada, mas sim de mera potencialidade, conforme assevera o professor Luís Flávio Neto, ao concluir que a permuta de criptomoedas não deve ensejar a tributação do IR, senão vejamos:

[15] Sobre a realização da renda: Victor Borges Polizelli. O Princípio da Realização da Renda – Reconhecimento de Receitas e Despesas para fins do IRPJ. Série Doutrina Tributária, v. VII. São Paulo: IBDT/Quartier Latin, 2012.

[16] PISCITELLI, Tathiane. Criptomoedas e os possíveis encaminhamentos tributários à luz da legislação nacional. Revista de Direito Tributário Atual nº 40, p.587

> Ainda que duas criptomoedas permutadas estejam cotadas por algum mecanismo (não oficial), não se pode colher daí qualquer elemento para a composição da base de cálculo do imposto sobre a renda. Trata-se de mera potencialidade, incapaz de conduzir à disposição efetiva de renda.[17]

Apesar de comungarmos deste último entendimento, por considerarmos que no momento da permuta ainda não haveria que se falar em acréscimo patrimonial realizado, destacamos que esta operação é considerada tributável tanto pela lei quanto pela Receita Federal do Brasil. Nosso objetivo é tão somente indicar que certamente a matéria será debatida por contribuintes tanto na esfera administrativa quanto judicial, havendo argumentos para sustentar que a tributação somente deve ocorrer após a realização da renda, ou seja, após a transformação do criptoativo em moeda corrente.

Em resumo, no tocante a incidência do IR sobre o ganho de capital decorrente das operações de permuta, é possível consolidar que:

1) O art. 128, §4º, inciso II do RIR/2018 determina expressamente que as operações de permuta devem ser submetidas a incidência do IR sob a sistemática do ganho de capital;
2) A Receita Federal do Brasil já ratificou, tanto na Solução de Consulta Cosit nº 214/2021 quanto no item 619 do Perguntas e Respostas do IRPF 2022, que o ganho de capital experimentado na permuta de criptoativos deverá ser submetido a incidência do IRPF; e
3) Parte da doutrina afirma que a permuta de criptoativos ainda não confere elementos suficientes para se verificar a realização da renda da pessoa física, devendo tais operações não se sujeitar a incidência do IR no momento da permuta, tese esta que certamente será encampada nas futuras discussões administrativas e judiciais sobre o tema.

[17] NETO, Luís Flávio. Criptomoedas e hipóteses de (não) realização da renda para fins tributários: o encontro de "inovações disruptivas" da economia digital com a tradição" dos institutos jurídicos brasileiros. In: ZILVETI, Fernando Aurelio; FAJERSZTAJN, Bruno; e SILVEIRA, Rodrigo Maito (coords.). Direito Tributário: princípio da realização no imposto sobre a renda – estudos em homenagem a Ricardo Mariz de Oliveira. São Paulo: IBDT, 2019. p. 456.

1.3. *Limite de isenção do IRPF incidente sobre as alienações (compra e venda e permuta) de criptoativos*

Segundo determina o art. 133, inciso I, alínea "b" do RIR/18[18], está isento do imposto de renda o ganho de capital auferido na alienação de bens de pequeno valor, cujo preço da alienação no mês seja igual ou inferior a R$ 35.000,00.

Primeiramente, faz-se necessário destacar desde logo que a norma **não faz referência ao ganho, mas sim ao valor total da venda dos criptoativos**. Ou seja, a prescrição do legislador é no sentido de que deverá ser observado se o valor das vendas (e não o ganho!) no mês ultrapassa este montante. Ou seja, caso determinada pessoa realize diversas vendas de criptoativos em determinado mês, e a soma destas vendas totalizar mais de R$ 35.000,00, o ganho de capital auferido em todas as vendas será submetido à tributação, como detalharemos mais adiante.

Neste sentido, o §1º, inciso I do mesmo art. 133 do RIR/18 determina que o limite de R$ 35.000,00 deverá compreender ainda o conjunto de alienações de bens da mesma natureza alienados no mês. Ante as duas normas acima, faz-se necessário verificar como este limite se aplica aos criptoativos. Ou seja, o que são bens da mesma natureza para fins da norma de isenção?

Analisando especificamente este ponto, a RFB expôs na Pergunta nº 619 do Perguntas e Resposta 2022 que o limite de R$ 35.000,00 se aplica a alienações de criptoativos, devendo ser observada a alienação de todos os criptoativos detidos pela pessoa física (analisados conjuntamente, independentemente da espécie), senão vejamos:

> ALIENAÇÃO DE CRIPTOATIVOS E MOEDAS VIRTUAIS
>
> **619 — Os ganhos obtidos com a alienação de são tributados?**
>
> Os ganhos obtidos com a alienação de criptoativos cujo total alienado no mês seja superior a R$ 35.000,00 são tributados, a título de ganho de capital, segundo alíquotas progressivas estabelecidas em função do lucro, e o reco-

[18] Art. 133. Fica isento do imposto sobre a renda o ganho de capital auferido na (Lei nº 9.250, de 1995, art. 22 e art. 23 ; e Lei nº 11.196, de 2005, art. 39) :

I – alienação de bens e direitos de pequeno valor, cujo preço unitário de alienação, no mês em que esta se realizar, seja igual ou inferior a:

a) R$ 20.000,00 (vinte mil reais), na hipótese de alienação de ações negociadas no mercado de balcão; e

b) R$ 35.000,00 (trinta e cinco mil reais), nas demais hipóteses;

> lhimento do imposto sobre a renda deve ser feito até o último dia útil do mês seguinte ao da transação, no código de receita 4600.
>
> A isenção relativa às alienações de até R$ 35.000,00 mensais deve observar o conjunto de criptoativos alienados no Brasil ou no exterior, **independente de seu tipo (Bitcoin, altcoins, stablecoins, NFTs, entre outros)**. Caso o total alienado no mês ultrapasse esse valor, o ganho de capital relativo a todas as alienações estará sujeito à tributação.

O excerto acima nos permite concluir que, para fins de isenção é preciso analisar as vendas de todos os criptoativos no mês, independentemente de seu tipo, racional este que é ratificado pelo item 7 da Pergunta 555 do Perguntas e Respostas 2022[19].

Mediante a análise dos direcionamentos fornecidos pela norma infralegal da RFB, é possível concluir que a interpretação conferida à norma isentiva é restritiva, ou seja, engloba no montante dos R$ 35.000,00 os valores obtidos com a venda de qualquer criptoativo. Ou seja, caso a pessoa física venda sua fração de *BTC* pelo valor de R$ 20.000,00, e neste mesmo mês venda determinada quantidade de *ETH* pelo valor de R$ 20.000,00, tem-se que o valor total de criptoativos vendidos no mês supera o valor de R$ 35.000,00. Neste caso hipotético, o contribuinte deverá averiguar se apurou ganho de capital na venda de cada um dos criptoativos (tanto BTC quanto ETH). Neste exemplo acima, caso a fração de *BTC* vendida por R$ 20.000,00 tenha sido adquirida por R$ 15.000,00, haverá a apuração de ganho de capital de R$ 5.000,00 (R$ 20.000,00 – R$ 15.000,00), sobre o qual incidirá a alíquota de 15%. Já no caso do ETH, caso a quantidade vendida por R$ 20.000,00 tenha sido adquirida por R$ 9.000,00, haverá um ganho de capital de R$ 11.000,00, gerando um IR a pagar de R$ 1.650,00 (R$ 11.000,00 x 15%).

Vejamos um outro exemplo: Caso uma pessoa física adquira uma criptomoeda pelo valor de R$ 36.000,00 e, ato subsequente, realize a venda desta moeda por R$ 37.000,00, tem-se que o proprietário apurou um ganho de

[19] ISENÇÕES DO GANHO DE CAPITAL
545 — Quais são as isenções relativas ao ganho de capital ?
7 – Alienação de bens ou direitos de pequeno valor, considerado em relação:
- ao valor do bem ou do conjunto dos bens ou direitos da mesma natureza, alienados em um mesmo mês, tais como automóveis e motocicletas, imóvel urbano e terra nua, instrumentos financeiros negociados em bolsa de valores no exterior, quadros e esculturas, criptoativos;

R$ 1.000,00 (R$ 37.000,00 – R$ 36.000,00), razão pela qual deverá recolher o montante de R$ 150,00 (R$ 1.000,00 x 15%) à título de Imposto de Renda sobre o ganho de capital.

Em resumo, no tocante ao limite de isenção do ganho de capital, é possível consolidar que:

1) O limite de R$ 35.000,00 se refere a alienação durante o mês, do conjunto de qualquer criptoativo, independentemente de seu tipo;
2) Uma vez ultrapassado o limite de vendas mensais de R$ 35.000,00, qualquer valor auferido a título de ganho de capital deverá se submeter a incidência do IRPF; e
3) Apesar do limite de isenção considerar a venda de todos os criptoativos (sem distinção por tipo), caso ultrapassado o limite de R$ 35.000,00, o ganho de capital deverá ser apurado de acordo com cada tipo de criptoativos (ganho de capital do BTC, ETH, XRP, etc.).

1.4. *Tributação da atividade dos mineradores de criptoativos*

Existem duas formas pelas quais as operações realizadas pelos mineradores são remuneradas: i) remuneração pela validação das transações na blockchain, mediante recebimento pela rede de novas moedas que são criadas como espécie de incentivo ou premiação; e ii) remuneração por meio de "taxas" pagas pelos usuários, com moedas já existentes, para que suas transações sejam validadas de modo mais rápido.

1.4.1. *Remuneração de mineração decorrente da validação das transações (recebimento de moeda nova)*

Quando se trata de mineração, põe-se sob análise se o criptoativos auferido pela validação das transações dentro de determinado protocolo é resultado de um "serviço" prestado pelo minerador, havendo empregado sua força computacional e infraestrutura de forma intencionada a ser remunerado por uma contraparte, ou se trata de uma produção originária do bem, realizada pelo próprio minerador (como uma espécie de autotrabalho).

A implicação tributária decorrente de uma ou outra classificação é que, caso se entenda que temos uma prestação de serviço, a criptomoeda recebida configurará um rendimento do trabalho, devendo ser tributada pelo Imposto de Renda tal qual os demais rendimentos, sujeitos a alíquotas progressivas do IR, enquanto se decorrente de um autotrabalho, a tributação somente deverá ocorrer quando da realização da venda.

Para que possamos nos posicionar, faz-se necessário trazermos o conceito de serviço, mostrando-se oportuno trazermos à baila as palavras do Professor Aires Fernandino Barreto[20] que em sua obra *ISS na Constituição e na Lei* assim conceituou o termo:

> É lícito afirmar, pois, que serviço é uma espécie de trabalho. É o esforço humano **que se volta para outra pessoa**; é fazer desenvolvido para outrem. O serviço é, assim, um tipo de trabalho que alguém desempenha para terceiro. **Não é esforço desenvolvido em favor do próprio prestador**, mas de terceiros. Conceitualmente parece que são rigorosamente precedentes essas observações. O conceito de serviço **supõe uma relação com outra pessoa**, a quem se serve. Efetivamente, se é possível dizer-se que se fez um trabalho para "si mesmo", não é o afirmar-se que se prestou serviço "a si próprio". Em outras palavras, pode haver trabalho, sem que haja relação jurídica, mas só haverá serviço no bojo de uma relação jurídica. (grifos nossos)

Depreende-se da abalizada conceituação doutrinária acima que apenas se pode cogitar de serviço quando se volta "para uma pessoa", sendo desenvolvido para outrem que compõe uma relação jurídica.

No caso da mineração, não há uma terceira pessoa para a qual o serviço é prestado (dado que a nova criptomoeda é fornecida pelo próprio sistema computacional), razão pela qual entendemos que não é plausível classificar tal atividade como uma prestação de serviço. Neste sentido, o montante recebido pela mineração seria fruto de uma espécie de autotrabalho, razão pela qual o montante do criptoativos auferido não deve ser submetido à tributação no momento da sua criação.[21]

[20] Barreto, Aires Fernandino. ISS na lei complementar 116/03 e na Constituição. In: TORRES, Heleno Taveira (org.). *Inconstitucionalidade dos itens 21 e 21.1 da lista de serviços anexa à LC 116/2003.* Barueri-SP: Manole, 2004. p. 29.

[21] Neste sentido, Flávio Rubinstein e Gustavo Vettori: "Ao minerar, o contribuinte está realizando um autotrabalho. O resultado desse autotrabalho será a produção de um novo bem, que é a unidade de qualquer que seja a moeda virtual sendo minerada. No momento em que o minerador adquire tal bem, não há renda a ser tributada (i.e. não há renda paga por fonte alguma e ausência de realização do bem). O minerador simplesmente possui custo zero em relação à criptomoeda que produziu. Apenas diante da disposição da unidade de criptomoeda é que haverá ganho realizável, tributável pelo imposto de renda sobre ganho de capital.". In:

A professora Tathiane Piscitelli[22] utiliza interessante exemplo para demonstrar que o criptoativo oriundo da mineração não deve ser tributado no momento de sua criação, comparando as moedas auferidas neste tipo de mineração com o produto do trabalho executado por um artesão, o qual somente poderá ser tributado quando vendido, senão vejamos:

> Do ponto de vista da possibilidade de tributar as criptomoedas mineradas como renda, temos de avaliar se elas são "produto do capital, do trabalho ou da combinação de ambos". Conforme visto linhas acima, não se trata de remuneração de capital, pois a atividade de mineração em si é necessária para a obtenção da criptomoeda – antes dela, não há qualquer ativo. De outro lado, tampouco se trata de trabalho, pois inexiste qualquer tomador de um suposto serviço; os participantes da Blockchain empregam esforços na validação de transações com criptomoedas sem qualquer contratação prévia e específica. Tal atividade seria equiparável ao trabalho de um artesão que produz uma obra do barro, confiando que alguém irá comprá-la quando pronta.

Desta forma, entendemos que as criptomoedas novas originadas da atividade de mineração e conferidas pela rede aos mineradores devem ser consideradas como produto do autotrabalho, devendo ser consideradas com o custo de aquisição zero. Assim, somente quando da venda destas criptomoedas é que o minerador deverá ser tributado, seguindo a regular sistemática do ganho de capital.

No entanto, é preciso destacar que ainda não há qualquer entendimento expresso da Receita Federal do Brasil acerca do tratamento que será atribuído ao produto da mineração de criptoativos, pairando uma certa insegurança jurídica no sentido de que o órgão poderá entender que os criptoativos recebidos constituem rendimentos oriundos do trabalho, submetendo-os a tributação do IRPF sob a tabela progressiva do IRPF (15% a 27,5%)[23].

RUBISTEIN, Flavio; e VETTORI, Gustavo G. Taxation of investments in Bitcoins and other virtual currencies: international trends and the Brazilian approach. 2018, p. 29. Disponível em: <https://papers.ssrn.com/sol3/papers.cfm?abstract_id=3135580>. Acesso em: 11 nov. 2018

[22] PISCITELLI, Tathiane. Criptomoedas e os possíveis encaminhamentos tributários à luz da legislação nacional. Revista de Direito Tributário Atual nº 40, p. 579.

[23] Neste sentido, Fernando Aurélio Zilveti e Daniel Azevedo Noceti defendem que, caso uma pessoa física realize a atividade de mineração como um empreendedor autônomo, os criptoativos recebidos podem ser considerados como rendimentos. *In:* ZILVETI, Fernando

1.4.2. *Remuneração do minerador por meio de "taxas de transação" (recebimento de moeda já existente)*

Diferentemente do item acima, quando estamos diante do auferimento de criptomoedas pelo minerador em contraprestação pela validação mais rápida de uma determinada transação, entendemos que resta configurada uma prestação de serviço, dado que a remuneração é firmada mediante a avença entre partes identificáveis, obrigando-se o minerador a prestar o serviço de validação da transação mediante remuneração provida por outrem.

Neste caso, entendemos que tecnicamente a criptomoeda auferida como espécie de "taxa" pela validação mais rápida de determinada transação constitui uma remuneração pela prestação de um serviço, devendo ser submetida a tributação quando auferida, assim como os demais rendimentos do trabalho, sujeitando-se ao IR sob a incidência das alíquotas progressivas (atualmente estabelecidas entre 15% e 27,5%).[24]

No entanto, na prática, a segregação da remuneração do minerador para identificar as "taxas de transação" recebidas mostra-se dotada de complexidade, variando de acordo com o protocolo de funcionamento de cada um dos criptoativos. Referida dificuldade técnica poderá levar a Receita Federal do Brasil a considerar todas as remunerações decorrentes de mineração como um criptoativo adquirido a custo zero (produto do autotrabalho), concentrando a tributação sempre na venda dos criptoativos decorrentes da mineração.

Aurelio; e Nocetti, Daniel Azevedo. Criptomoedas e o Sistema Tributário do Século XXI. Revista de Direito Tributário Atual nº 44. P. 503.

[24] Corroborando este entendimento, Tathiane Piscitelli: "Situação diversa, porém, é aquela em que o minerador cobra taxas para realizar e, eventualmente, acelerar a transação. Tal hipótese é relativamente comum, na medida em que a intensificação das operações com criptomoedas resultou em aumento no tempo necessário de processamento da transação, ao lado do fato de que a geração de moedas pela Blockchain tende, em regra, a acabar, em face da natureza limitada (em quantidade) de grande parte das criptomoedas. Trata-se, portanto, de forma de remuneração pela atividade de mineração. Nesse caso, é possível enxergar com clareza uma relação contraprestacional: aquele que deseja efetivar uma transação com uma dada criptomoeda aciona o minerador e paga-lhe uma determinada taxa, com vistas à realização da operação. Parece-me evidente a incidência do imposto de renda sobre tais valores, já que decorrem de um sinalagma e podem ser enquadrados como fruto do trabalho". *In:* Criptomoedas e os possíveis encaminhamentos tributários à luz da legislação nacional. Revista de Direito Tributário Atual nº 40, 580

Em resumo, nas remunerações auferidas pelos mineradores, é possível consolidar que:

1) No caso de remuneração paga pela rede, por meio de moedas novas, em decorrência da validação de operações, referidas moedas devem ser consideradas como produto do autotrabalho;
2) Sendo produto do autotrabalho, não haverá tributação incidente quando da transferência da nova criptomoeda da rede para o minerador, devendo a tributação ocorrer somente no momento da venda (sob a sistemática do ganho de capital), sendo considerado como zero o seu custo de aquisição;
3) Caso o minerador receba criptomoedas como "taxas de transação" pagas pelo usuário identificado para efetivar determinada transação, tecnicamente tal remuneração poderia ser enquadrada como decorrente de uma prestação de serviço, submetendo-se a tributação de rendimentos sob a aplicação da alíquota progressiva de 15% a 27,5%.; e
4) Ante a ampla dificuldade pragmática em se distinguir entre a remuneração dos mineradores entre as criptomoedas originadas da mineração (moedas novas pagas pela rede) e a remuneração das taxas de transação (moedas já existentes pertencentes aos usuários), é possível que todas as remunerações dos mineradores sejam consideradas como moedas novas. Neste cenário, haveria tributação somente quando da alienação, considerando seu custo de aquisição como zero para fins de cálculo do ganho de capital tributável.

1.5. *Tributação dos criptoativos decorrentes de hard forks e airdrops*

Sintetizando os conceitos previstos nos capítulos inaugurais deste Manual, a *Blockchain* é operacionalizada por meio de execução de um protocolo na rede, mediante o qual são realizadas operações dispostas de forma sequencial e validadas pelos *nodes*. Assim, tem-se que o sistema será expandido à medida que novos blocos são criados e inseridos na rede.

No entanto, é possível que alguns usuários decidam promover alterações no protocolo original de funcionamento da rede, criando uma derivação da rede original, cujo processamento de dados e validação poderá operar de forma nova e independente. Neste caso, ocorre a criação de uma nova cadeia ("chain") que funcionará de modo apartado da cadeia original, fenômeno que é conhecido *hard fork* (ou *chain split*).

O caso de *hard fork* mais famoso é o do *Bitcoin*, dando ensejo ao surgimento de duas novas moedas: *Bitcoin Cash* (*BCH*) e *Bitcoin Gold* (*BTG*). O *fork* ocorreu em 2007, quando o sistema concedeu a todos aqueles que detinham Bitcoins, uma determinada quantia de *BCH* e *BTG*, com valores distintos.

Sob a perspectiva tributária, não existe na legislação brasileira qualquer disposição legal ou infralegal que discipline as balizas tributárias a serem aplicadas aos casos de criptoativos originados de *hard forks*.

No entanto, conforme discorremos no início deste capítulo, o legislador determinou a incidência do imposto de renda sempre que a pessoa física adquirir renda ou auferir ganho de capital. Dito por outros torneios, incidirá o IRPF sempre que a pessoa física experimente um acréscimo patrimonial, seja por meio da alienação de um bem (a qual será tributada de forma definitiva sob a sistemática do ganho de capital), seja por meio da percepção de rendimentos e proventos que importem o aumento de sua esfera patrimonial de forma definitiva.

No caso dos *hard forks*, ocorre uma aquisição originária de moeda oferecida como prêmio ao usuário. Neste caso, entendemos que sua mera obtenção ainda não representa um acréscimo patrimonial tributável, tendo em vista que ainda não houve realização da renda, ou seja, o ativo recebido ainda não foi convertido em dinheiro, sendo inclusive de difícil precificação.

Assim, em nosso entendimento, referidas moedas originadas de *forks* somente deverão ser submetidas a tributação quando vendidas, apurando-se um ganho de capital no qual o custo de aquisição deverá ser considerado como zero (ou seja, todo o valor decorrente da alienação deverá ser submetido ao IR).[25]

O mesmo racional aplica-se aos criptoativos decorrentes de *airdrops*, uma vez que o *airdrop* configura a atribuição de criptoativos a usuários de

[25] Neste sentido, Fernando Aurélio Zilveti e Daniel Azevedo Nocetti: "É difícil estimar o valor representativo da nova criptomoeda, mas entendemos que se deve presumir que o valor de "aquisição" seja zero para fins de declaração de imposto de renda e posterior cálculo de ganho de capital. "Não há como cogitar a sua tributação no momento em que nova moeda surge, pois não há renda realizada. O imposto de renda decorrente do ganho de capital somente será devido no momento em que a nova criptomoeda for liquidada. Da perspectiva do imposto de renda, a operação de hard fork é neutra." In: Criptomoedas e o Sistema Tributário do Século XXI. Revista de Direito Tributário Atual nº 44 p. 507

determinados projetos. Ou seja, configuram criptoativos recebidos da rede com custo de aquisição zero, que deverão ser submetidos para cálculo do ganho de capital quando realizada sua venda.

Em resumo, no tocante as criptomoedas entregues aos usuários em decorrência de *hard forks* ou *airdrops*, é possível consolidar que:

1) Tanto os criptoativos decorrentes de *hard forks* quanto de *airdrops* transferidos ao usuário não representam acréscimo patrimonial no momento de sua percepção, devendo ser considerados como novos bens com custo zero de aquisição;
2) Tais ativos deverão ser tributados apenas quando de sua alienação, sob a sistemática do ganho de capital; e
3) Apesar da tributação ocorrer somente quando da alienação, remanesce a obrigação de declarar os criptoativos na Declaração de Ajuste Anual (sem que haja tributação neste momento).

2. Das principais obrigações acessórias referentes ao IRPF

No tocante as transações com criptoativos, três são as obrigações acessórias mais relevantes: i) Preenchimento da Declaração de Ajuste Anual; ii) Preenchimento da Declaração de Ganho de Capital e ii) Preenchimento da declaração prevista na IN 1.888/19.

2.1. *Declaração de Ajuste Anual*

Todos os criptoativos de propriedade da pessoa física, cujo valor de aquisição seja superior a R$ 5.000,00, devem constar da Declaração de Ajuste Anual (DAA) do contribuinte. Embora não seja obrigatória a declaração dos ativos de menor valor, sua declaração é possível e, sob a perspectiva prática, contribui para o controle do próprio contribuinte.

Tomando por base o layout disponibilizado para o exercício 2022, ao iniciar o preenchimento de sua DDA, o contribuinte deverá abrir a Ficha de "Bens e Direitos", selecionando o Grupo 08 (Criptoativos) e escolhendo dentre os códigos disponibilizados para cada tipo de criptoativo:

01 – Bitcoins;
02 – Altcoins
03 – Stablecoins
10 – NFTs
99 – Outros criptoativos

Seguindo as orientações fornecidas pela RFB no item 455 do Perguntas e Respostas IRPF 2022, o contribuinte deverá declarar cada espécie de criptoativo de forma separada, indicando: i) o tipo de criptoativo; ii) quantidade; e iii) onde está custodiado.

Exemplificando, caso o investidor tenha adquirido seus primeiros criptoativos no ano de 2021, passando a deter 10 ETH e 5.000 XRP (sendo ambos categorizados como altcoins), o investidor deverá abrir um registro no Grupo 08 (criptoativos), código 02 (altcoins) e indicar no campo de descrição: "Sou proprietário de 15 ETH, custodiados na Exchange X, CNPJ Y, adquiridos ao custo médio unitário de R$ 10.000,00". Como tais ETH foram adquiridos em 2021, no campo de "Situação em 31/12/2020", o investidor preencherá com R$ 0,00, enquanto na "Situação em 31/12/2021", inserirá o valor de R$ 150.000,00 (correspondente ao total de ETH que detém).

De igual modo ao realizado para o ETH, o investidor abrirá um novo registro para indicar os dados referente ao XRP de sua propriedade. Segundo nosso exemplo, o campo descrição deve conter, exemplificativamente "Sou proprietário de 5.000 XRP, custodiado em hard wallet, adquiridos ao custo médio unitário de R$ 4,00", preenchendo o campo de "Situação em 31/12/2021" com o valor total de R$ 20.000,00.

É importante frisar que muitos investidores incorrem em erro ao preencher o campo situação em 31/12/202X com o valor da cotação do ativo nesta data, quando o correto é inserir o valor total de aquisição do ativo.

Uma vez incluídos todos os criptoativos na Ficha de Bens e Direitos, o investidor deverá preencher a Ficha de "Rendimentos Isentos e Não Tributáveis", caso tenha auferido ganho de capital nos meses em que o total de venda de seus criptoativos não ultrapassou R$ 35.000,00. O total dos ganhos de capital isentos do ano deverá ser inserido sob o código 05 (Ganho de Capital nos meses de isenção).

Exemplificando: Suponha que um investidor tenha somente o criptoativo Ethereum, possuindo 10 ETH, adquiridos ao custo médio unitário de R$ 10.000,00. No mês de fevereiro de 2021, ele aliena 1 ETH no valor de R$ 15.000,00, auferindo um ganho de capital de R$ 5.000,00; no mês de março ele aliena mais 1 ETH, pelo montante de R$ 17.500,00, auferindo um ganho de capital de R$ 7.500,00. Caso estas sejam as únicas vendas realizadas no ano de 2021, tem-se: i) as vendas realizadas em fevereiro/2021 e março/2021 não ultrapassaram o limite de R$ 35.000,00, razão pela qual o ganho de capital apurado é isento de IR; ii) o total de ganho de capital isento auferido no ano foi de R$ 12.500,00 (R$ 5.000,00 + R$ 7.500,00); e iii) este valor de R$ 12.500,00 deverá ser preenchido na Ficha de "Rendimentos Isentos e Não Tributáveis", sob o código 05.

Até o presente momento, o contribuinte informou à RFB qual sua posição atual em cada tipo de criptoativo (por meio da Ficha de Bens e Direitos), bem como quais os ganhos de capital que auferiu sob o manto da isenção (Ficha de Rendimentos Isentos e Não Tributáveis). Por fim, deverá acessar a Aba de "Ganho de Capital", e na Ficha de Direitos/Bens Móveis, o contribuinte irá importar os dados lançados no Programa de Ganho de Capital da RFB (GCAP), trazendo para a DAA as informações referentes aos ganhos de capital que auferiu com venda de criptoativos e que já foram tributados submetidos a tributação nos meses subsequentes as vendas.

Conforme já discorremos anteriormente, a tributação decorrente da alienação dos criptoativos ocorre sob a sistemática do ganho de capital, incidindo o IR única e exclusivamente no mês da realização da venda, devendo o contribuinte recolher o imposto até o último dia útil do mês subsequente à venda. A importação dos dados referentes ao ganho de capital para a declaração de ajuste anual possui caráter meramente informativo, e não ensejará qualquer tributação adicional.

Ocorre que, para que os dados sejam "importados" pelo contribuinte para a DAA, é preciso que as operações tenham sido lançadas no Programa de Ganho de Capital, cujas linhas gerais passaremos a abordar.

2.2. Declaração de ganho de capital

Ao alienar mais de R$ 35.000,00 em criptoativos dentro de um mesmo mês, o contribuinte deverá verificar, para cada espécie de criptoativo, a existência dos ganhos de capital, submetendo-os então a incidência do IR e lançando as informações da transação programa de apuração de Ganho de Capital (GCAP), disponibilizado anualmente pela Receita Federal do Brasil.

Retomando as regras básicas traçadas no item 1.1, tem-se que o ganho de capital corresponde ao lucro obtido quando da venda de determinado ativo, sendo representado pela diferença entre o valor da venda do ativo (sendo excluída a taxa de corretagem) e o custo de aquisição deste ativo (total dispendido para comprar o ativo, incluindo-se a corretagem), sintetizada sob a fórmula: GCAP = Valor de Venda – Custo de Aquisição. Sobre referido ganho, incidirão alíquotas progressivas de 15% a 22,5% (sendo aplicável a alíquota de 15% sobre os ganhos até R$ 5.000.000,00).

Ilustraremos com um exemplo no qual o investidor adquiriu 1BTC por R$ 150.000, pagando uma taxa de corretagem na compra de R$ 10.000,00 e, posteriormente, vendeu este ativo por R$ 200.000,00, pagando o vendedor uma taxa de corretagem na venda de R$ 1.500,00. Tendo em vista que o custo de aquisição deste 1BTC foi de R$ 160.000,00 (R$ 150.000,00 do ativo + R$ 10.000,00 da corretagem) e o valor da venda do ativo por R$ 201.500,00 (sendo R$ 1.500,00 de taxa de corretagem), é possível constatar que houve um ganho de capital de R$ 40.000,00, o qual após submetido a alíquota de 15%, resultará no montante de IR a recolher no valor de R$ 6.000,00.

Ao realizar referida transação, o contribuinte abrirá o programa GCAP da Receita Federal do Brasil e acessará a Ficha de "Direitos/Bens Móveis"[26]. Na primeira Aba (identificação/aquisição), deverá indicar se o bem foi adquirido no Brasil ou no Exterior. Embora o local de aquisição de um criptoativo possa ensejar diversos debates, para fins pragmáticos, deverá ser considerado como adquirido no exterior os criptoativos adquiridos por meio de exchanges situadas fora do Brasil. No entanto, até a versão do Programa GCAP 2021 e 2022, o sistema não gerava a Guia DARF sob o código 4600 caso assinalada a opção de aquisição "Exterior" e, diante desta falha operacional, os contribuintes devem assinalar sempre a opção "adquirido no Brasil".

Ainda na Aba de Identificação/Aquisição, o campo de especificação deverá ser preenchido com a indicação do criptoativo, posteriormente assinalando que o bem não está sujeito a registro público. Por fim, deve ser apresentada a data de aquisição do ativo, bem como seu custo de aquisição.

Na segunda Aba, o contribuinte deverá indicar os dados do adquirente. Como a maior parte das transações com criptoativos ocorre por meio de exchanges, os contribuintes não terão a informação do adquirente, podendo complementar apenas para fins de sistema com o nome e CNPJ da Exchange, tendo em vista que o programa não permite que este campo permaneça em branco.

Na Aba denominada "Operação", o contribuinte identificará a sua natureza (assinalando a opção de venda), indicará se a venda foi à vista ou a

[26] Aqui cabe a ressalva de que os ganho de capital com criptoativos não devem ser reportados na Ficha de Moedas em espécie.

prazo, indicando ainda a data da alienação, o valor da alienação e o custo de corretagem. Na sequência, ainda nesta mesma Aba, deverá ser indicado se o conjunto de bens da mesma natureza alienados em mês/ano é superior a R$ 35.000,00 (que deverá ser assinalado de forma positiva caso o total de todos os criptoativos vendidos no mês, não somente o desta operação, superar o valor de R$ 35.000,00). Por fim, o campo referente a existência de alienação parcial do bem deve ser assinalado de forma negativa, dado que não aplicável aos criptoativos de modo geral.

Preenchidas as informações no Programa GCAP, o próprio programa preencherá automaticamente as Abas denominadas "Apuração", "Cálculo do Imposto e "Consolidação". Apenas para ilustrar, trazemos abaixo as telas de Apuração e Cálculo do Imposto, referente ao exemplo em tela:

Realizado todos os passos acima, a Guia DARF já estará pronta para impressão na Ficha Imprimir, sendo gerada sob o código 4600, com vencimento firmado para o último dia útil do mês subsequente.

Dentro de um cenário ideal, cada operação de alienação deveria ser analisada isoladamente, calculando-se o ganho de capital em cada venda ou permuta e imputando seus dados no programa GCAP. No entanto, verifica-se na prática que em alguns casos o número de transações torna quase impossível o lançamento manual de cada uma das operações, razão pela qual diversos contribuintes controlam seu ganho de capital auferido em planilhas particulares e, apenas no final do mês, realizam um único lançamento, consolidando todo o ganho de capital auferido em cada um dos criptoativos. Apesar de referida prática ser legítima e não configurar qualquer prejuízo ao fisco, é importante destacar que o contribuinte deverá manter guardada a cópia das planilhas que comprovam o racional utilizado para o cálculo do ganho de capital, sendo necessário salientar que as operações nas quais houver prejuízo não devem ser consideradas como redutora dos ganhos apurados em outras operações.

Sendo assim, havendo o contribuinte preenchido regularmente o GCAP e recolhido o imposto de renda devido sobre os ganhos de capital tributáveis, quando do preenchimento da Declaração de Ajuste Anual, bastará acessar opção de "Ganho de Capital", encontrando na Ficha de Bens/Direitos a opção para importar as informações já constantes no Programa de Ganho de Capital.

2.3. *Declarações previstas na IN 1.888/19*

De modo a tomar conhecimento de todas as transações realizadas com criptoativos por residentes brasileiros, as quais constituem fatos geradores de incidência do Imposto de Renda, a Instrução Normativa nº 1.888/19 elegeu como critério definidor para atribuição das obrigações acessórias o ambiente onde foi realizada a transação. Caso a operação ocorra em exchange brasileira, referida exchange terá a obrigação de prestar informações à RFB (conforme art. 6º, inciso I), indicando todos os dados referentes a transação elencados no art. 7º, tais como: os titulares da operação, data, quantidade de criptoativos, valor da transação etc.

Já quando a operação ocorra em exchange domiciliada no exterior ou fora de exchanges (entrega física de uma cold wallet, por exemplo), a própria pessoa física ou jurídica que realizou a operação terá o dever de prestar informações à RFB (conforme art. 6º, inciso II, alíneas "a" e "b"). O cumprimento desta obrigação acessória estará dispensado caso o volume de transação no mês, realizado em exchange estrangeira ou fora de exchange, não ultrapasse R$ 30.000,00 (Art. 6º, §1º).

Sendo assim, como o presente capítulo se destina às obrigações das pessoas físicas, tem-se que, sempre que realizadas negociações em exchange estrangeira ou fora de exchange, cujo conjunto totalize mais de R$ 30.000,00, a pessoa física terá até o último dia útil do mês subsequente (art. 8º, I) para informar tais operações à RFB, por meio da transmissão de formulário disponível no domicílio tributário eletrônico do contribuinte.

3. Tributação dos criptoativos pelo Imposto de Transmissão Causa Mortis e Doação (ITCMD)

Ao distribuir as competências tributárias entre os entes federativos, a Constituição Federal atribuiu aos Estados a competência para instituir o imposto incidente sobre a transmissão *causa mortis* e doação (ITCMD) de quaisquer bens e direitos. Como os criptoativos são bens imateriais, faz-se necessário abordarmos as peculiaridades referentes a incidência do ITCMD quando um investidor realiza a doação ou em casos de transmissão por sucessão.

Como cada Estado possui uma lei própria que institui referido tributo, determinando quem é o contribuinte (doador ou donatário), quais são as alíquotas aplicáveis, bem como todo o regulamento da matéria, passaremos ao leitor um panorama geral acerca da incidência do ITCMD sobre as operações com criptoativos utilizando como referência as normas do Estado de São Paulo.

3.1. *Tributação das doações*

O Estado de São Paulo consolidou a legislação aplicável ao imposto sobre transmissão de bens e direitos por doação (ITCD) por meio do Decreto nº 46.655/2002 (Regulamento do ITCMD), o qual prescreve a doação como fato gerador do tributo em seu art. 1º, inciso I. Em seu art. 3º, inciso III, trouxe ainda previsão específica para que o tributo abarque a transmissão de "bem incorpóreo em geral" (art. 3º, III). Em se tratando os criptoativos de bens (ou ativos) imateriais, como saber quando sua doação estará vinculada ao pagamento do ITCD do Estado de São Paulo?

Primeiramente, o legislador paulista elegeu como contribuinte o donatário residente no Estado (art. 10º, III), atribuindo ao doador a condição de responsável tributário sempre que restar impossibilitada a cobrança diretamente do donatário (art. 11º, III). Assim, o principal vínculo que atrai a submissão da doação ao Fisco Paulista é o domicílio do donatário. No entanto, legislador paulista buscou alcançar por meio do ITCD também as situações nas quais o donatário encontra-se fora do seu território, fixando como contribuinte o doador residente no Estado para esta hipótese (art. 10º, p. único).[27]

[27] Tomando-se por exemplo o caso de doação de criptoativos onde o donatário seja residente no Estado do Rio de Janeiro (onde o legislador escolheu como contribuinte o donatário) e o

Para apuração do tributo devido, o Regulamento do ITCD estabeleceu como base de cálculo o valor de mercado do bem no momento da doação (arts. 12º e 17º), aplicando sobre este uma alíquota de 4% (art. 29) e determinando que o tributo seja recolhido antes mesmo da realização da doação, inclusive quando avençada verbalmente (art. 31, II e §1º, item 3).

Estabelecidas as linhas gerais acerca da incidência, trazendo um exemplo para melhor ilustrarmos a incidência do ITCD sobre a doação de um criptoativo, suponhamos que Rubens doou 1BTC para Lucas, e que o valor de mercado do ativo no momento da avença da doação era de R$ 150.000,00. Considerando que ambos são domiciliados em São Paulo, incidiria sobre esta transação um ITCD no valor de R$ 6.000,00 (R$ 150.000,00 x 4%), sendo Lucas (donatário) o contribuinte do tributo.

Por outro lado, caso Lucas (donatário) seja domiciliado em Alagoas e Rubens em São Paulo, Rubens assumirá a condição de contribuinte, devendo recolher ao Fisco Paulista a mesma quantia de R$ 6.000,00 a título de ITCD.

Embora o racional da incidência do ITCD sobre as doações de criptoativos seja relativamente simples, ainda há diversos pontos que certamente serão enfrentados pelas partes envolvidas, ante as peculiaridades deste ativo, tais como a determinação do "valor de mercado" deste ativo (de volatilidade tão expressiva, e que não possui uma cotação oficial), por quais meios será identificado o doador, dentre outras. No entanto, é preciso afastar desde já a assertiva de alguns entusiastas de que, ante a ausência de norma específica, não haveria que se falar em incidência do ITCD sobre criptoativos.

3.1.1. *Limite de isenção nas doações*

O Estado de São Paulo estabelece em seu Regulamento do ITCD que as doações cujo valor não ultrapasse 2500 UFESPs estão isentas de ITCD. A Unidade Fiscal do Estado de São Paulo (UFESP) é uma unidade de medida atualizada anualmente pelo estado, e que no ano de 2023 encontra-se estabelecida em R$ 34,26.

doador seja residente no Estado de São Paulo, em tese, ambos os estados teriam competência para cobrança do tributo. Situação similar (envolvendo a doação de dinheiro) já foi abordada pelo TJ/SP, o qual afastou a incidência da lei paulista por meio do acórdão proferido na Apelação de nº 1015107-49.2016.8.26.0053. Por outro lado, em doações onde tanto o donatário quanto o dinheiro encontravam-se no exterior, o Fisco Paulista expôs a possibilidade de cobrança do ITCD, conforme Resposta a Consulta nº 23140 de 19.02.2021, com base no domicílio do doador.

Deste modo, no ano de 2023, as doações cujo valor não ultrapasse R$ 85.650,00 estão isentas do imposto (art. 6º, II). É importante destacar que, para fins de cálculo do tributo devido e da aplicabilidade da isenção, é preciso considerar todas as doações realizadas entre o mesmo doador e donatário dentro do ano civil (art. 12, §3º).

Exemplificando, caso Rubens doe 1ETH para Lucas, no valor de mercado de R$ 10.000,00, considerando que ambos são domiciliados no estado de São Paulo, a operação estaria compreendida pela isenção. Contudo, se durante o mesmo ano Lucas venha a receber de Rubens uma nova doação de 1BTC, no valor de mercado de R$ 85.000,00, tem-se que, no conjunto do ano civil, as doações totalizaram R$ 95.000,00 (R$ 85.000,00 + R$ 10.000,00), razão pela qual todo o montante deverá ser submetido a incidência do ITCD sob a alíquota de 4%, gerando um tributo a pagar de R$ 3.800,00.

Imaginando ainda que após o pagamento acima, dentro de um mesmo ano civil, Lucas receba uma nova doação de Rubens, o Regulamento determina que o valor da nova doação seja acrescido à base de cálculo do ITCD anterior, e seja descontado o tributo pago anteriormente (art. 12, §3º). Desta forma, considerando que Rubens realizou uma nova doação e 4000 XRP no valor de R$ 14.000,00, tem-se que o valor da base de cálculo do ITCD seria de R$ 109.000,00 (R$ 95.000,00 + R$ 14.000,00), resultando no tributo apurado de R$ 4.360,00. Como o contribuinte (Lucas) já houvera recolhido R$ 3.800,00, restaria um tributo a pagar de R$ 560,00.

Por fim, é preciso destacar que, no caso paulista, a isenção está condicionada ao reconhecimento expresso por parte da Secretaria da Fazenda (art. 8º), devendo o contribuinte transmitir a declaração nos moldes dos arts. 21 e 26 mesmo que não exista montante de tributo a ser pago.

3.1.2. Repercussão da operação de doação para fins do IRPF

Sob a perspectiva do doador, é preciso considerar que ao realizar uma doação de determinado bem, ele realiza uma das hipóteses de alienação, sujeitando-se então a apuração do ganho de capital, conforme determina o art. 128, §4º, inciso VI[28] do Regulamento do Imposto de Renda 2018 (RIR/2018).

[28] Art. 128. Fica sujeita ao pagamento do imposto sobre a renda de que trata este Título a pessoa física que auferir ganhos de capital na alienação de bens ou direitos de qualquer natureza (Lei nº 7.713, de 1988, art. 2º e art. 3º, § 2º ; e Lei nº 8.981, de 1995, art. 21) .
(...)

No entanto, é preciso destacar que, enquanto no ITCD o valor da transmissão a ser considerado é o valor de mercado, para fins do IRPF, o doador poderá escolher entre realizar a doação do bem pelo mesmo custo de aquisição, ou seja, pelo valor já registrado na sua Declaração de Ajuste Anual, ou transmiti-lo ao donatário pelo valor de mercado (art. 20 da IN 84/2001). Assim, apenas quando o doador realizar a doação por valor de mercado é que se poderá cogitar da ocorrência de ganho de capital.

Desta forma, caso a opção seja por transmitir o bem a valor de mercado, restando configurada diferença positiva entre o valor de mercado do bem no momento da doação e o custo de aquisição, o doador deverá submeter este ganho de capital a tributação do IR mediante aplicação das alíquotas progressivas entre 15% e 22,5%, sendo de 15% para ganhos auferidos até R$ 5.000.000,00 (art. 153 do RIR/2018).

Exemplificando, caso Rubens tenha adquirido 1BTC por R$ 90.000,00 e o tenha doado para Lucas, considerando que foi escolhido transferir o ativo pelo valor de mercado, segundo o qual 1BTC estava cotado a R$ 150.000,00 no momento da doação, o doador (Rubens) terá auferido um ganho de capital de R$ 60.000,00 (R$ 150.000,00 – R$ 90.000,00), devendo aplicar uma alíquota de 15% e recolher o IR de R$ 9.000,00 até o último dia útil do mês subsequente.

Já sob a perspectiva do donatário, seja a transmissão realizada pelo custo de aquisição do doador, seja pelo valor de mercado, a doação constitui um rendimento isento (art. 35, VII, alínea "c"), devendo ser declarado na Declaração de Ajuste Anual na Ficha de rendimento Isento e Não Tributável sob o "Tipo de Rendimento" nº 14, fazendo constar ali o valor pelo qual o bem foi transferido. Na mesma declaração, os criptoativos recebidos deverão ser lançados na Ficha de Bens e Direitos, inserindo o valor pelo qual o bem foi transferido como custo de aquisição deste bem (art. 18, inciso II da IN 84/2001)[29].

§ 4º Na apuração do ganho de capital, serão consideradas as operações que importem a alienação, a qualquer título, de bens ou direitos ou a cessão ou a promessa de cessão de direitos à sua aquisição, tais como(Lei nº 7.713, de 1988, art. 3º, § 3º):
I – compra e venda;
II – permuta;
(...)
<u>VI – doação;</u>

[29] Art. 18. Na ausência do valor pago, o custo de aquisição é:
(...)
II – o valor de transmissão utilizado, na aquisição, para cálculo do ganho de capital do alienante anterior;

Sendo assim, tem-se que o donatário recebe a doação do criptoativo como um rendimento isento, sem que haja tributação pelo IR, e considera como custo de aquisição o valor pelo qual o bem foi transferido. Deste modo, caso no futuro ele venha a vender este bem, deverá verificar se houve ganho de capital, correspondente ao valor da venda, subtraído do seu custo de aquisição (valor de mercado ou valor constante na DAA do doador).

3.2. *Tributação dos criptoativos transmitidos por herança*

O Imposto sobre Transmissão Causa Mortis (ITCM) é tratado pelas legislações estaduais conjuntamente com o Imposto sobre Transmissões por Doação (ITCD), possuindo sistemática de incidência similar a tratada no item 3.1. No Estado de São Paulo, o ITCM é regido por meio do Decreto nº 46.655/2002 (Regulamento do ITCMD), elegendo como fato gerador a sucessão legítima ou testamentária (art. 1º, I).

Como contribuinte, o legislador paulista elegeu o herdeiro (art. 10, I), estabelecendo que o tributo terá como base de cálculo o valor de mercado do bem na data da abertura da sucessão (art. 12, §1º), aplicando sobre este uma alíquota de 4% (art. 29).

O prazo para recolhimento, em caso de transmissão realizada no âmbito judicial, será de 30 dias, contados da decisão homologatória do cálculo do ITCM ou do despacho que determinar seu pagamento. Já em caso de transmissão realizada no âmbito administrativo, o imposto deverá ser recolhido antes da lavratura da escritura pública (art. 31, inciso I).

Ao contrário das doações, o legislador paulista não prescreveu uma norma de isenção que abarque a transmissão causa mortis dos criptoativos.

3.2.1. *Tributação da transmissão por herança para fins do IRPF*

Embora para fins de ITCM o valor da transmissão a ser considerado seja o valor de mercado do ativo, para fins do IRPF, a transmissão poderá considerar tanto o valor constante na última Declaração de Ajuste Anual do *de cujos* quanto pelo valor de mercado (art. 130 do RIR/2018).

Caso a transferência seja realizada pelo custo de aquisição, ou seja, aquele declarado na última DAA do *de cujos,* não haverá que se falar em ganho de capital por parte do espólio. No entanto, caso a transferência ocorra por valor de mercado, será necessário apurar o ganho de capital devido pelo espólio, correspondente a diferença positiva entre o valor de mercado e o custo de aquisição do bem (art. 130, §1º do RIR), aplicando as alíquotas progressivas do art. 153, II do RIR/2018 para calcular o tributo devido, o qual deverá ser recolhido pelo inventariante até a data prevista para a entrega da declaração final do espólio (art. 153, §1º, II, alínea "a").

Sob a perspectiva do herdeiro, é preciso destacar que criptoativo deverá ser incluído em sua DAA, constando como custo de aquisição o valor pelo qual o criptoativo foi transferido. Assim, no caso de alienação futura por parte do herdeiro, seu ganho de capital corresponderá a diferença entre o valor da venda deste ativo e o seu custo de aquisição (valor pelo qual o criptoativo foi transferido).

Referências

BARRETO, Aires Fernandino. **ISS na lei complementar 116/03 e na Constituição**. In: TORRES, Heleno Taveira (org.). *Inconstitucionalidade dos itens 21 e 21.1 da lista de serviços anexa à LC 116/2003*. Barueri-SP: Manole, 2004.

GOMES, Daniel de Paiva. **Bitcoin: a tributação de criptomoedas. Da taxonomia camaleônica à tributação de criptoativos sem emissor identificado**. São Paulo: Thomson Reuters Brasil, 2021.

NETO, Luís Flávio. **Criptomoedas e hipóteses de (não) realização da renda para fins tributários: o encontro de "inovações disruptivas" da economia digital com a tradição" dos institutos jurídicos brasileiros**. In: ZILVETI, Fernando Aurelio; FAJERSZTAJN, Bruno; e SILVEIRA, Rodrigo Maito (coords.). Direito Tributário: princípio da realização no imposto sobre a renda – estudos em homenagem a Ricardo Mariz de Oliveira. São Paulo: IBDT, 2019.

OLIVEIRA, Ricardo Mariz. **Fundamentos do Imposto de Renda**. S.Paulo: Quartier Latin. 2008.

PISCITELLI, Tathiane. **Criptomoedas e os possíveis encaminhamentos tributários à luz da legislação nacional**. Revista de Direito Tributário Atual nº 40

POLIZELLI, Victor Borges. **O Princípio da Realização da Renda – Reconhecimento de Receitas e Despesas para fins do IRPJ**. Série Doutrina Tributária, v. VII. São Paulo: IBDT/Quartier Latin, 2012.

RUBISTEIN, Flavio; e VETTORI, Gustavo G. **Taxation of investments in Bitcoins and other virtual currencies: international trends and the Brazilian approach**. 2018.

SOUSA, Rubens Gomes de. **Compêndio de legislação tributária**. Rio de Janeiro: Edições Financeiras S.A.,

ZILVETI, Fernando Aurelio; e NOCETTI, Daniel Azevedo. **Criptomoedas e o Sistema Tributário do Século XXI**. Revista de Direito Tributário Atual nº 44.

5
SMART CONTRACTS E CRIPTOATIVOS

Rodrigo Fernandes Rebouças

Introdução

O movimento Cyberpunk, especialmente integrado por criptógrafos que buscavam uma solução para realizar transações eletrônicas com segurança, por padrões imutáveis e por meio de uma rede de confiança descentralizada, independente de grandes provedores de tecnologia, Internet, bancário e estatal, sempre buscaram uma solução para a realização de operações diretas entre as diversas partes relacionadas que pudessem utilizar da rede internacional de computadores.

Tal busca foi consolidada a partir de 31 de outubro de 2008, com a publicação do artigo "A peer-to-peer Electronic Cash System" de autoria do pseudônimo Satoshi Nakamoto, com o desenvolvimento do conceito e estrutura tecnológica para a operacionalização do Bitcoin, considerado o primeiro criptoativo do mundo[1]. Apenas quatro anos após o lançamento do Bitcoin, já foram identificadas mais de 17.500 variedades de criptoativos, o que demonstra que os primeiros comentários preconceituosos e pessimistas sobre esta nova forma de circulação de riquezas estava absolutamente equivocado.

Tal estrutura tecnológica que permitiu a criação e circulação dos criptoativos, também deu origem a rede Blockchain, a qual não veio definida

[1] Para efeitos deste artigo, não faremos a distinção entre Criptomoedas e Criptoativos, nomeando apenas como criptoativo.

no artigo de origem, mas desenvolvida para a sua aplicação, demonstrou ser o futuro da própria Internet e dos novos meios de circulação de riquezas, contratos e até mesmo auditoria sobre a circulação de verbas públicas com a Rede Blockchain Brasil (RBB) desenvolvimento pelo Tribunal de Contas da União em parceria com o BNDES.[2]

Não é o nosso objetivo no presente artigo debater questões sobre a regulação, natureza jurídica etc. dos criptoativos, mas sim, apontar a sua importância como meio de circulação de riquezas e simplificação da eficácia dos denominados Smart Contracts. Ou seja, iremos apontar em que medida os criptoativos simplificam o uso dos Smart Contracts e possibilitam uma maior eficácia contratual com menor carga formalista e principalmente, com redução da carga litigiosa sobre as relações jurídicas contratuais.

Para tanto, precisamos iniciar da configuração dos Smart Contracts, e sua adequação ao sistema jurídico.

Conforme defendemos em artigo intitulado Contratos Eletrônicos: Smart Contracts[3], nos últimos anos passou a ser comum ouvirmos a referência a Smart Contract, onde alguns defendem que se trata de uma nova tecnologia, outros de que seria um novo contrato aplicável apenas nas relações internacionais ou que é derivado da Blockchain.

Muitos mitos foram criados e alguns exemplos equivocados, fazem com que as pessoas não tenham segurança na sua definição, nem tão pouco na sua aplicação em diversos cenários do sistema legal.

É importante sabermos que o Smart Contract pode utilizar a Blockchain, porém, não é obrigatório que seja assim, sendo mais relevante que a linguagem utilizada seja a de programação de sistemas, portanto, em linguagem computacional e, em regra, não alterável pelas partes envolvidas após a sua definição inicial.

As utilidades (objeto) de um *Smart Contract* são as mais variadas possíveis, vão desde uma simples ordem de compra e/ou encomenda, ordens de pagamentos com obrigações condicionais e até mesmo execuções mais complexas como manutenção e liberação de garantias contratuais em operação

[2] Disponível em: https://www.linkedin.com/posts/tribunal-de-contas-da-uniao_tcueventos-activity-6936001575597301760-0Ci_?utm_source=linkedin_share&utm_medium=member_desktop_web. Acessado em 28.05.2022.

[3] Rebouças, Rodrigo Fernandes. Contratos Eletrônicos: Smart Contracts. *In* Direito e Novas Tecnologias. Longhi, Maria Isabel Carvalho Sica. Costa-Corrêa, André. Predolim, Emerson Alvarez. 1 ed., 2020, São Paulo: Almedina Brasil, pp 591-616

societárias de incorporação (M&A), contratos públicos, gestão contratual, soluções online de conflitos (ODRs) entre diversas outras soluções possíveis. É certo que ainda estamos em um estágio muito embrionário das infinitas possibilidades de utilização dos Smart Contracts, especialmente se considerarmos as potenciais revoluções tecnológicas que serão implementadas por meio da computação quântica, Metaverso, Web 3.0, Internet 5G etc.

Conforme reportado por Tatiana Revoredo[4], já há registro de sua utilização nas denominadas DAOs (Organizações Autônomas Descentralizadas)[5], na locação de veículos elétricos, compra e venda de imóveis pela empresa PROPY em negócio jurídico firmado na Ucrânia por US$ 60.000, indústria de seguros, instalação de procedimentos de arbitragem, entre diversos outros negócios jurídicos contratuais representados por operações econômicas alinhadas com as novas atividades empresariais típicas do século XXI.

Ao longo desse artigo, buscaremos esclarecer tais pontos e indicar em que medida os criptoativos elevam o grau de segurança e eficácia dos negócios contratuais firmados por meio dos Smart Contracts.

1. Smart Contract e o impacto dos meios de pagamentos[6]

Até onde se tem conhecimento, o termo Smart Contract foi inicialmente cunhado por Nick Szabo em artigo datado de 1994 e reforçado em outro

[4] Revoredo, Tatiana. Blockchain: tudo o que você precisa saber. 1 ed., Amazon: The Global Strategy, 2019, pp. 223-241

[5] "Os contratos inteligentes por meio deste documento formalizam as regras de governança – os estatutos, os estatutos reguladores, as regras de procedimento ou os artigos de associação de uma organização – e substituem o gerenciamento operacional cotidiano por um código que se auto executa. Uma DAO é uma organização autogovernada controlada única e exclusivamente por um conjunto de regras incorruptíveis. Considerar 'organização' como uma entidade que compreende várias pessoas (ou Smart contracts) com um objetivo específico, e não uma organização legalmente registrada. Um indivíduo pode decidir transacionar com o DAO para, por exemplo, receber o pagamento em troca de um serviço. O suo de criptomoedas como o Bitcoin facilita significativamente a transferência de moeda por essas peças de software, ou seja, contratos inteligentes. Assim, uma DAO poderia, na prática, contratar pessoas ou contratos inteligentes para realizar tarefas específicas, e poderia potencialmente vender seus próprios sérvios (ou recursos) para terceiros." Revoredo, Tatiana. Blockchain: tudo o que você precisa saber. 1 ed., Amazon: The Global Strategy, 2019, pp. 226-227

[6] Capítulo baseado em artigo previamente escrito, porém, com adequações e ampliação. Rebouças, Rodrigo Fernandes. Smart contracts e a teoria dos contratos. *In* CryptoLaw v. 1: Inovação, Direito e Desenvolvimento, 2020.

artigo do mesmo autor em 1997 sob o título de *Formalizing and Securing Relationships on Public Networks*[7]. "*Smart contracts utilize protocols and user interfaces to facilitate all steps of the contracting process. This give us new ways to formalize and secure digital Relationships which ar far more functional than their inanimate paper-based ancestors.*"

Os principais intuitos de Nick Szabo eram, prever a possibilidade de um contrato que fosse autoexecutável e que trouxesse segurança jurídica para as partes envolvidas, já que as pessoas firmam instrumentos contratuais para respaldar a prova do que foi efetivamente pactuado e, garantir, de alguma forma, ser um documento hábil para futura execução ou cobrança em caso de inadimplemento. Os textos originais demonstram uma certa insatisfação do autor com a falta de cumprimento dos contratos, muitas vezes resultante do livre arbítrio das partes, ou ainda, da falta de clareza na redação de clausulas e textos jurídicos que acabam por ser ambíguos e fonte de interpretações.

As primeiras ideias sobre *Smart Contracts* basicamente houve a preocupação com duas variáveis: linguagem e eficácia.

Linguagem, consiste em converter o instrumento contratual em linguagem de programação, portanto, entendível por uma máquina e em linguagem universal, resultando no fim da ambiguidade de seu texto e em necessária transparência. Um ponto relevante é que até o momento (primeiro quarto do século XXI), as linguagens de programação são binárias, de forma que alternativas, condições, termos contratuais em Smart Contracts devem ser igualmente binários, não sendo passível de soluções ambíguas, incompletas, duvidosas ou que dependam da tomada de decisão humana.

Já a segunda variável, eficácia, resulta na auto execução do contrato sem a necessidade de intermediários com fonte segurança jurídica para a sua execução, vale dizer, sem a possibilidade de inadimplemento.[8]-[9]

[7] SZABO, Nick. Formalizing and Securing Relationships on Public Networks. Peer-Reviewed Journal on The Internet. Vol. 2, n. 9, Set/1997. Disponível em <https://firstmonday.org/ojs/index.php/fm/article/view/548/469.DOI:http:/dx.doi.org/10.5210/fm.v2i9.548> acessado em 06.01.2020

[8] REVOREDO, Tatiana. BLOCKCHAIN: tudo o que você precisa saber. 1 ed., Amazon: The Global Strategy, 2019

[9] NYBO, Erik Fontenele. Os efeitos econômicos da introdução dos Smart Contracts no direito. *In* Ensaios em Law & Economics. ARAUJO, Luz Nelson Porto. DUFLOTH, Rodrigo V. (Org.) São Paulo, LiberArs, 2019, pp. 91-113

Justamente neste ponto, encontramos uma relevante utilidade da forma de pagamento por meio de criptoativos.

A auto execução pode consistir na liberação de entrega de mercadorias, envio de pedidos de compras e/ou execução de serviços, realização de serviços automatizados entre inúmeras outras obrigações de fazer e até mesmo de não fazer, todas previstas nos sistemas das legislações civis e empresariais. Quando estamos frente a uma obrigação consistente em pagamento de determinado valor, para que tenhamos a sua auto execução, haverá a necessidade de interferência de um terceiro custodiante, até então, potencialmente uma instituição financeira ou garantidora. Nesta hipótese, o terceiro custodiante teria que integrar o Smart Contract, ou no mínimo, ser anuente de tal operação, já que a sua eficácia depende da liberação de determinado numerário.

No entanto, quando falamos de uma operação ponto-a-ponto com no caso dos criptoativos, não há mais a necessidade de intermediação de um terceiro, já que a operação será realizada de forma distribuída e ponto-a-ponto. Ou seja, na própria operação do Smart Contract já há a previsão de transferência de valores representados por criptos. No mesmo sentido, é possível substituir a referência de criptoativos por NFTs (tokens não fungíveis).

Conforme nos lembram Primavera De Filippi e Aaron Wright, o Smart Contract nada mais é do que a pura evolução dos sistemas de contratos eletrônicos iniciados em 1948 no pós-Segunda Guerra Mundial e início da Guerra Fria por necessidades militares e posteriormente aplicado ao setor privado.[10]

Obviamente esse sistema evoluiu muito nas últimas décadas com grande utilização nas relações B2B e, especialmente, nas relações interbancárias, tal como se verifica no sistema de compensação de pagamentos dos bancos, o qual, nada mais é do que uma sequência de ordens de crédito e débito interbancárias processadas eletronicamente e, posteriormente, convertidas em linguagem clássica para conhecimento de seus respectivos clientes.

Os tempos atuais demonstram uma utilização exponencial da Blockchain e demais redes distribuídas (DLT), além de uma disseminação dos Smart Contracts, frente a sua possibilidade de evolução com a Web

[10] FILIPPI, Primavera De. WRIGHT, Aaron. Blockchain and the law: the rule of code. Cambridge, Massachusetts: Harvard University Press. 2018, pp 72-88.

3.0, a Blockchain 3.0, Metaverso, computação quântica e inúmeras outras frentes da revolução tecnológica deste primeiro quarto do século XXI.

Mas, exatamente, o que são os denominados Smart Contracts e qual o seu alcance e aplicação?

2. *Smart Contracts*, sua eficácia e o papel dos criptoativos[11]

Os *Smart contracts* representam uma espécie do gênero contratos eletrônicos. São contratos autoexecutáveis e intersistêmicos na sua fase de eficácia contratual (execução do contrato).

Um *Smart Contract* nada mais é do que um contrato eletrônico, firmado em linguagem de programação de sistemas e autoexecutável, podendo conter todos os termos e condições de uma operação econômica, ou apenas uma parcela de um contrato maior, tal como uma cláusula de garantia e/ou de pagamento, ou ainda, representar uma tratativa que irá complementar um outro contrato, portanto, podem ser puros ou híbridos.

A preocupação do estudo e aplicação do *Smart Contract* repousa muito mais no plano da eficácia contratual, ou seja, na garantia de sua execução e adimplemento tal como previsto pelas partes.

Vale relembrar a escada Ponteana do negócio jurídico, a qual inicia pelo plano da existência do negócio jurídico, para, na sequência, atingir o plano de validade do negócio jurídico e, finalmente, atingir o plano de eficácia do negócio jurídico. Portanto, repita-se, ao falar em *Smart Contract*, estamos muito mais preocupados com o plano da eficácia do contrato do que os planos anteriores do negócio jurídico, os quais, presume-se, que já foram suplantados.

Quando falamos de contratos eletrônicos, estamos frente a uma forma de contratação, ou seja, uma forma eletrônica do instrumento contratual e da manifestação de vontade das partes no ato da formação do contrato ou na sua execução.

> Assim, em nosso entender, o contrato eletrônico *deve ser conceituado* como o negócio jurídico contratual realizado pela manifestação de vontade, das posições jurídicas ativa e passiva, expressada por meio (= forma) eletrônico no momento de sua formação. Portanto, a manifestação de vontade por meio

[11] Capítulo baseado em artigo previamente escrito, porém, com adequações e ampliação. Rebouças, Rodrigo Fernandes. Smart contracts e a teoria dos contratos. *In* CryptoLaw v. 1: Inovação, Direito e Desenvolvimento, 2020 (no prelo)

eletrônico sobrepõe a sua instrumentalização, de maneira que não é uma nova categoria contratual, mas sim, forma de contratação por manifestação da vontade expressada pelo meio eletrônico.

[...]

Nos contratos intersistêmicos, como vimos, haverá duas fases, sendo a primeira de definição de um contrato (físico ou eletrônico), v.g. de fornecimento de produtos para a rede de distribuição, como se dá com os supermercados em relação aos produtores industriais. A segunda fase é representada por uma sequência de sucessivos contratos de compra e venda realizados diretamente entre os respectivos sistemas de informática de cada uma das empresas, onde, havendo saída do estoque da distribuidora (o supermercado), haverá a imediata realização de uma nova compra do produtor industrial para a sua reposição. Toda a transação se dá de forma automatizada, sem que exista qualquer formalização de propostas e/ou aceites, apenas um pedido de remessa com a posterior entrega e faturamento do pedido. Não houve qualquer aceite e/ou manifestação expressa quanto a contratação.

Este ciclo contratual estabelecido pelos usos e pelas circunstâncias desta contratação, resulta na aplicação direta do artigo 111 do Código Civil, onde, enquanto não houver a manifestação expressa do distribuidor (o supermercado) para cessar o fornecimento de novas remessas, ou ainda, a manifestação expressa do produtor industrial de que não atenderá mais pedidos daquele produto, haverá a continuidade de sucessivos contratos de compra e venda.

Já para os interpessoais, poderemos ter semelhante situação da acima apontada, porém, realizada pela troca de e-mails. Como exemplo, podemos citar a hipótese de uma pessoa enviar um e-mail ao seu advogado questionando quanto a possibilidade de prestar serviços para a revisão de determinadas cláusulas contratuais. Como a relação entre este cliente e seu advogado já existia anteriormente, poderá não ter um aceite expresso da contratação, simplesmente o advogado executa o trabalho e devolve o e-mail ao cliente com as cláusulas já revisadas e o posterior faturamento dos honorários.[12]

Já tivemos a oportunidade de nos manifestarmos da seguinte forma[13]: [...] entendemos que tal forma de contratação pode ser denominada como

[12] REBOUÇAS, Rodrigo Fernandes. Contratos Eletrônicos, 2 ed., Almedina: São Paulo, 2018, p. 32 e 159

[13] REBOUÇAS, Rodrigo Fernandes. Contratos Eletrônicos, 2 ed., Almedina: São Paulo, 2018, p. 62

de característica mista entre os contratos intersistêmicos e os contratos interpessoais.

Os *Smart Contracts* são caracterizados por uma prévia programação de dados, atualmente utilizando linguagens de programação que possam garantir a inviolabilidade por um sistema de criptografia e verificação pública, tal como se dá com o Blockchain, a qual representa uma "tecnologia descentralizada de registro de dados [...] atualmente considerada com uma das tecnologias mais promissoras no sector financeiro, sendo habitualmente sublinhada a possibilidade de viabilizar alterações muito consideráveis nas estruturas, métodos operacionais e até modelos de negócio existentes."[14]

A utilização de um Smart Contract em conjunto com um meio de pagamento eletrônico, especialmente considerando a realidade dos cripto ativos, torna a operação economicamente mais viável e operacionalmente mais simples, já que será realizada ponto-a-ponto diretamente entre as partes contratantes e sem a dependência de um terceiro responsável pela custódia de numerários/valores/moedas.

Uma vez realizada a prévia programação de todo o instrumento contratual e respectivos direitos e obrigações das partes (fase interpessoal ou interativa), os quais serão eletronicamente verificados tal como o pagamento e/ou a entrega de determinado bem ou serviço, haverá a automática execução eletrônica de todas as demais obrigações contratuais, tais como a liberação de garantias, pagamento do preço, remessa do produto ao comprador etc. (fase intersistêmica)

Portanto, acreditamos que o *Smart Contract* é uma forma de contratação eletrônica mista, sendo o seu primeiro momento formalizado sob a característica de contrato interpessoal ou interativo e, no momento subsequente concluído (execução do contrato) sob a característica de contrato intersistêmico, execução automática e integralmente eletrônica."[15]

A forma de declaração da vontade automatizada poderá ocorrer em praticamente todos os tipos de contratações intersistêmicas, sejam rela-

[14] Correia, Francisco Mendes. A tecnologia descentralizada de registro de dados (Blockchain) no sector financeiro. *In* Menezes Cordeiro, António. Oliveria, Ana Perestrelo de. Duarte, Diogo Pereira. FinTech: desafios da tecnologia financeira. Coimbra: Almedina, 2017, p. 69

[15] Rebouças, Rodrigo Fernandes. Contratos Eletrônicos, 2 ed., Almedina: São Paulo, , 2018pp. 143-147

ções empresariais, civis ou consumeristas. Aliás, uma das formas recorrentes de relação consumerista por meio de um Smart Contract, são as assinaturas de serviços de streaming, onde o consumidor irá configurar o pacote de serviços desejado (operação interativa) e no momento subsequente a auto execução do contrato até que haja a manifestação de vontade pelo rompimento contratual ou a falta de pagamento. Do contrário, o contrato será autoexecutável e renovado sem qualquer manifestação de vontade complementar.

A exteriorização da vontade de contratar será realizada automaticamente entre dois sistemas interligados, seja por meio da Internet ou por meio de uma rede privada de transmissão de dados. Não há a interferência direta e interativa do sujeito de direito, apenas o contato entre dois sistemas. "Existe um intercâmbio de mensagens eletrônicas automáticas que podem ser consideradas documentos, mas não à assinatura digital.

A voluntariedade do sujeito é manifestada por haver ele instalado o serviço informático em sua empresa, porém não no ato concreto, já que o computador funciona automaticamente."[16] [...] uma das principais formas de exteriorização da vontade automatizada, ocorre pela utilização dos chamados EDI – *Electronic Data Interchange*, que, por representar uma complexa infraestrutura de tecnologia da informação, composta por softwares previamente programados para esta finalidade, hardwares de alta performance, rede de comunicação entre diversos outros equipamentos e serviços, minimiza drasticamente o risco pela ocorrência de falhas e erros.

> Assim, quando todas as entidades da cadeia comercial estão interligadas a um sistema de EDI, a passagem de um produto pela leitora óptica da caixa registradora de um supermercado emite um comando eletrônico para o sistema de estoques da empresa, o qual está programado para, ao atingir determinado nível, emitir um comando eletrônico para o sistema de compras que, por sua vez, emite um comando para o sistema de vendas do fornecedor daquele produto. Este, também em razão de prévia programação, emite comando de resposta ao primeiro e, em dele recebendo a ordem de fornecimento eletrônica, emite comandos aos sistemas de controle de faturamento e de entregas, os quais emitirão os respectivos comandos para o sistema de contas a pagar do supermercado, e para os sistemas de fornecimento

[16] Lorenzetti, Ricardo Luis. Contratos Eletrônicos. Trad. Edson L. M. Bini. *in* Direito & Internet – aspectos jurídicos relevantes. v. II. São Paulo: Quartier Latin. 2008, p. 557

de empresa transportadora e de seguradora, e assim sucessivamente, os sistemas aplicativos das diferentes entidades se intercomunicarão até que todas as operações envolvendo o fornecimento, pagamento e entrega do produto estejam consumadas.

Nesse contexto, as ações humanas dos representantes das entidades envolvidas ocorreram quando os sistemas aplicativos foram programados e atualizados para operarem na forma acima. Nenhuma ação humana ocorre quando da emissão dos documentos que efetivam as relações jurídicas. Assim, há que se admitir que a manifestação volitiva de cada parte envolvida nas operações efetuadas – supermercado, fornecedor, transportadora, seguradora, banco e outras, conforme o caso – ocorre no momento em que os sistemas aplicativos são programados para a realização de cada uma das comunicações eletrônicas.[17]

Relevante observar, que ressalvadas as possibilidade de relação de consumo, usualmente esta forma de declaração de vontade é precedida por um outro contrato que será formalizado entre as duas empresas ou pessoas contratantes, de forma que eventuais problemas e/ou dúvidas quanto a efetiva contratação ou a emissão de ordens de compra equivocadas, deve ser tratada diretamente neste primeiro contrato, onde as partes poderão expressar as suas intenções e definir as consequências para cada uma das respectivas situações, sem que restem dúvidas quanto as atos praticados de forma automatizada, os quais deverão ser considerados como existentes, válidos e eficazes.

A "nova" forma de contratos eletrônicos denominados de *Smart Contracts*, tal como os demais contratos eletrônicos, não se trata de uma nova classificação e/ou nova modalidade contratual, mas tão somente uma nova forma de contratação, ou seja, uma nova forma de aceite (exteriorização da vontade de contratar e da autonomia privada) e execução das obrigações contratuais. Conforme apontado acima, entendemos que tal forma de contratação pode ser denominada como de característica mista entre os contratos intersistêmicos e os contratos interpessoais.

Já é possível verificar a utilização de linguagens e plataformas de grade segurança, tal como ocorrer com o uso do Blockchain, bem como, é possível

[17] SANTOS, Manoel J. Pereira. ROSSI, Mariza Delapieve. Aspectos legais do Comércio Eletrônico – contratos de adesão. Revista de Direito do Consumidor, v. 36, São Paulo: Revista dos Tribunais, Out/2000, p. 105 e segs.

afirmar que nesta forma de contratação haverá mais tranquilidade quanto a comprovação da efetiva contratação e sua respectiva declaração de vontade, a qual estará respaldada pela gravação de uma série de informações importantes para a segurança jurídica da validade do contrato. Some-se a esta forma de contratação a utilização de criptoativos como meio de pagamento em um Smart Contract, e o nível de segurança quanto ao adimplemento será muito mais elevado em uma plataforma ponto-a-ponto.

Os *Smart Contracts* desenvolvidos com a utilização do Blockchain, terão assegurados os critérios descentralização da informação, multilateral, encriptação e validação temporal. Nesse sentido:

> É descentralizada na medida em que prescinde de um registro central ou de um responsável único (ou hierarquicamente superior) pelos dados introduzidos e armazenados no sistema, assentando antes na distribuição de responsabilidade pelos respetivos participantes, como característica essencial. Com efeito, cada participante é responsável pela manutenção e atualização de uma parte (ou da totalidade) da base de dados, e a validade dos registros decorre da coerência entre as inscrições individuais de cada membro, ao invés de assentar num critério hierárquico. Este carácter (necessária e intencionalmente) multilateral evita que a base de dados possa ser corrompida por um único participante, ou que um ou mais participantes exerçam uma posição dominante, tornando os demais reféns.
>
> Assim, a introdução de novos dados na base depende da validação da nova informação pelos demais participantes, sendo por isso assente num consenso multilateral. Uma vez atingido esse consenso multilateral, a nova informação é acrescentada à base de dados, e a partir daí não pode ser alterada ou eliminada, senão com base num novo consenso.
>
> Como terceiro aspecto distintivo, cumpre assinalar que a maioria das tecnologias assentes em Blockchain utiliza métodos de encriptação de dados e de validação temporal (através da aposição de selos temporais nos momentos-chave de introdução, alteração e eliminação de dados).[18]

Acreditamos que o *Smart Contract* é uma forma de contratação eletrônica mista e de grande segurança jurídica quanto a sua validade jurídica,

[18] CORREIA, Francisco Mendes. A tecnologia descentralizada de registro de dados (Blockchain) no sector financeiro. In MENEZES CORDEIRO, António. OLIVERIA, Ana Perestrelo de. DUARTE, Diogo Pereira. FinTech: desafios da tecnologia financeira. Coimbra: Almedina, 2017

sendo o seu primeiro momento formalizado sob a característica de contrato interpessoal e no momento subsequente concluído (execução do contrato) sob a característica de contrato intersistêmico, execução automática e integralmente eletrônica. Com maior razão, quando identificamos a utilização de criptoativos como meio de pagamento.

Quando as partes optam por firmar o contrato eletrônico, no caso o *Smart Contract*, com aceites e consentimentos de forma diversa que a utilização de certificado digital, as partes, além de estarem asseguradas por expressa previsão legal por força da Medida Provisório 2.200-2, em seu artigo 10, §2º.

Sendo firmada a forma de pagamento por meio de criptoativo, onde, uma vez realizado o implemento da condição contratual, o pagamento deve ser operacionalizado de forma automática por meio da transferência de determinado numerário em criptoativos. Nesta hipótese, o adimplemento garantido e sonhado por Nick Szabo torna-se uma realidade. Acreditamos que um Smart Contract, programado em conjunto com o meio de pagamento através de criptoativo ou uma NFT, torna-se eficaz e inequívoco.

Porém, se o pagamento depender da liberação por um terceiro, e/ou, o contrato for omisso quanto ao pagamento automatizado, a parte credora terá que se socorrer da via judicial para ver satisfeito o seu crédito, este é justamente o contraponto quanto a ausência do meio de pagamento através de um criptoativo. Mesmo nesta hipótese a parte credora ainda permanece com a garantia de que o título poderá ser objeto de cobrança judicial pela via da execução com base em título executivo extrajudicial. Vejamos.

Em maio de 2018 o Superior Tribunal de Justiça julgou o REsp nº 1.495.920-DF de relatoria do Min. Paulo de Tarso Sanseverino. Na hipótese analisadas, foi considerado um contrato eletrônico de mútuo (instrumento particular) como título executivo extrajudicial para efeitos de instrumentalização do respectivo processo de execução judicial. A ação executiva foi fundamentada no artigo 585, inciso II do antigo Código de Processo Civil, hoje, representado pelo artigo 784, inciso III do Código de Processo Civil de 2015.

O Acórdão, aparentemente longo para a matéria de fundo, acabou por reconhecer, por maioria de votos, a possibilidade de tornar o contrato eletrônico um título executivo extrajudicial com base em instrumento particular, mesmo sem as duas testemunhas, pois, no entendimento do acórdão, as certificadoras do ICP-Brasil e DocuSign (comprova.com), "fazem as vezes das testemunhas".

Embora concordemos com a solução apontada pela decisão, discordamos dos argumentos utilizados.

É da essência da partição dos poderes que o Poder Judiciário não legisle. O comando legal é claro e inequívoco sendo vedada a atuação do Poder Judiciário para a criação de novos requisitos ou institutos jurídicos onde não há lei que assim estabeleça. A própria teoria tridimensional do direito, embora de espectro de atuação muito mais amplo do que a simples aplicação da norma prevista pelos positivistas, não permite que os Poderes extrapolem as suas respectivas competências. Aliás, também não é da competência constitucional do Poder Judiciário emitir normas de direito processual civil, vale dizer, normas de alteração do Código de Processo Civil.

A soluções nos parece ser mais simples e direta. Mesmo considerando a hipótese do *Smart Contract*, como veremos.

A doutrina majoritária, trata do contrato eletrônico[19] como uma nova categoria ou classificação contratual. Uma parte relevante da doutrina igualmente aponta para a necessidade de uma legislação específica para a caracterização da sua força vinculante e sua eficácia junto as partes contratantes.

Conforme apontamos em nosso livro "Contratos Eletrônicos: formação e validade – aplicações práticas", fruto da dissertação do mestrado junto a Pontifícia Universidade Católica de São Paulo (PUC/SP) e posteriormente publicado por essa renomada editora Almedina; discordamos por completo de tais afirmações usualmente encontradas em artigos e obras monográficas, ou até mesmo em arestos dos tribunais pátrios.

É plenamente conhecido pela comunidade jurídica, que o Brasil adotou como forma padrão para a validade dos negócios jurídicos, a forma livre, a qual, inclusive, é a regra geral prevista nos artigos 107 e 212 do Código Civil e, como tal, deve ser analisado no caso concreto (princípio da concretude) conforme o comportamento habitual das partes envolvidas. Não se admite, portanto, que após uma duradoura relação contratual desenvolvida por contratações eletrônicos, mês que seja sem a inclusão de certificados digitais, que uma das partes da relação contratual venha sustentar a falta de validade de tal forma de contratação.

[19] Considerados "contrato eletrônico" como gênero do qual *Smart Contract* é uma das suas espécies.

A necessária relação dos usos e costumes à interpretação dos contratos eletrônicos, igualmente é fundamentada pelos impactos econômicos diretamente envolvidos em tal veste jurídica (relação contratual).

Portanto, seja qual a sua forma ou solução tecnológica, não há o que se contestar qualquer aos planos de existência e validade do negócio jurídico.

Os demais requisitos que devem ser observados são referentes aos requisitos de validades do negócio jurídico, portanto, os requisitos do artigo 104 do Código Civil, tais como: agente capaz, objetivo lícito, possível, determinado ou determinável, além do requisito de forma que já foi previamente analisado.

Tal como se dá em qualquer outro negócio jurídico, tais requisitos devem ser igualmente analisados e suplantados.

Já que os contratos podem ser firmados verbalmente, sendo adotada a forma escrita com o especial propósito de realização de prova do objeto do contrato e seu conteúdo (autonomia privada), mas não para a sua validade. Somente quando a lei determinar uma forma especial, as partes deverão seguir tal forma.

O contrato eletrônico, nada mais é do que um meio de contratação, ou seja, trata-se da mesma compra e venda, prestação de serviços etc., os quais poderão ser firmados verbalmente, por instrumento escrito, ou até mesmo por escritura pública, caso seja do interesse das partes. Estamos tratando "apenas" do meio utilizado para a formalização da contratação, o qual, terá por essência, a sua formação em meio eletrônico.

"Assim, em nosso entender, o contrato eletrônico deve ser conceituado como o negócio jurídico contratual realizado pela manifestação de vontade, das posições jurídicas ativa e passiva, expressada por meio (= forma) eletrônico no momento de sua formação. Portanto, a manifestação de vontade por meio eletrônico sobrepõe a sua instrumentalização, de maneira que não é uma nova categoria contratual, mas sim, forma de contratação por manifestação da vontade expressada pelo meio eletrônico.

As fases pré-contratual, de execução do contrato ou pós-contratual, poderão ser realizadas pelo meio (=forma) eletrônico ou não, sendo indiferentes para a sua caracterização.

O contrato eletrônico poderá ser formado, indistintamente, entre presentes ou ausentes ou ainda pela manifestação de vontade previamente externada pelas respectivas posições jurídicas com execução automatizada e sem a direta interferência do sujeito de direito no ato de sua formação, sem que isso o descaracterize."[20]

No mesmo sentido são os *Smart Contracts*, os quais representam uma espécie do gênero Contratos Eletrônicos, porém, com um acréscimo, em um contrato eletrônico tradicional, é mantida a linguagem aplicada pelos seres humanos, como o idioma Português; já em um *Smart Contract*, as partes utilizarão linguagens de programação de sistemas com algoritmos e outros requisitos, incluindo a utilização da Blockchain, o que, como visto, não é obrigatório. Estamos igualmente frente a uma situação de forma e não de tipo ou classificação ou categoria contratual, apenas forma. Ao invés da linguagem oral ou escrita, está sendo utilização a linguagem de programação de sistemas.

Em 2001 foi editada a Medida Provisória 2.200-2/2001, ainda em vigor por força da Emenda Constitucional nº 32/2001, a qual, além de criar o ICP-Brasil e instituir o sistema de Certificação Digital com criptografias de chaves públicas e privadas, ainda, determina em seu artigo 10 que: "consideram-se documentos públicos ou particulares, para todos os fins legais, os documentos eletrônicos de que trata esta Medida Provisória."

Sendo o objeto da respectiva Medida Provisória a instituição do ICP-Brasil e do Certificado Digital, temos que o seu artigo 10 expressamente equivale os documentos eletrônicos, entre eles os contratos, firmados com o uso de certificado digital, como sendo documentos portadores de fé-pública e de mesmos poderes e força vinculante entre documentos públicos. Ou seja, para efeitos legais, passam a ser contratos com a presunção de equivalência entre público ou particular, não havendo qualquer distinção para os devidos fins legais.

Semelhante ficção jurídica de equivalência de documento particular ao público é realizada pela lei que criou a alienação fiduciária em garantia de bem imóvel, ao prever que aos contratos com tal forma de garantia real, não haverá necessidade de elaboração da posterior escritura pública, já que o instrumento particular suprirá tal necessidade por presunção de equivalência entre documento público e privado.

Já o parágrafo 2º do mesmo artigo 10 da MP 2.200-2, estabelece expressamente que as partes podem optar pela "[...] utilização de outro meio de comprovação da autoria e integridade de documentos em forma eletrô-

[20] Rebouças, Rodrigo Fernandes. Contratos Eletrônicos: formação e validade – aplicações práticas. 2 ed., São Paulo: Almedina, 2018, p. 33

nica, inclusive os que utilizem certificados não emitidos pela ICP-Brasil, desde que admitido pelas partes como válido ou aceito pela pessoa a quem for oposto o documento."

Mesmo os contratos eletrônicos firmados com a manifestação de vontade expressada pelas circunstâncias negociais e sem o uso de assinaturas ou certificados digitais privados e/ou emitidos pelo ICP-Brasil, tal como se verifica nas situações envolvendo um *Smart Contract*, as partes poderão ter a segurança jurídico de que terão a mesma validade, a equivalência e a mesma eficácia de um documento público (MP 2.200-2/2001, Art. 10, §2º). Trata-se de uma ficção jurídica criada pela norma.

Pela cláusula geral da boa-fé objetiva que rege todos os negócios jurídicos (Artigos 113 e 422 do Código Civil), os usos e costumes adotados e reconhecidos pelas partes como práticas regulares no trato de seus negócios, entre eles, os meios eletrônicos de contratação, tais como os *Smart Contracts*, chats, mensagerias e correios eletrônicos, devem ser reconhecidos como práticas aceitas e contratadas entre as partes, por força dos institutos da *suppressio* e da *surrectio* (supressão ou adição de direitos pelo trato sucessivo entre as partes).

Dessa forma, é plenamente possível e lícito, considerarmos que, mesmo os contratos eletrônicos sem qualquer certificado digital, porém, negociados e tratados entre as partes pelos meios usualmente aceitos entre si, terão a sua validade e eficácia reconhecida, tal como são reconhecidos, por força do nosso sistema legal, os contratos verbais.

Frente a essa lógica sistêmica, temos que, se as partes usualmente realizam os seus negócios jurídicos por meio de troca de correspondência eletrônica, tal meio foi eleito e aceito pelas partes, passando a integrar a hipótese prevista no parágrafo 2º do artigo 10 da MP 2.200-2/2001 e, portanto, com força de documento público ou particular, sendo tratado pela lei, como de igual eficácia para todos os efeitos de direito atribuídos aos contratos em instrumento público.

No caso do REsp 1.495.920-DF, a questão é mais clara ainda, já que, pelo relato do Acórdão, houve a utilização de Certificados Digitais emitidos pelo ICP-Brasil, portanto, o próprio caput do artigo 10 da MP 2.200-2 é suficiente para resultar na equivalência do instrumento particular ao público por expressa ficção jurídica.

Voltando os argumentos do REsp 1.495.920/DF, os senhores Ministros buscaram dar validade a um título executivo extrajudicial, fundamento em instrumento particular sem a exigência de duas testemunhas pelo fato de ser um contrato eletrônico e pelo fato de que o ICP-Brasil teria feito as vezes de uma das testemunhas e a plataforma DocuSign com a outra. Com o devido respeito, não são testemunhas. Não se tem conhecimento de um único caso em que uma pessoa jurídica foi admitida como testemunha. E mais, não figuraram como testemunhas ou garantidores dos requisitos de liquidez, certeza e exigibilidade do negócio jurídico contratual. Não!

Nos parece que a questão seja muito mais simples do que todos os argumentos apontados no Acórdão, ou seja, um contrato eletrônico, por força do artigo 10 e seus parágrafos, acaba por ser equiparado quanto a sua força, a um documento público por expresso comando legal. O sistema normativo estabeleceu uma ficção jurídica de atribuir ao contrato eletrônico a força do documento público, fazendo a equivalência entre documentos público e particular.

> MP 2.200-2
>
> Art. 10. Consideram-se documentos públicos ou particulares, para todos os fins legais, os documentos eletrônicos de que trata esta Medida Provisória.
>
> § 1o As declarações constantes dos documentos em forma eletrônica produzidos com a utilização de processo de certificação disponibilizado pela ICP-Brasil presumem-se verdadeiros em relação aos signatários, na forma do art. 131 da Lei no 3.071, de 1o de janeiro de 1916 – Código Civil.
>
> § 2o O disposto nesta Medida Provisória não obsta a utilização de outro meio de comprovação da autoria e integridade de documentos em forma eletrônica, inclusive os que utilizem certificados não emitidos pela ICP-Brasil, desde que admitido pelas partes como válido ou aceito pela pessoa a quem for oposto o documento.

Havendo uma equivalência e equiparação da força do documento eletrônico ao documento público, pensamos que a solução é um tanto quanto mais simples, bastando que a inicial do processo de execução seja fundamentada com base no inciso II do artigo 784 do Código de Processo Civil de 2018 (primeira parte do antigo inciso II do artigo 585, CPC revogado).

> Art. 784. São títulos executivos extrajudiciais:
>
> I – a letra de câmbio, a nota promissória, a duplicata, a debênture e o cheque;
>
> II – a escritura pública ou outro documento público assinado pelo devedor; [...]

No caso, o outro documento público exigido pelo inciso II do artigo 784 do CPC/15, será o contrato eletrônico, na sua modalidade/espécie *Smart Contract*, tal como é viabilizado pelo §2º do Artigo 10 da MP 2.200-2 acima transcrito.

Conclusões

Com base em todo o exposto, entendemos que o os denominados *Smart Contracts* nada mais são do que uma das modalidades de contratação eletrônica, sendo a sua principal característica a conversão do texto do instrumento contratual para linguagem de programação e/ou da Blockchain, ou ainda, outra tecnologia que venha a ser aplicação nos próximos anos, garantido, além da transparência das relações contratuais, a ausência (pelo menos em tese) de ambiguidades nas condições e obrigações previstas em tal modalidade contratual, bem como a sua auto execução. Portanto, estamos falando de forma e não de tipo contratual e/ou classificação, apenas o instrumento utilizado para exteriorizar e registrar as condições jurídicas de uma determinada operação econômica.

A utilização de um *Smart Contract* programado com meio de pagamento através de um criptoativo eleva exponencialmente a possibilidade de adimplemento da obrigação, já que, uma vez implementada a condição e/ou obrigação contratual, a transferência do pagamento por meio de um criptoativo será igualmente automatizada, já que estamos falando de uma relação ponto-a-ponto por meio de uma rede distribuída, tal como a rede Blockchain e sem qualquer intermediação de terceiros e/ou dependente do consentimento humano para o pagamento. O pagamento será automatizado pela transferência do criptoativo.

A eventual inadimplência de um Smart Contract, por ser uma espécie do gênero contrato eletrônico, resulta, em tese, em eventual ação de execução com base em título executivo extrajudicial equivalente e equiparado ao instrumento público por ficção jurídica nos termos da MP 2.200-2/2001, Art. 10, §2º combinado com o inciso II do artigo 784, do Código de Processo Civil de 2015 (STJ, REsp 1.495.920/DF).

E, finalmente, um *Smart Contract* não se confunde, em hipótese alguma, com uma *vending machine*. Trata-se de forma de contratação muito mais sofisticada que representa um contrato eletrônico necessariamente de auto execução e intersistêmico no plano da eficácia do negócio jurídico contratual.

Referências

CORREIA, Francisco Mendes. A tecnologia descentralizada de registro de dados (Blockchain) no sector financeiro. *In* MENEZES CORDEIRO, António. OLIVERIA, Ana Perestrelo de. DUARTE, Diogo Pereira. FinTech: desafios da tecnologia financeira. Coimbra: Almedina, 2017

FILIPPI, Primavera De. WRIGHT, Aaron. Blockchain and the law: the rule of code. Cambridge, Massachusetts: Harvard University Press. 2018

GAGLIARDI, Rafael Villar. Exceção do contrato não cumprido. São Paulo: Saraiva, 2010 (Coleção Agostinho Alvim, Coordenação Renan Lotufo).

LORENZETTI, Ricardo Luis. Contratos Eletrônicos. Trad. Edson L. M. Bini. in Direito & Internet – aspectos jurídicos relevantes. v. II. São Paulo: Quartier Latin. 2008

NAKAMOTO, Satoshi. Bitcoin: A peer-to-peer Electronic cash system. Out. 2008. Disponível em: https://bitcoin.org/bitcoin.pdf

NYBO, Erik Fontenele. Os efeitos econômicos da introdução dos Smart Contracts no direito. *In* Ensaios em Law & Economics. ARAUJO, Luz Nelson Porto. DUFLOTH, Rodrigo V. (Org.) São Paulo, LiberArs, 2019

PUGLIESI, Márcio. Teoria do direito. 2 ed., São Paulo: Saraiva, 2009

REBOUÇAS, Rodrigo Fernandes. Contratos Eletrônicos, 2 ed., Almedina: São Paulo, 2018

_________. Autonomia Privada e Análise Econômica do Contrato. São Paulo: Almedina, 2017

_________. AI (Inteligência Artificial) – novas habilidades jurídicas e a supremacia quântica. Disponível em https://comunidade.thelegalhub.com.br/blog/ai-e-novas-habilidades-e-supremacia-quantica

_________. Smart contracts e a teoria dos contratos. *In* CryptoLaw v. 1: Inovação, Direito e Desenvolvimento, 2020 (no prelo)

_________. Contratos Eletrônicos e sua força executiva. *In* Revista de Direito da Escola Superior da Advocacia, 2020 (no prelo)

_________. Contratos Eletrônicos: Smart Contracts. In Direito e Novas Tecnologias. LONGHI, Maria Isabel Carvalho Sica. COSTA-CORRÊA, André. PREDOLIM, Emerson Alvarez. 1ª ed., 2020, São Paulo: Almedina Brasil

REVOREDO, Tatiana. BLOCKCHAIN: tudo o que você precisa saber. 1 ed., Amazon: The Global Strategy, 2019

ROPPO, Enzo. O Contrato. Coimbra: Almedina, 2009

SANTOS, Manoel J. Pereira. ROSSI, Mariza Delapieve. Aspectos legais do Comércio Eletrônico – contratos de adesão. Revista de Direito do Consumidor, v. 36, São Paulo: Revista dos Tribunais, Out/2000

SZABO, Nick. Formalizing and Securing Relationships on Public Networks. Peer-Reviewed Journal on The Internet. Vol. 2, n. 9, Set/1997. Disponível em <https://firstmonday.org/ojs/index.php/fm/article/view/548/469.DOI:http:/dx.doi.org/10.5210/fm.v2i9.548> acessado em 06.01.2020

_________. The idea of Smart Contracts. Disponível em: <https://nakamotoinstitute.org/the-idea-of-smart-contracts/>, acessado em 06.01.2020

TIMM, Luciano Benetti. Direito contratual brasileiro: críticas e alternativas ao solidarismo jurídico. 2 ed., São Paulo: Atlas, 2015

TRIBUNAL DE CONTAS DA UNIÃO. Disponível em: : https://www.linkedin.com/posts/tribunal-de-contas-da-uniao_tcueventos-activity-6936001575597301760--0Ci_?utm_source=linkedin_share&utm_medium=member_desktop_web. Acessado em 28.05.2022.

ZANETTI, Cristiano de Sousa. *In* Comentários ao Código Civil: direito privado contemporâneo. NANNI, Giovanni Ettore (Coord.) São Paulo: Saraiva Educação, 2019

WIEACKER, Franz. História do direito privado moderno. Tradução: António Manuel Botelho Hespanha. 2 ed., Lisboa: Fundação Calouste Gulbenkian, 1993

6
O USO DE CRIPTOATIVOS NO SETOR PÚBLICO

Andressa Guimarães Torquato Fernandes
Isabella de Oliveira dos Santos
Maria Paula Resende Gallucci Rodriguez

Introdução

O surgimento dos criptoativos tem movimentado também o setor público. Diante de uma possível concorrência em face das moedas digitais, que têm se multiplicado a cada dia, dentre as quais a mais notória continua sendo o bitcoin, muitos países têm se articulado para criar suas próprias moedas digitais, as chamadas *Central Bank Digital Currencies* (CBDC's).

Além disso, esferas locais também têm utilizado a tecnologia para inovar, desenvolvendo projetos para a criação dos seus próprios criptoativos, seja com o objetivo de atrair investimentos de empresas de tecnologia, fomentar o comércio local ou mesmo incentivar práticas mais cidadãs. Nova Iorque, Miami e, conforme divulgação mais recente, até mesmo o Rio de Janeiro, são exemplos de cidades que têm se proposto a incentivar a circulação de criptoativos em seu território com o objetivo de tornar-se uma cidade *cripto friendly*, visando com isso atrair empresas de tecnologia para o seu território, passando até mesmo a aceitar o pagamento de tributos com bitcoin. Por outro lado, há cidades que têm emitido criptoativos com o intuito de fomentar o comércio local ou incentivar a prática de ações cidadãs, como é o caso de Seoul, Tel-Aviv, Niterói, Viena, entre outras, que têm desenvolvido projetos para a implementação de criptomoedas (ou tokens) de recompensa em seus territórios, modelo que será analisado adiante.

1. As moedas digitais dos bancos centrais

1.1. *Noções preliminares*

Em primeira análise, é perceptível que as inovações tecnológicas vêm se apoderando do âmbito financeiro, de modo que o papel da moeda física emitida pelos bancos centrais tem sido questionado devido à perda de espaço em muitos países, uma vez que têm sido utilizadas outras formas de pagamento, como o PIX (sistema de pagamento instantâneo), cartões e transferências. Sendo assim, as *Central Bank Digital Currencies* (CBDC's) são moedas digitais emitidas pelos bancos centrais, que têm a possibilidade de serem usadas tanto como meio de pagamento quanto como reserva de valor. É pertinente observar, portanto, que as moedas digitais dos bancos centrais reúnem algumas vantagens peculiares quando comparadas às moedas digitais privadas, já que possuem curso legal e menor risco.

Sob esse panorama, foram criadas classificações segundo as tipologias das CBDC's. Consoante, Bech e Garratt (2017), podem ser classificadas pelo mecanismo de transferência, o qual pode ser centralizado ou descentralizado (peer-to-peer). Neste último, também chamado de sistema direto, seria utilizado um token, um objeto representativo.

Vale mencionar ainda outra classificação aplicada ao âmbito das CBDC's, referente aos sistemas de validação e registro utilizados. Nesse contexto, tem-se o sistema direto, no qual as transações seriam processadas pelo banco central e o sistema indireto, no qual as transações são realizadas por intermediários financeiros, além do sistema híbrido, que combina as CBDC's como um passivo do BC, mas com um sistema de processamento e registro de transações via mensagens por provedores de serviços de pagamentos (Auer e Böhme, 2020).

Até o momento, a única CBDC em curso é a moeda digital do Banco Central das Bahamas, o *Sand Dollar*, mas existem inúmeros projetos sendo desenvolvidos por outros países nesse âmbito.

No Brasil, o Banco Central também planeja o lançamento de uma versão digital do Real, tendo anunciado em 2020 a criação de um grupo de estudos com o intuito de criar um protótipo e propor um modelo de moeda digital. Já em meados de 2021, o Banco Central disponibilizou uma nota técnica a fim de divulgar as diretrizes gerais de uma moeda digital. Desse modo, analisa-se a projeção da CBDC a ser implementada no Brasil e em outros locais, como na China, em Bahamas, nos Estados Unidos, na Inglaterra, no Japão, na Venezuela e na Comunidade Europeia.

1.2. *Brasil*

Cumpre iniciar destacando que o Banco Central do Brasil (BCB) teve sua autonomia reforçada com o sancionamento da Lei Complementar 179/2021. Sob essa perspectiva, foi elaborada pela instituição a Agenda BC que tem o fito de seguir um plano de evolução tecnológica para o sistema financeiro brasileiro. Desse modo, visando alcançar a democratização financeira, o plano inclui algumas metas, quais sejam: inclusão financeira, competitividade, transparência, educação financeira e sustentabilidade (BCB, 2016).

Nesse mérito, para atingir a inclusão, o Banco Central volta seus esforços para facilitar o acesso ao mercado financeiro para todos os brasileiros, por meio de plataformas digitais, com menos burocracia e simplificação de procedimentos. Quanto à dimensão da competitividade, o BCB procura incentivar a competição por inovações tecnológicas, reduzindo barreiras, procedimentos e manejando riscos. No que toca à transparência, por sua vez, investe-se na comunicação, na aferição de resultados e na conformidade das informações. Já com relação à educação, busca incentivar os indivíduos a participarem do mercado e a cultivarem o hábito de poupar. Por fim, a sustentabilidade prega o direcionamento de recursos para desenvolvimento de "uma economia mais sustentável, dinâmica e moderna", consoante esclarecimento do próprio Banco Central do Brasil (BCB, 2016).

Sob esse aspecto, percebe-se que o Banco Central brasileiro caminha para uma renovação em seus parâmetros e ações, uma vez que passa a incluir os meios digitais como mecanismo para alcançar muitos de seus objetivos. Nesse sentido, dentre as inovações mais recentes que foram efetivamente adotadas pela instituição está o Pix (sistema de pagamento instantâneo), que teve sua regulamentação atualizada com a Resolução BCB n° 118 de 22/7/2021, e o Open Banking (por meio do qual os dados, autorizados pelos clientes, podem ser compartilhados entre as instituições autorizadas pelo BCB), recentemente enunciado pela Resolução BCB n° 109 de 24/6/2021.

Além da tecnologia ser um instrumento para o aperfeiçoamento do sistema financeiro nacional, ela também foi evidenciada, a partir da crise da pandemia de COVID-19 iniciada em 2020 no Brasil, como uma ferramenta imprescindível para que o sistema de pagamento alcance todos os segmentos da população. Portanto, tendo em vista todos esses fatores, em 2020, foi organizado um grupo de trabalho, por meio da Portaria nº 108.092/20, a fim de estudar e debater sobre a emissão de uma moeda digital do Banco Central do Brasil. Tal grupo abarcou todas as áreas do BCB e envolveu diretamente os departamentos de Assuntos Internacionais, Estudos e Pesquisas, Meio Circulante, Monitoramento do Sistema Financeiro, Operações Bancárias e de Sistema de Pagamentos, Promoção da Cidadania Financeira, Regulação, Supervisão e Conduta, de Tecnologia da Informação e a Procuradoria do Banco Central.

Esse grupo de trabalho, então, convencionou a publicação das diretrizes do Real Digital em maio de 2021, a realização de *webinars* para discutir as potenciais aplicações do Real Digital e o LIFT Challenge Real Digital. Assim, nas diretrizes publicadas pelo BCB foram apresentados os objetivos que almejam ser alcançados por meio da implementação da moeda digital, quais sejam: eficiência do SFN (Sistema Financeiro Nacional) e do SPB (Sistema de Pagamentos Brasileiro), inclusão financeira, redução do custo do uso de numerário, pagamentos internacionais. Quanto aos *webinars*, tais eventos foram promovidos em julho de 2021, com o propósito de discutir as diretrizes gerais da moeda digital de cunho nacional, perscrutar as hipóteses de uso que beneficiarão a emissão de um Real digital e discorrer acerca das tecnologias apropriadas para a implementação. Já o LIFT (Laboratório de Inovações Financeiras e Tecnológicas) Challenge Real Digital é uma iniciativa da Fenasbac, em parceria com o Banco Central do Brasil, por meio da qual desafiam os participantes do mercado a criarem um produto minimamente viável (MVP) que cumpra a temática da edição. Nesse caso, portanto, a edição tem como escopo "avaliar casos de uso da moeda digital emitida pelo BC (o REAL DIGITAL), bem como sua viabilidade tecnológica" (BCB, 2022).

Aliado a isso, como diretrizes legais para uma CBDC brasileira são citados a segurança jurídica, a privacidade e segurança de dados, o sigilo bancário e a Lei Geral de Proteção de Dados Pessoais (LGPD); bem como a prevenção à lavagem de dinheiro devido ao cumprimento de ordens judiciais para rastrear operações ilícitas. Já como diretrizes do âmbito da tecnologia de informação, foram mencionadas a interoperabilidade e integração, resultantes da possibilidade de pagamentos transfronteiriços e a elevada resiliência cibernética, por meio da qual é possível mitigar eventuais danos (BCB, 2022).

Sendo assim, Fabio Araújo, da Secretaria Executiva (Secre) do Banco Central esclarece: "Com uma CBDC brasileira, o BC vê potencial para a aplicação de novas tecnologias, como *smart contracts*, *IoT* (*Internet of Things*

– internet das coisas) e dinheiro programável, em novos modelos de negócio, que aumentem a eficiência de nosso sistema de pagamentos". Desse modo, é notável que o fito da implementação da moeda digital é que esta seja usada de forma cotidiana pelos cidadãos, de modo que o sistema se torne mais eficiente. Nesse panorama, é pertinente destacar também algumas diretrizes de funcionamento das moedas a serem implementadas. É possível citar, nesse âmbito, que a instituição visa utilizar o modelo de distribuição intermediado, de forma que o real digital chegará ao usuário final por meio dos participantes do sistema de pagamentos, assim como ocorre atualmente com a forma física do real – conservando os relacionamentos existentes entre cliente e instituições do sistema de pagamentos. Além disso, outra diretriz de funcionamento diz respeito a ausência de remuneração, o que significa que o real digital equivale ao real físico.

1.3. *China*

A República Popular da China é conhecida por seus esforços perante inovações e avanços tecnológicos. Esse desenvolvimento digital se iniciou no final da década de 1970 e vem progredindo intensamente nas últimas décadas. Nesse contexto, a China, hodiernamente, manifesta-se como liderança em tecnologias da informação e comunicação, capitaneadas por empresas como Huawei, Xiaomi e ZTE, e em supercomputadores, como o TaihuLight, elaborado pela Sunway Systems, que tem tecnologia 100% chinesa e é considerado um dos computadores mais rápidos do mundo. Sob essa perspectiva, não poderia ser diferente no campo econômico, de modo que as moedas digitais emitidas pelo Banco Central são um instrumento de digitalização da economia, uma vez que tornam mais eficientes os pagamentos transfronteiriços e, ainda, passam a competir com as moedas digitais descentralizadas (Oliveira, 2022).

Desde 2014, o PBoC (Banco Popular da China, do inglês, *People's Bank of China*), que é o Banco Central chinês, vem estudando sobre a implementação de uma moeda fiduciária digital. Em 2016, foi constituído o *Digital Currency Research Institute*, integrante do PBoC, que é dedicado à implementação do *Yuan* digital, a CBDC chinesa – também conhecida por e-CNY. Já em 2017, o Conselho de Estado da República Popular da China aprovou o plano para o Banco Central desenvolver o Yuan digital juntamente com outros bancos. Mais recentemente, em março de 2021, Mu Changchun, diretor do Digital Currency Research Institute, estabeleceu algumas diretrizes da moeda para evitar a "dolarização". Desse modo, Changchun afirmou que o objetivo da CBDC chinesa é "assegurar a soberania monetária", promover a transparência de e-commerce transfronteiriço e se prevenir contra lavagem de dinheiro e financiamento ao terrorismo.

É pertinente notar que o poder estatal chinês entende ser necessário desenvolver uma alternativa ao dólar, desejando evitar a referida "dolarização". Tal fenômeno se refere ao uso do dólar americano em detrimento da moeda fiduciária (ou paralelamente a esta) dentro de outro país – o que geralmente ocorre quando a moeda corrente nacional perde seu poder de compra, como efeito de uma alta inflação e instabilidade ou, ainda, quando se refere à hegemonia do dólar em virtude de sua confiabilidade e consequente valorização. Por conseguinte, a China enxerga a moeda digital do Banco Central como uma saída, isto é, "uma alternativa frente à posição hegemônica do dólar no comércio transfronteiriço" (OLIVEIRA, 2022).

Em vista disso, o PBoC apresentou os impulsos que motivaram a criação da moeda, são eles: o desenvolvimento da nação, a reformulação dos meios de pagamento, a instabilidade dos criptoativos e o movimento da comunidade internacional. Para a China, a digitalização da economia é indispensável para se tornar uma economia de "alta qualidade de desenvolvimento", sendo a e-CNY um mecanismo para avançar nesse sentido. Outrossim, as transações digitais vêm crescendo intensamente no país, em contraposição aos pagamentos em dinheiro em espécie. Somado a isso, tem-se, ainda, os criptoativos, que também vêm ganhando espaço nas transações, porém, são entendidos pelo governo chinês como mecanismos arriscados quanto à segurança financeira e estabilidade social, em razão das constantes e altas flutuações dos seus preços e do seu alto consumo de energia. Por fim, pode-se observar que a concorrência na comunidade internacional também foi um fator que impulsionou a China a desenvolver sua moeda digital – consoante relatório do grupo de trabalho do próprio Banco Central Chinês. Isso porque a instituição percebeu que muitas das grandes economias globais estão efetivamente considerando ou avançando nas pesquisas e desenvolvimentos de suas CBDC's, causando uma competitividade quanto a implementação destas (PBoC, 2021).

Nesse diapasão, em janeiro de 2022, o BC chinês inaugurou uma carteira digital para aumentar as transações da e-CNY. Por meio de um *app* com denominação homônima, disponível para sistemas iOs e Android, essa carteira possibilita a criação de uma conta em *Yuan* digital pelos usuários em, inicialmente, 23 cidades. Assim, esse aplicativo disputa espaço com duas outras grandes plataformas de pagamento online na China: o Alipay (Alibaba, Ant Group) e o WeChat (Tencent). Contudo, quando o *app* da renminbi digital (E-RMB), outra nomenclatura da nova modalidade da moeda chinesa, foi lançado, esses dois gigantes sistemas de pagamentos chineses apoiaram o Banco Central na iniciativa da moeda digital centralizada, o que configura um grande passo para a aderência da população. Sob essa perspectiva, um dos desafios a serem enfrentados pelo PBoC é essa adesão dos usuários, para que baixem o aplicativo do Yuan digital e migrem do WeChat e Alipay – que são usados em larga escala pela população do país – para o app e-CNY. Com efeito, esse laço, principalmente com o WeChat, proporcionará um grande benefício quanto a base de usuários da plataforma da moeda.

Insta frisar que, de modo análogo às outras CBDC's, a emissão e circulação do E-RMB se faz igualmente ao que ocorre na moeda física, uma vez que tem seu valor transferido virtualmente durante as transações financeiras. Aliado a isso, outras particularidades da moeda digital dos Bancos Centrais incluem a centralização (quanto ao emissor) e uma dupla camada de operação, quais sejam: a emissão centralizada no poder estatal e a emissão para os bancos comerciais autorizados, os quais farão a moeda entrar em circulação. Visto isso, a China planeja expandir suas operações com a e-CNY de acordo com o tempo e com a adesão da população.

1.4. *Bahamas*

Primeiramente, cabe destacar que o cenário geográfico em que se encontra Bahamas dificulta o acesso a serviços financeiros para muitos residentes do país. Bahamas é um arquipélago formado por 700 ilhas, com cerca de 93% de adesão a aparelhos móveis. Nesse panorama, mesmo os residentes que são filiados a um banco passam por algumas adversidades, de modo que muitos têm de realizar uma viagem a Nassau, capital do país, para ir a um banco – a depender da localidade em que vivem. Além disso, alguns habitantes do arquipélago sequer possuem uma conta bancária, sendo importante, portanto, o papel do *Sand Dollar* quanto as pessoas desbancarizadas.

Com isso, o Banco Central das Bahamas preconiza como objetivos a serem alcançados com a CBDC: um acesso compreensivo e inclusivo nos sistemas de pagamentos, eficiência do sistema de pagamento nacional e o fortalecimento de esforços contra lavagem e falsificação de dinheiro e outras ações criminosas. Assim, a redução do uso de papel-moeda é considerada uma saída para tais problemas. Ademais, com o crescimento do uso de meios digitais para pagamentos, os bancos centrais ao redor do mundo sentem a necessidade de se adequarem a essa tendência, principalmente em virtude da estabilidade de que goza a CBDC em relação às criptomoedas privadas descentralizadas.

Posto isso, o arquipélago das Bahamas, em outubro de 2020, tornou-se o primeiro país a efetivamente implementar uma moeda digital emitida pelo Banco Central nacional com a entrada em circulação do *Sand Dollar*. Com uma estrutura em blockchain, o *Sand Dollar* é fruto de um projeto de quatro anos para a pesquisa e planejamento de sua criação. Nesse sentido, consoante um estudo realizado por Kilian Wenker (2022), pesquisador da Universidade de Erlangen-Nuremberga, em seu estudo "*Retail Central Bank Digital Currencies, Disintermediation and Financial Privacy: The Case of the Bahamian Sand Dollar*", o Banco Central das Bahamas implantou a versão piloto da moeda pela primeira vez no distrito de Exumam em 27 de Dezembro de 2019, e, alguns meses depois, estendeu sua abrangência para Ábacos, outra grande ilha em Bahamas.

Sob essa perspectiva, a CBDC é equiparada à moeda física nacional, ou seja, 1 Sand Dollar corresponde a 1 Dólar bahamense (B$), e este corresponde a 1 Dólar americano (US$). Assim, nas primeiras semanas de sua circulação, o CBoB (Banco Central de Bahamas, do inglês, *Central Bank of Bahamas*) emitiu quantidades limitadas de *Sand Dollar* para Instituições Financeiras Autorizadas (AFIs) e teve um total de 130.000 Sand Dollars em circulação no final do ano de 2020. Aliado a isso, essa CBDC foi introduzida primeiramente por meio de um *app* para compras específicas. Depois disso, foi incorporado um cartão pré-pago pela Mastercard Inc., por meio do qual os consumidores do país podem pagar com *Sand Dollar* em qualquer lugar que o cartão Mastercard for aceito. Dessa forma, espera-se haver maior aderência dos usuários com a expansão da utilização da moeda (Wenker, 2022).

1.5. *Estados Unidos*

Diferentemente dos outros países já mencionados, os Estados Unidos tiveram, *a priori*, uma postura cética no que atine à moeda digital centralizada no poder estatal. Assim, ainda que em 2013 pesquisadores da Reserva Federal dos Estados Unidos e dos bancos de reserva regionais tenham publicado estudos com certa antecedência sobre as moedas digitais, inclusive pesquisas sobre bitcoins e outras criptomoedas, o país norte-americano demorou para reconhecer a necessidade de se pensar em uma CBDC. Nesse cenário, somente em março de 2017 que o *Federal Reserve* mencionou a CBDC, quando Jerome Powell, que era um dos governadores do Sistema de Reserva Federal (atual presidente do *Federal Reserve*), se limitou a dizer que era uma "ideia fascinante". Porém, além de não ter mencionado nenhum benefício da inovação, Powell ainda discorreu sobre a dificuldade do sistema ser seguro contra ciberataques e o risco de facilitar ações criminosas (Powell, 2017).

O ceticismo dos Estados Unidos perdurou pelo ano seguinte, reforçando-se em pronunciamentos públicos os pontos considerados negativos na implementação de uma CBDC. Todavia, em 2019, quando o Facebook anunciou o projeto de sua criptomoeda, a Libra, o debate sobre moedas digitais cresceu intensamente e, consequentemente, a governadora da Reserva Federal, Lael Brainard, declarou em outubro do mesmo ano que a moeda digital que seria lançada pelo Facebook tornava urgente a discussão sobre quais formas a moeda pode assumir, quem ou o que pode emiti-la e afirmou também que "o potencial para um sistema de *stablecoin* global tem intensificado o interesse em moedas digitais emitidas pelo Banco Central" (Brainard, 2019).

Sob essa perspectiva, Brainard afirmou que o *Federal Reserve* reconheceu a importância dos debates sobre as CBDC's, mas que os EUA não seriam um dos pioneiros a implementarem a medida, entendendo que os atributos do sistema de pagamento estadunidense não fazem com que essa mudança seja urgente. Com isso, ela destacou que o sistema financeiro dos Estados Unidos desfruta de vantagens em relação aos dos outros países, como a contínua demanda por moeda física, a posição dominante do dólar e a natureza avançada do sistema bancário e financeiro nacional (Brainard, 2019). Apesar disso, o *Federal Reserve* começou a sofrer pressão externa para perquirir sobre uma possível CBDC e, ainda em 2019, dois congressistas disseram ser imperativo que a Reserva Federal iniciasse o projeto de desenvolvimento de um dólar americano digital.

Em resposta aos congressistas, Jerome Powell, presidente do *Federal Reserve* desde 2018, explicou que a CBDC não estava sendo elaborada no momento, mas que experimentos tecnológicos para pesquisas estavam sendo produzidos. Em adição, o secretário do Tesouro Nacional, Steven

Mnuchin, disse em 2019 que não haveria necessidade do *Federal Reserve* implementar a moeda digital nos 5 anos seguintes. Já em fevereiro de 2020, considerando o avanço chinês quanto ao *Yuan* digital, Lael Brainard afirmou ser imperioso se manter à frente na pesquisa e na política de CBDC's, tendo em vista o importante papel do dólar na conjuntura nacional (Chorzempa, 2021).

Sendo assim, é perceptível que a Reserva Federal passou a adotar uma postura mais otimista e aberta quanto às moedas digitais dos bancos centrais. Com isso, em janeiro de 2022, o Conselho de Governadores do Sistema da Reserva Federal publicou um estudo sobre o tema, intitulado "Money and Payments: The US Dollar in the Age of Digital Transformation", no qual foram perscrutados os benefícios e riscos de uma CBDC estadunidense. A instituição continua deixando claro, todavia, que a pesquisa não teve como objetivo ir além da análise, de forma que não pretende indicar que será desenvolvido o dólar digital.

1.6. *Inglaterra*

O Banco Central Inglês, observando o cenário de mudanças nas formas de pagamento, se posiciona como mais um dos bancos centrais mundiais preocupados em desenvolver uma moeda digital emitida por ele próprio. Nesse âmbito, o Banco Central da Inglaterra reconhece as CBDCs enquanto, simultaneamente, uma oportunidade de atender a demanda tecnológica dos indivíduos pela maior diversificação dos serviços de pagamentos oferecidos pelo Estado, reconstruindo a infraestrutura de pagamento em si que ele oferece a bancos e instituições, como também uma forma de controlar os riscos do avanço das novas formas de pagamento não regulamentadas, como as oferecidas pelas *fintechs* (BANK OF ENGLAND, 2023).

Em conjunto com o *HM Treasury* (HMT) e com autoridades públicas, o Banco Central Inglês montou uma Força-Tarefa da Moeda Digital do Banco Central para iniciar pesquisas acerca da possível implementação de sua CBDC, desenvolvendo um documento, publicado em junho de 2021, que especificou as possíveis oportunidades e riscos da implementação de novas formas de dinheiro digital. Dentre os apontamentos feitos, é expresso que a inovação das formas de dinheiro digital impulsiona a atividade econômica, contribuindo para: 1) Permitir pagamentos mais rápidos, baratos e eficientes com maior funcionalidade, reduzindo custos enfrentados pelos varejistas a aceitar pagamentos; 2) Evitar os custos de liquidez incorridos pelo prazo de liquidação de vários dias. O dinheiro trocado pertenceria de forma imediata ao destinatário e o pagamento seria irrevogável, sendo o reembolso e devoluções processados como pagamentos separados; 3) Atuar como contingência em caso de interrupção de outros mecanismo, ajudando, por exemplo, a aliviar problemas temporários com redes de pagamento com cartão; 4) Ajudar a atender necessidades futuras de pagamento, permitindo o "dinheiro programado", ou seja, que os usuários executem pagamentos de forma automática de acordo com a observância de alguns critérios e 5) Melhorar a forma como os pagamentos transfronteiriços são feitos, tornando mais rápida e barata essa modalidade de pagamento para as famílias e empresas não financeiras. Porém, no que tange essa última possibilidade, outros progressos são necessários, como em janelas de liquidação comuns, padrões de mensagens em diferentes jurisdições e verificações de conformidade (BANK OF ENGLAND, 2021a, p.33).

Após a publicação do documento citado anteriormente, o Banco Central da Inglaterra publicou um comunicado, em novembro de 2021, anunciando os próximos passos que, conjuntamente ao *HM Treasury* (HMT), seriam tomados em relação à exploração de uma moeda digital do Banco Central da Inglaterra (CBDC). Assim, ficou acordado que em algum momento de 2022, o HMT e o Banco promoveriam uma consulta para avaliar se seria o caso e também o modelo operacional e tecnológico para implantar a CBDC do Reino Unido. Nesta avaliação, seriam considerados os recursos de design de alto nível e os possíveis benefícios e implicações em relação aos usuários e empresas. Tal consulta é apenas uma das fases da pesquisa que ajudará na futura formulação de políticas acerca do tema e tem como um de seus objetivos conferir suporte para que as autoridades possam tomar uma decisão segura ao passar para a fase de desenvolvimento, que durará alguns anos. Nesse aspecto, o vice-governador de estabilidade financeira, Jon Cunliffe, argumentou que:

> O que a consulta fará é fornecer uma plataforma para as partes interessadas e grupos relevantes se envolverem com as principais questões sobre os méritos da CBDC e se o setor público deve avançar para uma fase de desenvolvimento. (BANK OF ENGLAND, 2021b).

Após conclusão da consulta, o próximo passo que havia sido delineado consiste em uma especificação técnica que promova a compreensão da arquitetura conceitual proposta para as CBDCs, para que seja possível identificar-se qual o modelo, em sentido de design e viabilidade, o Reino Unido gostaria de adotar para a sua própria moeda digital. Somente se essas fases forem concluídas com sucesso, que será possível iniciar o processo de lançamento desta, tendo como data mais próxima para tal iniciativa, a segunda metade da década.

A consulta de fato foi realizada em 2022, como previa o Banco Central Inglês, e em fevereiro do mesmo ano, o referido Banco e o Instituto de Tecnologia de Massachusetts (MIT) entraram em acordo para colaborarem entre si na realização de um projeto de pesquisa de doze meses (um ano) sobre a CBDC. No entanto, vale salientar que esse projeto foca em pesquisa tecnológica exploratória, e não no desenvolvimento operacional da moeda digital. Destarte, analisa-se que nenhuma decisão legal foi tomada ainda em relação à implementação do projeto de infraestrutura nacional da moeda digital inglesa (BANK OF ENGLAND, 2022).

1.7. *Japão*

O Banco Central do Japão é um dos mais avançados no delineamento de sua CBDC, ao lado da China. Em outubro de 2020 o Banco publicou um documento denominado como *"The Bank of Japan's Approach to Central Bank Digital Currency"*, apresentando tipos, características básicas, funções, e a descrição de três estágios de testes para o desenvolvimento do Iene Digital (BANK OF JAPAN, 2020).

O documento citado anteriormente caracteriza as CBDCs como uma nova forma de dinheiro digital do Banco Central que se diferencia dos depósitos em conta corrente mantidos pelos bancos em um banco central. Acrescenta ainda que se trata de um instrumento de pagamento que é um passivo direto do Banco Central, funcionando como uma unidade de conta, pois é denominado em moeda legal. A partir dessa caracterização, é abordada uma diferenciação entre as variantes da CBDC, em *de atacado* e *de propósito geral*, sendo esta última a escolhida por ser destinada a uma ampla gama de usuários finais, incluindo indivíduos e empresas, e não apenas para um grupo limitado de entidades (BANK OF JAPAN, 2020).

> Existem duas variantes principais do CBDC. Um deles é o CBDC "atacado", no qual um banco central fornece a contrapartes limitadas principalmente pagamentos de grande valor entre instituições financeiras. Tem semelhança com depósitos em conta corrente mantidos por bancos em um

banco central, na medida em que é dinheiro digital do banco central disponível para um grupo limitado de entidades. Alguns veem que, combinado com o uso da tecnologia de contabilidade distribuída (DLT), a CBDC por atacado poderia melhorar a eficiência da liquidação de transações de títulos e derivativos. A pesquisa foi realizada na Europa usando CBDC e tokens de segurança por atacado – títulos na forma de vouchers digitais emitidos e gerenciados em uma plataforma DLT – para permitir uma liquidação mais rápida de fundos e títulos (BANK OF JAPAN, 2020).

A CBDC de propósito geral é caracterizada, normalmente, como um complemento aos depósitos em instituições financeiras, que é planejado para ter funções semelhantes às do dinheiro físico, no que tange a possibilidade dos usuários finais em fazerem compras diárias com moedas digitais emitidas pelo Banco Central, através de smartphones ou cartões IC, não tendo restrições no espaço-tempo. Ademais, as CBDCs também poderiam atuar em relação a liquidar pagamentos entre empresas ou transações financeiras entre instituições financeiras (BANK OF JAPAN 2020).

O Japão, apesar de estar comprometido com as pesquisas acerca do tema e tratá-lo com a devida atenção, se destacando, nesse aspecto, no cenário mundial, assume ter motivações diferentes que os bancos centrais de outros países, por causa de sua circunstância específica de possuir uma alta proporção de dinheiro em circulação em relação ao PIB nominal. Todavia, o Banco Central do Japão considera apropriado planejar a emissão de sua moeda digital de uma forma preventiva, tendo em vista preocupação futura no sentido de que o dinheiro em circulação diminua de forma significativa, sendo a emissão de CBDC uma compensação a essa redução. Além disso, o Banco compreende que as CBDCs possuem potencial para promover a melhoria dos sistemas de pagamento e liquidação do Japão (BANK OF JAPAN, 2020).

Após a caracterização da CBDC de uso geral, o documento busca explicar quais seriam seus usos, caso introduzidas no país, funcionando enquanto: 1) Instrumento de pagamento junto com o dinheiro: o Banco poderá fornecer o Iene Digital de uso geral de forma complementar ao dinheiro, e enquanto houver demanda pública por este dinheiro, o Banco continuará fornecendo-o; 2) Apoio a serviços de pagamento privados: a CBDC pode aumentar a estabilidade e eficiência dos sistemas gerais de pagamento e liquidação, apoiando também os serviços de pagamentos privados e 3) Desenvolvimento de sistemas de pagamento e liquidação adequados para uma sociedade digital (BANK OF JAPAN, 2020).

Outrossim, em relação aos recursos necessários para a emissão da CBDC de uso geral, o Banco Central do Japão esclarece que considera apropriado manter um sistema de pagamento e liquidação de dois níveis (entre o Banco Central e o setor privado), indicando sua pretensão de que o Iene Digital seja emitido indiretamente por meio de intermediários. Assim, para a possibilidade da adoção desse modelo de emissão indireta, o Banco cita alguns recursos de instrumento e sistema que são necessários, como o acesso universal (Facilidade de uso e portabilidade do design dos dispositivos ou cartões usados para transferências e pagamentos), segurança (incorporação de tecnologias de dissuasão de falsificação), resiliência (disponibilidade de 24h do sistema CBDC para o usuário final, tendo um design que suporte também o uso offline devido a frequência de falhas de sistema e de rede que ocorrem por causa dos recorrentes desastres naturais), capacidade de pagamento instantâneo (deve oferecer a finalidade de liquidação das transações e recursos de pagamento instantâneo semelhantes ao dinheiro) e interoperabilidade (em relação a outros sistemas de pagamento e liquidação, devendo ter uma arquitetura flexível, incluindo os avanços nos serviços privados de pagamento) (BANK OF JAPAN, 2020).

Com relação à descrição de três estágios de testes para o desenvolvimento do Iene Digital, o Banco declara que estes são testes baseados em experimentos, deixando de se limitar apenas a pesquisa conceitual. Os dois primeiros estágios foram planejados para testar a viabilidade técnica das principais funções e recursos necessários para implementação da CBDC, através de uma Prova de Conceito (Poc). Nesse sentido, no primeiro estágio (Poc 1) "O Banco desenvolverá um ambiente de teste para o sistema CBDC e realizará experimentos sobre as funções básicas que são fundamentais para o CBDC como instrumento de pagamento – ou seja, emissão, distribuição e resgate" (BANK OF JAPAN, 2020), enquanto no segundo estágio (Poc 2) "o Banco implementará funções adicionais do CBDC no ambiente de teste desenvolvido na Fase 1 e testará sua viabilidade" (BANK OF JAPAN, 2020). Ainda nesse mérito, o Banco também planejou um Programa Piloto, que corresponde ao terceiro estágio de testes, sendo este "com base no PoC, caso o Banco julgue necessário avançar ainda mais, também considerará um programa piloto que envolva PSPs e usuários finais" (BANK OF JAPAN, 2020). O primeiro estágio estava previsto para ocorrer no início do ano de 2021, e de fato, em abril deste ano, o Banco do Japão (BoJ) anunciou o início dos testes da sua CBDC. O período experimental foi previsto para durar até março de 2022 a fim de explorar a viabilidade técnica de um Iene Digital operando na primeira fase de Prova de Conceito (CNN, 2021).

Por fim, salienta-se que o Iene Digital ainda não foi implementado pelo Banco Central do Japão, mas este já progrediu de forma considerável na trajetória que leva a essa conquista. Dessa maneira, a informação mais atual é que Haruhiko Kuroda, presidente do Banco, vem pressionando os formuladores de política monetária globais para conter os riscos que podem surgir do uso mais amplo de moedas digitais privadas, numa tentativa de incentivar todos os países a se atualizarem na adoção da tecnologia das CBDCs, visando garantir que as jurisdições se adequem para a possibilidade dos pagamentos transfronteiriços, por exemplo (ÉPOCA NEGÓCIOS, 2022).

1.8. *Venezuela*

O título de país com o maior índice inflacionário da América pertence à Venezuela, que, em 2020, apresentou uma inflação de 3.000% (LA NACIÓN, 2021). Diante disso, observa-se que o território venezuelano passa por momentos de instabilidade econômica, estando sua moeda oficial, o Bolívar, em situação de grande desvalorização em relação ao Dólar, como analisado pelo Banco Central Venezuelano:

> O bolívar desvalorizou quase 78% em novembro, mas o preço do mercado paralelo, que rege quase todas as operações comerciais na Venezuela, mostra que a moeda venezuelana se desvalorizou cerca de 90% em relação ao dólar (ESTADÃO, 2020).

O bolívar passou por dois processos de redenominação da moeda: em 2008, perdeu três zeros e foi rebatizado de bolívar fuerte, e, posteriormente, em 2018, outros cinco zeros foram subtraídos e a moeda passou a se chamar bolívar soberano (UOL, 2021). Essa supressão de zeros foi uma tentativa de conter a hiperinflação e também uma alteração necessária já que as pessoas não conseguiam mais calcular na moeda anterior. Diante dessa instabilidade da moeda local, a Venezuela passa por um momento de dolarização de fato ou “espontâneo”, no qual grande parte dos produtos postos à venda são calculados em dólares, com a possibilidade de pagamento em moeda estrangeira ou em bolívares. Além disso, também tem sido muito comum o uso de Bitcoins, os quais têm sido aceitos pelo governo venezuelano até mesmo para o pagamento de tributos (ALVES, 2020).

Diante desse cenário, uma das medidas pensadas para enfrentar tal recessão é a implementação das moedas digitais emitidas pelo Banco Central Venezuelano. Este desenvolveu o "Bolívar Digital", que estava previsto para entrar em vigor em 1º de outubro de 2021. Essa moeda será aplicada a uma escala monetária que suprime seis zeros da divisa nacional, isto é, divide por 1 milhão. Nesse sentido, a instituição explica que o corte de zeros não afetará o valor da moeda e tem objetivo apenas de facilitar as transações (BCV, 2021)

1.9. *Comunidade Europeia*

Fabio Panetta, membro do Conselho Executivo do BCE (Banco Central Europeu), ao participar de um painel de discussões sobre as *Central Bank Digital Currencies* (CBDCs) no Fórum de Política Monetária dos Estados Unidos, em fevereiro de 2022, demonstrou um forte interesse da comunidade europeia em regulamentar o Euro Digital emitido pelo BCE, enquanto autoridade monetária. Nesse aspecto, Panetta declara que as CBDCs são necessárias não apenas para preservar o papel do dinheiro do Banco Central enquanto força estabilizadora no cerne do sistema de pagamentos, mas também para salvaguardar a soberania monetária frente a uma era de crescente digitalização dos serviços financeiros ofertados por instituições privadas (BCE, 2022a).

Durante outra entrevista, realizada no dia 5 de maio de 2022, conduzida por Marco Zatterin, Panetta reforça que o crescimento dos ativos criptográficos demonstra uma demanda não atendida pelo Estado, por ativos digitais e rapidez de pagamento. A partir disso, reforça que o BCE reconhece que necessita atender a essa demanda. Desse modo, a entidade está trabalhando no Euro Digital, que, segundo ele, não tem relação alguma com os ativos criptográficos não emitidos por autoridades soberanas, como as moedas digitais de emissão privada que incluem o Bitcoin e Ether (Ethereum), por exemplo, porque trata-se de um meio de pagamento sólido de interesse público. A previsão é que se elabore um protótipo em 2023 e que este se realize até 2026 (BCE, 2022b).

O Euro Digital funcionaria como as notas de Euro, no entanto, em formato digital. A ideia é que seja uma forma digital de moeda, emitida pelo

Eurosistema, composto pelo BCE e os bancos centrais dos países da área do euro, sendo acessível a todos os cidadãos e às empresas. Vale salientar que essa moeda digital possui um teor de complemento em relação ao euro numerário, e não de substituição, configurando-se como uma opção de pagamento adicional que facilita os pagamentos, contribuindo para a acessibilidade e inclusão financeira (BCE, 2022a).

Os grupos focais do BCE sugerem alguns pontos relevantes que o Euro Digital deve atender ao ser lançado como um novo instrumento de pagamento digital. O primeiro diz respeito a permitir que as pessoas façam pagamentos em qualquer lugar, assim como fazem com o euro físico. Para isso, é necessário que todas as lojas físicas e online pertencentes aos comerciantes da área do euro aceitem essa opção digital em complementariedade às notas. O segundo critério é em relação a possibilidade de pagamentos instantâneos, de fácil realização e que não necessitem do contato, principalmente nos pagamentos digitais de pessoa para pessoa, independente da plataforma utilizada pelos pagadores e beneficiários (BCE, 2022a).

Os resultados dos grupos focais foram utilizados para a delimitação de possíveis casos de uso de um Euro Digital. Assim, os possíveis usos a serem priorizados são os pagamentos em e-commerce e em lojas físicas, bem como os pagamentos pessoa a pessoa, e também os pagamentos entre governos e indivíduos, como, por exemplo, para pagar subsídios de bem-estar público ou pagar impostos. A partir dessas opções de pagamento, a implementação do Euro Digital continuaria a garantir o acesso e a usabilidade do dinheiro do Banco Central para pagamentos digitais e ajudaria os países que integram a comunidade europeia a manterem sua soberania enquanto autoridades monetárias. A investigação para averiguar a viabilidade real desses usos ainda não foi concluída, já que se trata de um estudo recente (BCE, 2022a).

Cogita-se também implementar a funcionalidade offline em que os saldos e valores das transações não seriam conhecidos por ninguém além do usuário. No entanto, a fim de conter riscos, esses saldos e pagamentos offline privados teriam que ser limitados. Dessa maneira, um maior grau de privacidade seria considerado para pagamentos online e offline de menor valor. Esses pagamentos poderiam estar sujeitos a verificações ABC/CFT simplificadas, enquanto as transações de valor mais alto permaneceriam sujeitas aos controles padrão (BCE, 2022a).

Se uma maior privacidade fosse habilitada para pagamentos de menor valor em Euro Digital, ela deveria se aplicar a transações em qualquer lugar da área do Euro. Isso exigiria um quadro harmonizado para verificações simplificadas, conforme previsto no pacote ABC/CFT da Comissão Europeia a partir de julho de 2021. O Grupo de Trabalho de Alto Nível do Eurosistema que Panetta preside está a explorar os aspetos técnicos e regulamentares, em estreita cooperação com a Comissão Europeia e as autoridades europeias de proteção de dados (BCE, 2022a).

2.. Criptoativos emitidos por entes da administração pública local

2.1. *Aspectos gerais*

Em 31 de outubro de 2021 Vitalik Buterin, conhecido por ser o co-fundador do Ethereum, divulgou em seu website um texto intitulado *Crypto Cities*, no qual analisa o crescimento de projetos envolvendo o uso de criptoativos e governos locais. Após tecer críticas aos governos nacionais por sua ineficiência e lentidão para resolver problemas sociais de longo prazo, bem como responder às rápidas mudanças nas necessidades das pessoas, discorre sobre a possibilidade dos governos locais mostrarem-se mais aptos a contornar essas dificuldades:

> Agora considere os governos locais. Cidades e estados, como vimos nos exemplos do início deste post, são pelo menos teoricamente capazes de um dinamismo genuíno. Existem diferenças culturais grandes e muito reais entre as cidades, então é mais fácil encontrar uma única cidade onde haja interesse público em adotar qualquer ideia radical em particular do que convencer um país inteiro a aceitá-la. Existem oportunidades muito reais em bens públicos locais, planejamento urbano, transporte e muitos outros desafios na governança das cidades que poderiam ser abordados. As cidades têm economias internas fortemente coesas, onde ideias como a adoção generalizada de criptomoedas podem acontecer de forma realista e independente (2021).

Buterin prossegue em seu texto, abordando algumas iniciativas que têm surgido em todo o mundo envolvendo o uso de criptoativos e blockchain por governos locais, tanto para funcionar como meio de troca (neste sentido, são os projetos anunciados pelas cidades de Miami e Nova Iorque nos Estados Unidos, e no Brasil, pela cidade do Rio de Janeiro, para a criação de uma *city coin* própria), como para utilização em outras funcionalidades, por exemplo a venda de NFTs para financiar um fundo de arte local na cidade de Reno, Estado de Nevada, EUA. Buterin elabora uma lista de possíveis incentivos que os governos locais poderiam utilizar para fomentar o uso de suas criptomoedas por seus residentes.

Sob esse viés, Buterin cita cinco objetivos a serem alcançados por uma criptomoeda local, frisando que, o alcance de ao menos três deles já seria muito satisfatório. Em primeiro plano, deve-se ter como meta a aquisição de fontes sustentáveis de receita para o governo local, isto é, novas fontes de receita, de modo que haja uma diversificação e maior autonomia da cidade. Em seguida, Vitalik menciona o intuito de criar um "alinhamento econômico" entre a população e a cidade, tendo em vista que a moeda terá mais valor à medida que a cidade será mais atrativa. Aliado a isso, há o objetivo de promover a economia e a aquisição de riqueza, já que as criptomoedas locais podem tornar-se mais atrativas ao longo do tempo ao passo que seu valor aumentar.

Além disso, entende que as criptomoedas locais serão grandes estimuladoras do uso de fontes sustentáveis e de atividades sociais, como ações positivas praticadas pela comunidade e para a comunidade, de modo a ajudar a cidade. Por derradeiro, uma outra possibilidade, prossegue o autor do texto, seria usar as criptomoedas como mecanismos de promoção da igualdade, de modo que não aconteça um favorecimento de uns em detrimento de outros. Assim, Buterin apresenta a ideia de destinar uma parte expressiva da emissão da moeda para os residentes por meio de uma UBI (*Universal Basic Income*), programa governamental que dá a toda população adulta uma quantidade de dinheiro regularmente, a fim de mitigar a pobreza e a garantir as necessidades básicas.

No que tange aos três primeiros objetivos, explica que promover benefícios ou recompensas para aqueles que detém a moeda seria uma boa forma de promovê-los. Desse modo, o co-fundador da Ethereum exemplifica a hipótese de fazer com que estacionamentos públicos sejam disponibilizados gratuitamente apenas àqueles que tiverem certo número de moedas, criando com isso um incentivo para que a população mantenha uma poupança da moeda.

Paralelamente, o artigo *Monetary Resilience* (2019), elaborado por Rohan Grey, defende a evolução do que chama de "resiliência monetária", por meio do fortalecimento de uma relação dinâmica entre a experiência de moedas locais e uma reforma monetária global. Sob essa perspectiva, Rohan observa que, no atual regime monetário capitalista, os objetivos sociais que inicialmente motivaram a criação da moeda foram deturpados e, em alguns casos, até mesmo abandonados. Na visão do autor, o poder público delega a responsabilidade do desenvolvimento de um novo valor monetário para instituições privadas e com fins lucrativos, *e.g.*, bancos comerciais.

Para mitigar esse embargo, foram concebidas, por municípios (ou outras espécies de entes políticos autônomos), bem como por comunidades, as moedas locais, que têm o escopo de atingir objetivos sociais e não-lucrativos, segundo o Grey. Esses projetos econômicos em nível local estimulam uma "experiência democrática", por meio do qual indivíduos e organizações têm a possibilidade de compartilhar o conhecimento e cooperar. Nesta linha, o autor afirma que as moedas locais seriam uma ferramenta indispensável para construir uma resiliência monetária em âmbito local. Isso porque as moedas de nível local aumentam a diversidade de meios monetários, reduzindo a fragilidade de se estar circunscrito apenas ao sistema monetário nacional.

Não obstante, Rohan Grey ressalva que não se deve superestimar as moedas locais em termos de substituição da moeda pública ou muito menos entender que a implementação de moedas locais deve ser a única ação voltada à transformação do regime monetário. Nesse panorama, apesar da ressalva, defende ser crucial notar que as moedas locais são potencialmente "laboratórios de experimentos monetários", de modo que têm o condão de ensinar ou fazer surgir ideias para futuras reformas no âmbito público, além de possibilitar a "reinvenção" da moeda.

Em estudo acerca da constitucionalidade e legalidade da emissão de *city coins*, ou moedas digitais locais, diretamente por municípios brasileiros, Fernandes e Figueira (2022) argumentam que embora a Constituição Federal de 1988, em seu artigo 164, enuncie que "a competência da União para emitir moeda será exercida exclusivamente pelo banco central", a expressão moeda utilizada pelo texto constitucional não possui sentido amplo, de modo a englobar todo e qualquer tipo de moeda, mas, sim, um sentido estrito, referindo-se apenas ao papel moeda e a moeda metálica, de curso legal (FERNANDES; FIGUEIRA, 2022). Nesse contexto, a moeda que deve ser emitida de modo exclusivo pelo banco central é a moeda de curso legal, isto é, aquela que será utilizada como unidade de conta em todo o território nacional, sendo obrigatório o seu recebimento para a quitação de obrigações perante pessoas físicas e jurídicas, de direito público ou privado no país. Neste sentido, não há, portanto, óbice constitucional ou legal para a criação de outros meios de pagamento além da moeda de curso legal, como é o caso das *city coins*.

Sob essa ótica, no Comunicado n. 31.379, de novembro de 2017, publicado pelo Banco Central do Brasil, que versa sobre a regulamentação das criptomoedas no país, a entidade reconhece a falta de arcabouço legal e regulatório sobre moedas virtuais e afirma não pretender mudar esse cenário, afirmando que não há a necessidade de regulamentação desses ativos no presente momento. Além disso, como constatou Fernandes e Figueira (2021), não foram verificados riscos efetivos ao Sistema Financeiro Nacional no tocante ao uso de moedas virtuais. E, ainda, o próprio Banco Central se comprometeu, no referido comunicado, em "apoiar as inovações financeiras, inclusive as baseadas em novas tecnologias que tornem o sistema financeiro mais seguro e eficiente".

Nesse viés, acrescenta-se como fundamento da legalidade das moedas virtuais no ordenamento jurídico brasileiro o fato de que estão compreendidas pelos contratos atípicos e dos títulos de crédito inominados, regulados pelo Código Civil (Freire, 2011). Assim, não violando diretamente normas do ordenamento e não comprometendo o Sistema Financeiro Nacional, as moedas virtuais estão amparadas por dispositivos civilistas, sob a égide dos princípios da livre iniciativa, livre associação e pelo direito à liberdade contratual. No que tange aos criptoativos emitidos por Municípios, Fernandes e Figueira (2022) argumentam que o fundamento constitucional é outro: o princípio federativo, mais especificamente, um de seus corolários, a autonomia federativa.

2.2. *Experiências locais na emissão de criptoativos*

Em 14 de janeiro de 2022, a prefeitura da cidade do Rio de Janeiro anunciou que iniciaria estudos para a implementação da Crypto Rio, uma moeda digital emitida para circular em âmbito municipal[1], como parte de um plano de estímulo ao desenvolvimento da criptoeconomia na cidade, o qual foi formalizado por meio do Decreto Municipal nº 50.145 de 13/01/2022.

Anteriormente, os prefeitos das cidades de Miami e Nova Iorque também realizaram pronunciamentos no sentido de apoiar a emissão criptomoedas aptas a circular no âmbito dos respectivos territórios. Nas referidas

[1] Disponível em: < https://www.istoedinheiro.com.br/crypto-rio-cidade-do-rio-de-janeiro-quer-lancar-criptomoeda-propria/>. Acesso em: 18 de maio de 2022.

cidades norte-americanas, o projeto está sendo desenvolvido pela empresa City Coin Co, responsável pela implementação tanto da MiamiCoin, como da NewYorkCoin.

Tais *cryptos* devem, primeiramente, passar por um processo de mineração, que é feito por membros da comunidade, por meio do encaminhamento de tokens Stacks (STX) para o contrato inteligente de um bloco Stack. Feito isso, são gerados prêmios de mineração em Stacks (STX), sendo que 70% desse valor é destinado àqueles que apostam na respectiva *city coin* e os outros 30% são destinados à carteira de reserva de custódia da cidade. Desse modo, espera-se o crescimento dos fundos do Tesouro Municipal (mantido em STX). A partir disso, a cidade pode converter STX em USD para financiar projetos públicos e os recursos da mineração podem ser eventualmente distribuídos como dividendos aos detentores da moeda em questão.

Sob outro viés, cidades como Viena, Seoul, Tel Aviv e Niterói também estão envolvidas em projetos para o desenvolvimento de *criptoativos*, contudo, nestas cidades, a moeda municipal tem a característica específica de ser uma moeda digital de recompensa (ou token de recompensa), de modo que os cidadãos auferem essa moeda sempre que praticam atos entendidos como sendo positivos para a cidade, contribuindo para formar o cidadão politicamente ativo (FERNANDES; FIGUEIRA, 2021).

Tais iniciativas têm sido vistas como um importante instrumento de transformação das referidas cidades em *smart cities*, ou cidades inteligentes, termo que designa a capacidade das cidades fazerem uso dos novos instrumentos que a tecnologia da informação e da comunicação proveem para resolver problemas e criar soluções mais eficientes em políticas públicas, de modo a melhorar a qualidade de vida dos cidadãos (FERNANDES; FIGUEIRA, 2021).

A implantação de uma moeda municipal na cidade de Viena tem sido desenvolvida pela Prefeitura em conjunto com a Universidade de Economia e Negócios de Viena[2]. Conforme noticiado pelo Cointelegraph em 28 de janeiro de 2019, trata-se de uma moeda baseada em incentivos: seria concedida em troca de feedbacks sobre a cidade ou como recompensa aos

[2] Viena desenvolve token de recompensa para seus cidadãos em parceria com Universidade. Coin Telegraph, 2019. Disponível em: <https://cointelegraph.com.br/news/austrian-capital-vienna-develops-reward-token-for-citizens-in-partnership-with-university>. Acesso em: 27 de junho de 2020.

cidadãos por usarem suas bicicletas. Os tokens cairiam em um aplicativo local destinado ao pagamento de estacionamentos públicos.

Poderiam ser trocados por produtos e serviços, por exemplo, ingressos de teatro, e utiliza a tecnologia blockchain.

De acordo com Shermin Voshmgir, chefe do Instituto de Pesquisa de Criptoeconomia, "Estamos em uma fase muito inicial do projeto, na qual estamos considerando juntamente com a Cidade de Viena, como o token de Viena poderia se parecer. Trata-se de entender como podemos gerar um token que agregue valor à cidade"[3].

Na cidade de Tel Aviv, a implantação da sua city coin foi dividida em duas fases. Na primeira, o objetivo central da medida consistiu em incentivar o comércio em áreas mais vulneráveis da cidade, podendo ser utilizada em estabelecimentos pré-selecionados. Por meio da utilização de um aplicativo chamado Colu, garante-se uma recompensa de 25 moedas digitais (equivalente a 25 NIS), aos usuários que realizarem 5 transações de pelo menos 20 NIS.

Espera-se que em uma segunda fase a moeda possa ser usada para recompensar o uso de transporte público e o relato de problemas ao serviço municipal por meio do número 106.

A tecnologia é gerenciada por uma empresa privada israelense, chamada Colu, cujo aplicativo é utilizado por ¼ da população de Tel Aviv atualmente e não utiliza blockchain[4].

Hila Oren, *CEO* da *Tel Aviv Foundation*, em entrevista publicada pelo *Cities of the Future*, explica que: "Você pode usar esta moeda para pagar em diferentes lojas específicas em uma área onde existe uma crise financeira e onde há a necessidade de suporte. Como resultado, após três meses de campanha, 100 empresas aceitaram participar e, ao invés de irem à falência, o programa deu-lhes mais oxigênio, e 4.000 pessoas deste bairro usaram a city coin e deram seu testemunho de sucesso"[5] (tradução nossa).

[3] Viena desenvolve token de recompensa para seus cidadãos em parceria com Universidade. Coin Telegraph, 2019. Disponível em: <https://cointelegraph.com.br/news/austrian-capital-vienna-develops-reward-token-for-citizens-in-partnership-with-university>. Acesso em: 27 de junho de 2020.

[4] Tel Aviv launches digital city currency pilot. Smart Cities World, 2019. Disponível em: <https://www.smartcitiesworld.net/news/news/tel-aviv-launches-digital-city-currency-pilot-4185>. Acesso em: 27 de junho de 2020.

[5] Tel Aviv, one of the early recipients of the Smart City Award, has expanded its leadership with the introduction of new tools, such as the new "City Coin". Cities of the Future, 2020.

De acordo com Efrat Makin-Knafo, Diretora de Resiliência do Município de Tel-Aviv, em entrevista para o site Smart Cities World, "como membro da rede 100 Cidades Resilientes, escolhemos uma moeda local como uma maneira de fortalecer nossa resiliência urbana, o que na prática significa reduzir o custo de vida, aumentar a responsabilidade social, a identidade cívica e fortalecer a economia local"[6] (tradução nossa).

Outro exemplo interessante diz respeito à cidade de Seoul. Neste caso, os residentes poderão receber S-coins na forma de recompensas. Serviços que geram S-coins, em um primeiro momento, incluem o pagamento de tributos, a prestação de informações relevantes para a Prefeitura, a participação em fóruns públicos de interesse da cidade e respostas a pesquisas de opinião.

Os residentes em Seoul poderão utilizar suas S-coins para o uso de serviços públicos, incluindo transportes.

A city coin será integrada ao sistema ZeroPay, um sistema baseado na utilização de QR-code que habilita os cidadãos a pagar por bens e serviços na cidade utilizando o seu celular. A S-Coin é a principal aposta da cidade para transformar Seoul na primeira *smart city* do continente Asiático (FERNANDES; FIGUEIRA, 2021).

Importante destacar que a S-coin utiliza a tecnologia blockchain, o que segundo o Prefeito de Seoul, Park Won-soon, faz parte de um plano de fomento ao desenvolvimento dessa tecnologia no Município. Em entrevista para o site Coindesk, em 02 de abril de 2018, afirmou que: "Como Seul é a cidade líder mundial no campo da informação e da comunicação, incluindo a 4ª Revolução Industrial, penso que deveríamos estudar novas tecnologias como Blockchain"[7] (tradução nossa).

Por sua vez, a cidade de Niterói está desenvolvendo, em parceria com a Universidade Federal Fluminense e a Fundação Euclides da Cunha, o projeto "Cidade inteligente e inclusão financeira: uma moeda digital para o

Disponível em: <https://citiesofthefuture.eu/tel-aviv-foundation-ceo-shares-her-view-of-what-makes-a-smart-city/>. Acesso em: 27 de junho de 2020.

[6] Tel Aviv launches digital city currency pilot. Smart Cities World, 2019. Disponível em: <https://www.smartcitiesworld.net/news/news/tel-aviv-launches-digital-city-currency-pilot-4185>. Acesso em: 27 de junho de 2020.

[7] South Korea's Capital Is Planning to Launch Its Own Cryptocurrency. Coin Desk, 2018. Disponível em: <https://www.coindesk.com/south-koreas-capital-is-planning-to-launch-its-own-cryptocurrency>. Acesso em: 27 de junho de 2020.

Município de Niterói", idealizado e coordenado pela Professora Andressa Guimarães Torquato Fernandes, cujo objetivo é implementar uma moeda digital de recompensa no Município apta a colaborar no enfrentamento de problemas práticos presentes no cotidiano da cidade, utilizando tecnologia blockchain (FERNANDES; FIGUEIRA, 2021).

A ideia é que os cidadãos possam auferir a moeda, chamada de Nite, mediante a participação em cursos oferecidos pela Prefeitura (por exemplo, educação ambiental, educação no trânsito, empreendedorismo, etc), respostas a pesquisas de satisfação sobre a prestação de serviços públicos, fomento ao uso de bicicletas, conferindo Nites para quem utilizar o bicicletário Araribóia, participação em programas de voluntariado já existentes na Prefeitura, bem como por meio do fomento ao uso do Aplicativo da Nite, por ocasião da sua instalação no celular dos cidadãos, e convite a amigos.

Por outro lado, as Nites poderão ser utilizadas para a obtenção de descontos em estabelecimentos privados que tenham aderido ao programa da Nite, em eventos culturais, esportivos e de lazer, custeados integralmente ou patrocinados pela Prefeitura, no uso de estacionamentos públicos, bem como em um programa de plantio de árvores, semelhante ao Ant Forest, desenvolvido pelo Alipay.

Conclusões

Dado o exposto, buscou-se demonstrar que os criptoativos têm cada vez mais despertado o interesse do setor público. Para isso, foram apresentados projetos que visam a implementação de moedas digitais dos Bancos Centrais em diversos países, denominadas de *Central Bank Digital Currencies* (CBDC's), as quais têm a possibilidade de serem usadas tanto como meio de pagamento quanto como reserva de valor. As localidades analisadas foram o Brasil, China, Bahamas, Estados Unidos, Inglaterra, Japão, Venezuela e a Comunidade Europeia, porém, verificou-se que somente Bahamas já possui sua CBDC em curso, o *Sand Dollar*, enquanto China e Japão lideram o topo da lista dos países que estão com pesquisas mais avançadas.

Nesse aspecto, encontrou-se limitações no decorrer da pesquisa acerca do acesso a informações concretas, por se tratar de uma tecnologia recentemente discutida pelos Bancos Centrais. Contudo, evidenciou-se que diversos países compartilham uma mesma preocupação: o questionamento acerca do papel da moeda física emitida pelos bancos centrais devido à perda de espaço em muitos países, já que formas de pagamento digitais estão sendo a demanda da sociedade globalizada, como o PIX (sistema de pagamento instantâneo), cartões e transferências.

Outrossim, o presente estudo apresenta os criptoativos emitidos por entes da administração pública local como uma ferramenta que vem ganhando espaço com objetivos múltiplos, que vão desde fomentar o comércio local à proteção ambiental e atração de novos negócios tecnológicos.

Referências

ALMEIDA, Lucas Minelli de. **Central Bank Digital Currency: um olhar sobre o design e formas de implementação**. 2021. Dissertação (Mestrado em Economia Internacional e Estudos Europeus) – Instituto Superior de Economia e Gestão da Universidade de Lisboa, [S. l.], 2021. Disponível em: <https://www.repository.utl.pt/handle/10400.5/23427>. Acesso em: 9 de maio de 2022.

ALVES, Paulo. **Venezuela de Maduro aceita Bitcoin em 20.000 novos locais em meio ao coronavírus**. Be[in]cripto, 2020. Disponível em: <https://br.beincrypto.com/venezuela-de-maduro-aceita-bitcoin-em-20-000-novos-locais-em-meio-ao-coronavirus/>. Acesso em: 10 de maio de 2022.

AUER, Raphael; BÖHME, Rainer. **The technology of retail central bank digital currency**. BIS Quarterly Review, March 2020. Disponível em: <https://www.bis.org/publ/qtrpdf/r_qt2003j.pdf>. Acesso em: 07 de junho de 2022.

BANCO CENTRAL DA VENEZUELA (BCV). **Nueva Expresion Monetária**. 2022. Disponível em: <http://www.bcv.org.ve/billetes-y-monedas/nueva-expresion-monetaria>. Acesso em: 09 de maio de 2022.

BANCO CENTRAL DA VENEZUELA (BCV). **Comunicado: Bolívar Digital**. 2021. Disponível em: <https://www.bcv.org.ve/comunicado-bolivar-digital >. Acesso em: 05 de fevereiro de 2023.

BANCO CENTRAL DO BRASIL (BCB). **Agenda BC#**. 2016. Disponível em: <https://www.bcb.gov.br/en/about/bcbhashtag?modalAberto=about_agenda>. Acesso em: 15 maio 2022.

BANCO CENTRAL DO BRASIL (BCB). **LIFT Challenge: Real Digital dá início à execução dos projetos**. 2022. Disponível em: https://www.bcb.gov.br/detalhenoticia/629/noticia. Acesso em: 15 maio 2022.

BANCO CENTRAL EUROPEU (BCE). **Central bank digital currencies: defining the problems, designing the solutions**. 2022a. Disponível em: <https://www.ecb.europa.eu/press/key/date/2022/html/ecb.sp220218_1~938e881b13.pt.html>. Acesso em: 10/05/2022.

BANCO CENTRAL EUROPEU (BCE). **Interview with La Stampa**. 2022b. Disponível em: <https://www.ecb.europa.eu/press/inter/date/2022/html/ecb.in220505~c0c4aa67ab.en.html>. Acesso em: 10 de maio de 2022.

BANK OF ENGLAND. **Bank of England and Massachusetts Institute of technology joint Central Bank Digital Currency collaboration**. 2022. Disponível em: <https://

www.bankofengland.co.uk/news/2022/march/boe-and-massachusetts-institute-of--technology-joint-cbdc-collaboration>. Acesso em: 11 de maio de 2022.

BANK OF ENGLAND. **New forms of digital money**. 2021a. Disponível em: <https://www.bankofengland.co.uk/paper/2021/new-forms-of-digital-money>. Acesso em: 11 de maio de 2022.

BANK OF ENGLAND. **Statement on Central Bank Digital Currency next step**. 2021b. Disponível em: <https://www.bankofengland.co.uk/news/2021/november/statement--on-central-bank-digital-currency-next-steps>. Acesso em: 05 de fevereiro de 2023.

BANK OF ENGLAND. **UK central bank digital currency**. 2023. Disponível em: <https://www.bankofengland.co.uk/research/digital-currencies>. Acesso em: 03 de fevereiro de 2023.

BANK OF JAPAN. **The Release of "The Bank of Japan's Approach to Central Bank Digital Currency"**. 2020. Disponível em: <https://www.boj.or.jp/en/about/release_2020/rel201009e.htm>. Acesso em: 13/05/2022.

BECH, Morten; GARRATT, Rodney. **Central bank cryptocurrencies**. BIS Quarterly Review, September 2017. Disponível em: <https://www.bis.org/publ/qtrpdf/r_qt1709f.pdf>. Acesso em: 07 de junho de 2022.

BRAINARD, Lael. **Update on Digital Currencies, Stablecoins, and the Challenges Ahead**. 2019. Disponível em: <https://www.federalreserve.gov/newsevents/speech/brainard20191218a.htm>. Acesso em: 14 maio 2022.

BUTERIN, Vitalik, **Crypto Cities**. 2021. Disponível em: <https://vitalik.ca/general/2021/10/31/cities.html >. Acesso em: 15 de maio de 2022.

CHORZEMPA, Martin. **China, the United States, and Central Bank Digital Currencies: How Important is it to be First?**. China Economic Journal, [S. l.], v. 14, 13 jan. 2021. Issue 1: Special Issue on Digital Currency, p. 102 – 115. Disponível em: https://www.tandfonline.com/doi/full/10.1080/17538963.2020.1870278. Acesso em: 13 de maio de 2022.

ÉPOCA NEGÓCIOS. **Presidente do BC japonês pede mais esforços para conter riscos de moedas digitais**. 2022. Disponível em: <https://epocanegocios.globo.com/Futuro--do-Dinheiro/noticia/2022/05/epoca-negocios-presidente-do-bc-japones-pede-mais--esforcos-para-conter-riscos-de-moedas-digitais.html>. Acesso em: 11 de maio de 2022.

ESTADÃO. **100 milhões de bolívares por 100 dólares: o drama do poder de compra venezuelano**. 2020. Disponível em: <https://einvestidor.estadao.com.br/investimentos/bolivar-venezuela-dolar-moeda/>. Acesso em: 05 de fevereiro de 2023.

FERNANDES, Andressa Guimarães Torquato; FIGUEIRA, Annalice Oliveira Avezedo Baldini. **City coins: análise dos aspectos constitucionais e legais para a sua implementação nas cidades brasileiras**. Revista de Direito da Cidade, Rio de Janeiro, Vol. 14, N.03., 2022, p. 1502-1546.

FERNANDES, Andressa Guimarães Torquato; FIGUEIRA, Annalice Oliveira Avezedo Baldini. **City Coin Niterói: caminho para uma cidade mais inteligente, resiliente e sustentável**. In: WARPECHOWSKI, Ana Cristina Moraes; GODINHO, Heloísa Helena Antonácio; IOCKEN, Sabrina Nunes. Políticas Públicas e os ODS da Agenda 2030. Belo Horizonte: Fórum, 2021.

FREIRE, Marusa Vasconcelos. **Moedas sociais: contributo em prol de um marco legal e regulatório para as moedas sociais circulantes locais no Brasil**. (2011). Disponível em: <https://repositorio.unb.br/handle/10482/9485>. Acesso em: 17 de junho de 2020.

GREY, Rohan. **Monetary Resilience.** Western New England Law Review, volume 41, Issue 3, (2019).

KHARPAL, Arjun. **China's digital currency comes to its biggest messaging app WeChat, which has over a billion users.** 2022. Disponível em: <https://www.cnbc.com/2022/01/06/chinas-digital-currency-comes-to-tencents-wechat-in-expansion-push.html>. Acesso em: 13 de maio de 2022.

KHARPAL, Arjun. **TECH China has given away millions in its digital yuan trials. This is how it works.** 2021. Disponível em: <https://www.cnbc.com/2021/03/05/chinas-digital-yuan-what-is-it-and-how-does-it-work.html>. Acesso em: 11 de maio de 2022.

KIHARA, Leila. **BC japonês buscará iene digital com design simples, diz diretor.** CNN Brasil, 2021. Disponível em: <https://www.cnnbrasil.com.br/business/bc-japones-buscara-iene-digital-com-design-simples-diz-diretor/>. Acesso em: 12 de maio de 2022.

KOLAKOWSKI, Mark. **Fed Releases Discussion Paper on US Central Bank Digital Currency (CBDC).** 2022. Disponível em: <https://www.investopedia.com/fed-paper-on-central-bank-digital-currency-cbdc-5216571>. Acesso em: 14 de maio de 2022.

KUMAR, Ananya. **A Report Card on China's Central Bank Digital Currency: the e-CNY.** 2022. Disponível em: <https://www.atlanticcouncil.org/blogs/econographics/a-report-card-on-chinas-central-bank-digital-currency-the-e-cny/>. Acesso em: 13 de maio 2022.

LA NACIÓN. **Inflación en Venezuela cerró 2020 en casi 3.000%, según Banco Central.** 2021. Disponível em: <https://www.nacion.com/cables/inflacion-en-venezuela-cerro-2020-en-casi-3000/F4FCMI7UGFDKFHKOABJIAQ4VNE/story/>. Acesso

LASKAI, Lorand. **Let's Start With What China's Digital Currency is Not.** 2022. Disponível em: <https://digichina.stanford.edu/work/lets-start-with-what-chinas-digital-currency-is-not/>. Acesso em: 12 de maio de 2022.

MURPHY, Brian; WINIARSKY, Hannah. **Federal Reserve explores benefits and risks of potential US Central Bank Digital Currency while the Biden Administration issues Executive Order for US policy on digital assets.** 2022. Disponível em: <https://www.jdsupra.com/legalnews/federal-reserve-explores-benefits-and-7808415/>. Acesso em: 14 de maio de 2022.

OLIVEIRA, Thaís Araripe Pereira de. **E-RMB: a Moeda Digital de Banco Central da China sob a perspectiva de projeção de poder internacional.** 2022. Trabalho de conclusão de curso (Bacharelado em Relações Internacionais) – Departamento de Economia e Relações Internacionais, Centro de Ciências Sociais e Humanas, da Universidade Federal de Santa Maria (UFSM), Santa Maria, RS, 2022. Disponível em: <https://repositorio.ufsm.br/handle/1/24044>. Acesso em: 11 de maio de 2022.

PEOPLE'S BANK OF CHINA (PBoC). **Progress of Research & Development of E-CNY in China.** jul. 2021. Disponível em: <http://www.pbc.gov.cn/en/3688110/3688172/4157443/4293696/2021071614584691871.pdf>. Acesso em: 12 de maio de 2022.

POWELL, Jerome H. **Innovation, Technology, and the Payments System.** 2017. Disponível em: <https://www.federalreserve.gov/newsevents/speech/powell20170303a.htm>. Acesso em: 14 maio 2022.

QUEIROZ, Frederico Fujinami. **Moedas digitais emitidas por bancos centrais: um estudo da aplicação.** 2021. Trabalho de conclusão de curso (Bacharelado em Ciências

Econômicas da Escola Paulista de Política Economia e Negócios da Universidade Federal de São Paulo) – Curso de Ciências Econômicas, Universidade Federal de São Paulo, São Paulo, 2021. Disponível em: <https://repositorio.unifesp.br/handle/11600/61667>. Acesso em: 5 de maio de 2022.

SAMPAIO, Adriano Vilela; CENTENO, Vinícius. **Moedas Digitais de Bancos Centrais: Considerações sobre um futuro não tão distante**. Macroeconomia e política econômica, [s. l.], 23 ago. 2021. Disponível em: <https://www.researchgate.net/publication/354077119_Moedas_Digitais_de_Bancos_Centrais_Consideracoes_sobre_um_futuro_nao_tao_distante>. Acesso em: 06 de maio de 2022.

STEPHAN, Adriana. **Knowledge Base: Digital Currency Research Institute (数字货币研究所) of the People's Bank of China**. 2022. Disponível em: <https://digichina.stanford.edu/work/knowledge-base-digital-currency-research-institute-of-the-peoples-bank-of-china/>. Acesso em: 13 de maio de 2022.

THORBECKE, Catherine. **The US dollar could go digital. Here's what you need to know**. 2022. Disponível em: <https://edition.cnn.com/2022/03/11/tech/us-digital-dollar-cbdc/index.html>. Acesso em: 14 de maio de 2022.

UOL ECONOMIA. **Dólar paralelo na Venezuela ultrapassa 4 milhões de bolívares.** 2021. Disponível em: <https://economia.uol.com.br/noticias/efe/2021/07/24/dolar-paralelo-na-venezuela-ultrapassa-4-milhoes-de-bolivares.htm>. Acesso em: 05/02/2023.

WENKER, Kilian. **Retail Central Bank Digital Currencies, Disintermediation and Financial Privacy: The Case of the Bahamian Sand Dollar**. ArXiv (Cornell University), [S. l.], p. 1 – 30, 4 abr. 2022. Disponível em: <https://arxiv.org/abs/2204.01535>. Acesso em: 13 de maio de 2022.

Econômicas da Escola Paulista de Política Economia e Negócios da Universidade Federal de São Paulo) – Curso de Ciências Econômicas, Universidade Federal de São Paulo, São Paulo, 2021. Disponível em: <https://repositorio.unifesp.br/handle/11600/61057>. Acesso em: 5 de maio de 2022.

SAMPAIO, Adriano Vitel; CENTENO, Vinicius. **Moedas Digitais de Bancos Centrais: Considerações sobre um futuro não tão distante**. Macroeconomia e política econômica, [s.l.], 23 ago. 2021. Disponível em: <https://www.researchgate.net/publication/354077119_Moedas_Digitais_de_Bancos_Centrais_Consideracoes_sobre_um_futuro_nao_tao_distante>. Acesso em: 06 de maio de 2022.

STEPHAN, Adriana. **Knowledge Base: Digital Currency Research Institute (数字货币研究所) of the People's Bank of China**. 2022. Disponível em: <https://digichina.stanford.edu/work/knowledge-base-digital-currency-research-institute-of-the-peoples-bank-of-china/>. Acesso em: 13 de maio de 2022.

THORBECKE, Catherine. **The US dollar could go digital. Here's what you need to know**. 2022. Disponível em: <https://edition.cnn.com/2022/03/11/tech/us-digital-dollar-cbdc/index.html>. Acesso em: 14 de maio de 2022.

UOL ECONOMIA. **Dólar paralelo na Venezuela ultrapassa 4 milhões de bolívares**. 2021. Disponível em: <https://economia.uol.com.br/noticias/efe/2021/07/24/dolar-paralelo-na-venezuela-ultrapassa-4-milhoes-de-bolivares.htm>. Acesso em: 05/02/2023

WENKER, Kilian. **Retail Central Bank Digital Currencies, Disintermediation and Financial Privacy: The Case of the Bahamian Sand Dollar**. ArXiv (Cornell University), [S.l.], p.1 – 30, 4 abr. 2022. Disponível em: <https://arxiv.org/abs/2204.01583>. Acesso em: 13 de maio de 2022.

7
NFT E OS DIREITOS AUTORAIS

Jacqueline Mayer da Costa Ude Braz

Introdução

Nos últimos dias, tornou-se conhecida a "venda do meme da menina em frente ao incêndio" por US$ 500 mil. A partir disso, passou a ser comum ouvir as pessoas discutindo um dos usos de *blockchain*: o *Non-fungible Token* (NFT).

No entanto, esse não é o primeiro caso em que o NFT é usado para definir a originalidade e exclusividade de bens digitais popularmente produzidos. Em 19/02/2021, o *gif* animado de Nyan Cat, um meme de um gato voador criado em 2011, foi negociado por US$ 500 mil. Algumas semanas depois, o fundador do Twitter, Jack Dorsey, negociou o NFT do primeiro *tweet* publicado, tendo recebido por ele ofertas que chegaram a US$ 2,5 milhões. Além desses casos, também ficaram conhecidos a venda de *"Everydays: The first 5000 days"*, obra do artista Mike Winkelmann por US$ 69 milhões, e o leilão de itens da banda King of Leon que arrecadou US$ 2 milhões.

Além desses casos de uso, mais recentemente, após a retomada do crescimento da COVID-19 na China, as manifestações contrárias ao *lockdown* forçado, imposto aos moradores de Xangai, foram todas banidas da *internet* chinesa. Um dos meios encontrado pelos artistas chineses de apresentá-las ao mundo foi a de criar NFTs e vendê-los nas plataformas digitais que permitem transações que os tenham como objeto. Esse é um dos usos conferidos aos NFTs que atestam a autenticidade, originalidade e não-fungibilidade desses criptoativos.

Os usos do NFT têm aumentado substancialmente nos últimos anos, inclusive no Brasil. Artistas têm optado por registrar suas obras em NFT e negociá-las por meio de *blockchain*. E quando se pensa nas artes objeto de NFT, não se resume às obras de arte e à música. Desenhos, estampas, bordados transformados em imagens, fotos, vídeos, animações, tudo isso pode ser negociado na forma de NFT, por meio de criptomoedas, como Bitcoin e Ethereum.

O crescimento do uso de NFTs abriu a discussão sobre sua proteção pelos Direitos Autorais no Brasil e das consequências jurídicas ao reconhecê-la ou não.

Para examinar a questão, é necessário, numa primeira aproximação do tema, definir NFT, verificar suas principais características jurídicas e compreender seu funcionamento a partir da tecnologia de *blockchain*. Em seguida, passar-se-á a examinar a proteção dos Direitos Autorais no Brasil, considerando essencialmente o que determina a Lei 9.610/1998, para verificar se ela se aplica ou não aos NFTs e, por fim, as consequências de se reconhecer ou não essa proteção.

1. A definição de NFT

O primeiro passo para a compreensão das consequências jurídicas de se reconhecer ou não a aplicação dos Direitos Autorais aos NFTs é entender especificamente o seu funcionamento. A partir disso, pode-se aferir as relações jurídicas firmadas para que, então, se parta para o estudo das consequências jurídicas de sua proteção ou não pelos Direitos Autorais.

Por isso, neste estudo, será preciso definir NFT, para que, em seguida, se possa analisar suas características essenciais, o seu funcionamento e, por fim, a sua natureza jurídica, que será determinante para estabelecer o regime jurídico aplicável.

1.1. *Que é NFT?*

NFT é um *token* digital único, criptografado com a assinatura de um artista que demonstra a autoria e a anexa permanentemente a um bem digital qualquer, seja ele baseado em uma obra real ou virtual, gerada a partir de uma imagem, um vídeo, uma música, uma mensagem ou uma postagem em rede social. Ele garante a autenticidade e exclusividade dessa obra imaterial. Desse modo, ele funciona como uma identidade digital desses bens e permite que sejam negociados. Permite ainda que o artista mantenha os direitos autorais sobre eles e receba um percentual sobre as futuras negociações que a tenham como objeto.

Segundo Daniel de Paiva Gomes e Eduardo de Paiva Gomes:

> O NFT, portanto, é um registro em um banco de dados descentralizado que estabelece: (i) de quem é o link referenciado no *token*; (ii) para quem será direcionado; (iii) qual o seu conteúdo; (iv) e quais seriam as eventuais regras de distribuição do preço (parte do proprietário, parte para o *marketplace*, eventual direito de sequência etc). (GOMES; GOMES, 2022)

Antes disso, os autores apresentaram uma importante advertência que deverá ser utilizada em todo o trabalho: "Por meio de um NFT, o adquirente não irá obter, obrigatoriamente, a propriedade ou a posse do arquivo digital ou da obra física porventura existente. Não podemos confundir, portanto, o NFT com o direito ou bem a que ele se refere" (GOMES; GOMES, 2022). Tudo dependerá do direito subjacente ao NFT que poderá se identificar apenas com a aquisição do *token* sem o conteúdo por ele referenciado ou do *token* acompanhado desse conteúdo. São as regras postas no *smart contract* que determinarão o objeto e os direitos transacionados, ou seja, se há a transferência de propriedade do bem ou dos direitos relativos a ele para o adquirente do NFT.

Após essa visão geral, é preciso discorrer especificamente sobre a expressão "*token* não-fungível". *Token* nada mais é do que um criptoativo, ou seja, um ativo digital registrado em uma *blockchain* que pode ser negociado. Ele não se confunde com os *tokens* bancários que promovem uma camada extra de segurança ao acesso às contas bancárias nem aos *tokens* de assinatura digital, muito utilizados por advogados e pelos serventuários da Justiça.

A não-fungibilidade desse *token* e seus reflexos jurídicos serão tratados no tópico subsequente.

1.2. *Que caracteriza um NFT?*

A não fungibilidade do bem, marcada na sigla pela qual essa tecnologia ficou conhecida (NFT) é a chave para compreender a sua aplicação. Nos termos do art. 85, do CC: "São fungíveis os móveis que podem substituir-se por outros da mesma espécie, qualidade e quantidade". O dinheiro, por exemplo, é um bem fungível, porque uma nota de R$ 10 pode ser trocada por outra nota de R$ 10 ou por duas notas de R$ 5 ou ainda por cinco notas de R$ 2, sem que haja perda de valor para as partes envolvidas nessa operação.

Por outro lado, são infungíveis aqueles bens que não podem ser substituídos por outros de mesma espécie, qualidade e quantidade. O bem digital anteriormente mencionado, tais como as obras de arte, é infungível. Ele não pode ser trocado por outro sem que aquele que o entrega obtenha um resultado distinto daquele que tinha em sua posição anterior, uma vez que a obra por ele recebida jamais será igual àquela que foi por ele entregue.

É a não-fungibilidade é o que confere originalidade e exclusividade ao NFT. Além disso, NFT e as criptomoedas se distinguem essencialmente por ser o NFT não-fungível, ao contrário do que ocorre com as criptomoedas[1], a que se aplica a mesma racionalidade do dinheiro, anteriormente mencionada.

1.3. *NFT e blockchain*

O NFT nasceu em 2014 e não se trata de um arquivo de computador nem de um *software*. NFT é um ativo que existe em uma *blockchain*. Ele se assemelha a uma criptomoeda com algumas diferenças que merecem ser aqui reconhecidas, como a não-fungibilidade. Contudo, antes, é preciso tratar de algumas questões relacionadas à tecnologia de *blockchain*.

[1] Após analisar o posicionamento de diversos autores, Daniel de Paiva Gomes estabeleceu a definição de moedas virtuais como sendo: "[...] bens jurídicos móveis, incorpóreos, nos termos do artigo 83, inciso III, do Código Civil, que, ao lado das moedas eletrônicas, configuram espécie de moeda digital que: (i) são armazenadas e transacionadas eletronicamente; (ii) possuem denominação, forma, unidade de medida e valores próprios; (iii) não possuem lastro em moeda fiduciária nem em commodities de valor; (iv) não possuem curso legal ou curso forçado; (v) não são emitidas por bancos centrais, instituições de créditos ou instituições que lidam com moedas eletrônicas, mas sim por entes privados ou protocolos descentralizados de funcionamento; (vi) podem ser utilizadas como meios de troca; e (vii) dentro de ambientes e comunidades específicas, podem funcionar como meios de troca, reserva de valor e unidade de medida". (GOMES, 2021, p. 41-42) Em outra passagem, o autor define especificamente "criptomoeda" como: "ativo virtual não monetário ("moedas virtuais"), não financeiro, descentralizado, sem um emissor identificado, dotado de fluxo aberto e caráter universal, criptografado e com fluxo de conversabilidade bidirecional, utilizado como meio de trocas que faz as vezes de meio de pagamento". (GOMES, 2021, p. 67)

A tecnologia de NFT baseia-se nela que, dada sua natureza descentralizada, as informações armazenadas na cadeia são seguras e invioláveis, o que estimula o surgimento e o fortalecimento desse mercado.

O funcionamento do *blockchain* pode ser explicado a partir de cinco princípios: (i) todos os dados são acessíveis pelas partes contratantes, havendo simetria de informação; (ii) a comunicação ocorre, de fato, *peer-to-peer*, ou seja, entre as pessoas que pretendem disponibilizar seus bens ou prestar serviços e aquelas outras que demandam os bens ou serviços; (iii) apesar de todas as transações serem acessíveis para as partes contratantes, elas são identificadas por um endereço alfanumérico que os torna anônimos, preservando seus dados pessoais; (iv) os registros das transações são irreversíveis e não podem ser alterados; e (v) por se submeterem à lógica computacional, não se pode afirmar a impossibilidade de configuração dos algoritmos para gerarem transações automáticas.

Desse modo, o *blockchain* configura-se como tecnologia que se utiliza da criptografia para permitir a comunicação e interação anônima entre indivíduos, com base em uma estrutura descentralizada, imutável e absolutamente transparente. Por meio dele, os usuários deixam de ser a origem da oferta e se tornam intermediários que administram e controlam coletivamente o mercado.

A estrutura de *blockchain* permite a descentralização da plataforma digital de forma segura, coordenando as atividades de grande número de usuários, que se organizam e se encontram sem a necessidade de um intermediário. Com base nessa tecnologia, são criadas organizações que conectam as pessoas, sem a necessidade de uma estrutura hierarquizada interna, dado que elas são geridas coletivamente por seus usuários.

Com base nessa tecnologia, emergem os contratos inteligentes (*smart contracts*) que objetivam a sua execução imparcial, sem a necessidade de se confiar na parte contrária para que isso ocorra, e a retirada de intermediários desse processo de contratação entre pares. Desse modo, os contratos inteligentes executam o que determinam as cláusulas contratuais, independente de um intermediário para tanto ou da confiança entre os contratantes.

O contrato inteligente pode ser definido como o acordo entre duas ou mais partes acerca de uma obrigação futura que será cumprida de forma imparcial. Do ponto de vista jurídico, essa definição é absolutamente aberta, demasiadamente ampla, mas ao analisar essa nova modalidade contratual, percebe-se que nada além disso pode ser dito a respeito dele.

Um dos problemas desse tipo de contrato é que ele depende de uma programação muito cuidadosa e pormenorizada, prevendo todas as consequências do descumprimento de qualquer de suas cláusulas, uma vez que possui execução automática, independentemente de um intermediário. Deve ser um tanto quanto complicado traduzir os princípios que regrem as relações jurídicas advindas de um contrato para a linguagem de programação. Como um programa de computador poderia sopesar as consequências do descumprimento de uma cláusula com o princípio da função social do contrato?

O homem atribui valor aos signos, valora (Carvalho, 2021, p. 179-180). E todas as consequências pelo descumprimento de uma cláusula de um contrato inteligente devem ser previstas e traduzidas para linguagem de programação. A dificuldade é que o programa não é capaz de valorar os fatos que traduzem esse descumprimento para que, a partir disso, imponha a consequência aplicável. É impossível para o programador prever todas as possíveis consequências ao redigir um contrato inteligente e disso decorre o risco de que seja imposta uma consequência indevida diante de uma exceção que não havia sido por ele prevista.

Além disso, quando o contrato inteligente tem por objeto bens tangíveis, na prática, esses bens serão objeto de regulação pela jurisdição da circunscrição em que se encontrarem, determinado que se confie em alguém além daquele que criou o contrato. Afasta-se, nesse caso, a características primordial do contrato inteligente que é a descentralização e a desnecessidade de um terceiro que intermedeie a relação jurídica firmada em virtude dele. O aumento do nível de complexidade de análise e execução desse contrato inteligente, quando tenha por objeto bens tangíveis, diante desse contexto, é inequívoco.

Os contratos inteligentes têm sido usados, tendo como objeto especialmente a exploração econômica de propriedade industrial e direitos autorais. Nesse caso, o pagamento normalmente é feito por meio de criptomoedas, como o *Bitcoin*, podendo ser firmado entre as pessoas aproximadas pela plataforma digital.

A legislação brasileira, numa primeira análise não apresenta óbices à utilização desses contratos. Eles buscam fundamento de validade no art. 421, do Código Civil, que dispõe sobre a liberdade contratual, e na desnecessidade de se adotar forma especial para a manifestação de vontade e celebração de negócio jurídico, prevista no art. 107, do Código Civil[2]. Contudo, eles devem ser usados com muito cuidado, observando essencialmente a necessidade de que a programação contemple, além das cláusulas, os específicos e razoáveis efeitos decorrentes de seu descumprimento e o máximo número possível de exceções à aplicação de sanções, especialmente daquelas consideradas mais graves.

Ao submeter o bem digital ao NFT, ele se transforma num bem único, cuja autenticidade é certificada por esse tipo de assinatura digital em *blockchain*. Desse modo, por mais que inúmeras pessoas compartilhem o mesmo meme, ao ter o criador o vinculado ao NFT, ele passa a deter o meme "original", ou seja, o atestado digital, verificado por *blockchain*, que transforma o bem digital autêntico e exclusivo, destacando-o das cópias comuns dele feitas. A tecnologia de *blockchain* confere autenticidade ao NFT.

1.4. *Como um NFT é criado?*

Como dito anteriormente, um NFT pode ser criado a partir de uma imagem, de uma fotografia, um desenho, um vídeo, um *gif*, um arquivo de áudio, "skins" de jogos *online* etc. Aliás, um jogo online inteiro poderá ser transformado em NFT, mas a tendência é de que apenas itens ou personagens colecionáveis dentro de um jogo sejam transformados em NFT. Inúmeras são as possibilidades de arquivos a partir dos quais o NFT poderá ser criado.

Para isso, o primeiro passo é a escolha e configuração de uma carteira digital que tenha integração com a *blockchain*, em que os valores transacionados serão depositados e a partir da qual, os custos de criação serão pagos. A mais usada hoje é a Ethereum[3]. A criação de uma carteira digital passa pela abertura de conta em alguma *exchange* de criptoativos, para a qual o usuário transfere valores de sua conta bancária e adquire criptomoedas, como Bitcoin, Ethereum, Cardano, Litecoin etc. Em seguida, o criador deverá transferir criptomoedas para essa carteira para que pague o custo de mineração e crie o NFT.

[2] Art. 107. A validade da declaração de vontade não dependerá de forma especial, senão quando a lei expressamente a exigir.

[3] Disponível em: https://ethereum.org/en/ Acesso em: 10/05/2022.

Feito isso, será necessário escolher a plataforma de *marketplace* em que o NFT será negociado, como a OpenSea[4], Binance[5], Libertex[6], Crypto.com[7], NFTexperience[8] ou Sandbox[9]. O próximo passo será conectar a carteira digital do criador a esse *marketplace*, fazer o *upload* do arquivo e determinar o preço do NFT que pode ser fixo ou determinado por leilão.

Nesse processo, o criador do NFT "minta"[10] o arquivo digital, transformando-o em NFT, ou seja, protege o bem digital, criando um *token* único certificado pela *blockchain*. Para isso, ele precisa pagar determinada quantia em criptomoeda que varia a depender do dia e horário, considerando o tráfego na rede.

Ao fazer o NFT de um bem físico, tal como uma obra de arte, ele se apresentará apenas como o registro da obra em *blockchain*, conferindo a ela autenticidade, exclusividade e autoria ou titularidade dos direitos de exploração econômica.

1.5. *A natureza jurídica das operações com NFT*

Definir a natureza jurídica das operações que tenham NFT como objeto é preponderante para que se possa analisar a aplicabilidade da proteção conferida pelos Direitos Autorais, nos termos da Lei 9.610/1998. Realmente são criptoativos ou se trata de obras de arte vendidas *online*? Ou ainda se revelam objeto de operações com bens digitais?

João Marco Braga da Cunha (2022) afirma que NFT é uma subclasse dos criptoativos e diferencia-se dos demais por serem únicos e não intercambiáveis. Por essa definição, compreende-se que o NFT é uma representação digital de um ativo, registrado em *blockchain*.

Essa ideia afasta aquela outra de que o NFT seria uma obra de arte vendida *online*. Ele não é a obra de arte em si, mas a certificação de que é única, exclusiva e autêntica. Da mesma forma, afasta-se a ideia de que constitua objeto de operações com bens digitais, dado que podem se con-

[4] Disponível em: https://opensea.io/ Acesso em: 10/05/2022.

[5] Disponível em: https://www.binance.com/en/nft/home Acesso em: 10/05/2022.

[6] Disponível em: https://libertex.com/pt Acesso em: 10/05/2022.

[7] Disponível em: https://crypto.com/eea/ Acesso em: 10/05/2022.

[8] Disponível em: https://www.nftexperienceworld.com/ Acesso em: 10/05/2022.

[9] Disponível em: https://www.sandbox.game/en/shop/ Acesso em: 10/05/2022.

[10] "Mintar" significa cunhar o arquivo digital, ou seja, produzir, digitalizar, criar em determinada *blockchain* o NFT.

figurar como registro de obras de arte tangíveis, por exemplo, que têm existência no mundo físico.

Um dos problemas para identificação da natureza jurídica do NFT é a definição de criptoativo elaborada pela Receita Federal do Brasil (RFB) e expresso no art. 5º, da Instrução Normativa RFB 1.888/2019, que estabelece que um criptoativo equivale a uma:

> Art. 5º Para fins do disposto nesta Instrução Normativa, considera-se:
> I – criptoativo: a representação digital de valor denominada em sua própria unidade de conta, cujo preço pode ser expresso em moeda soberana local ou estrangeira, transacionado eletronicamente com a utilização de criptografia e de tecnologias de registros distribuídos, que pode ser utilizado como forma de investimento, instrumento de transferência de valores ou acesso a serviços, e que não constitui moeda de curso legal;

A definição da RFB é absolutamente literal e objetiva alcançar diretamente as criptomoedas, desprezando que criptoativos é gênero do qual as criptomoedas são espécie. Outra espécie desse gênero seriam os NFTs, registros de bens em um banco de dados descentralizado (*blockchain*). Desse modo, pela literalidade da definição, o NFT não poderia ser considerado um criptoativo.

No entanto, a RFB os considera enquanto tais, exigindo seu registro na ficha "Bens e direitos" da Declaração do Imposto sobre a Renda da Pessoa Física, inclusive com a utilização de código específico (Código 10). Vale ressaltar que, no Perguntas e Respostas, ela inclui o NFT entre os criptoativos, na pergunta 455, e cita como exemplos de NFT "*tokens* representativos de direitos sobre bens digitais ou físicos, como colecionáveis, obras de arte e imóveis".[11]

Por fim, vale destacar que a Lei 14.478/2022, que buscou regular o mercado de criptoativos no Brasil não se aplica ao NFT. No *caput* do art. 3º, a lei define como ativo virtual "a representação digital de valor que pode ser negociada ou transferida por meios eletrônicos e utilizada para realização de pagamentos ou com propósito de investimento". Desse grupo de ativos, ela exclui expressamente no citado artigo a moeda nacional e estrangeira, a moeda eletrônica, instrumentos que proporcionem a seu titular

[11] Disponível em: http://bit.ly/3jxMdn5 Acesso em: 06/02/2023.

acesso a produtos ou serviços especificados ou a benefícios gerados por eles, como pontos e recompensas de programas de fidelidade, e "representações de ativos cuja emissão, escrituração, negociação ou liquidação esteja prevista em lei ou regulamento, a exemplo de valores mobiliários e ativos financeiros".

A Lei 14.478/2022 restringe sua aplicação aos *tokens* de pagamento, utilizados na aquisição de bens e de serviços, enquanto dinheiro eletrônico transacionado em ambiente digital. Ela afasta expressamente de seu âmbito os *tokens* de utilidade, em seu art. 3º, III, em que são oferecidas vantagens para os seus adquirentes como descontos e pontos em programas de fidelidade. Vale destacar que ela também não abrange o NFT, que pode ser definido como um *token* digital único que assegura a autenticidade e exclusividade de determinada obra e, definitivamente não se enquadra na definição de "ativo virtual" posta na lei.

2. NFT e direitos autorais

Como dito anteriormente, o criador poderá reservar os direitos autorais do bem digital, como o fez a menina do meme do incêndio. E, de acordo com a legislação brasileira, isso seria possível? Mais do que isso: Transfere-se, por meio da negociação com NFTs, os Direitos Autorais do bem digital para que seja explorado economicamente por aquele que o adquire, que pode reproduzi-lo para usos comerciais? Essas são as questões que este tópico pretende responder.

Considerando como definido que o NFT é uma espécie de criptoativo, que se revela na forma de um certificado de autenticidade de um bem que lhe corresponde, retome-se a advertência no sentido de que ele não se confunde com os termos da negociação subjacente que poderá determinar ou não a transferência da "propriedade" do bem. Sabe-se que esse termo ("propriedade") não é o mais adequado para se tratar do tema, mas foi aqui propositalmente usado para chamar a atenção para a definição da natureza jurídica do NFT e do conteúdo das negociações que o tenham como objeto.

2.1. *A proteção por direitos autorais no Brasil*

Os Direitos Autorais são conferidos a todo criador de uma obra intelectual e recaem sobre sua criação. Trata-se de direito exclusivo do autor, conforme determina o art. 5º, XXVII, da Constituição da República Federativa do Brasil (CRFB/1988)[12], além de estar definido em vários acordos internacionais, entre os quais se destaca a Convenção de Berna, promulgada pelo Decreto 75.699/1975, e a Declaração Universal dos Direitos Humanos[13], adotada e proclamada pela Assembleia Geral das Nações Unidas, em 10/12/1948.

Eles são um conjunto de prerrogativas conferidas por lei ao autor de determinada obra intelectual, seja ele pessoa física ou jurídica para que ele possa usufruir dos benefícios morais ou patrimoniais decorrentes de sua obra. Os direitos morais se referem à autoria da obra e são intransferíveis e irrenunciáveis. Os direitos patrimoniais se referem à exploração econômica da obra intelectual e podem ser transferidos a terceiros, por meio de concessão, licenciamento ou cessão de direitos, conforme será detidamente analisado em tópico subsequente deste trabalho.

Quando os direitos patrimoniais expiram, a obra intelectual entra em domínio público. Segundo o art. 7º, 1, da Convenção de Berna, o prazo mínimo é de 50 anos contados da morte do autor. Contudo, no Brasil, esse prazo é de 70 anos, contados do primeiro dia do exercício subsequente a seu falecimento, nos termos dos arts. 41, 43 e 44, da Lei 9.610/1998. Vale destacar que alguns direitos morais são conservados mesmo após esse prazo.

A citada lei brasileira foi editada para a proteção dos direitos autorais, denominação sob a qual devem ser incluídos os direitos de autor e os que lhes são conexos[14]. O art. 7º, da citada lei define os bens aos quais essa proteção deve ser conferida como: "[...] obras intelectuais protegidas as criações do espírito, expressas por qualquer meio ou fixadas em qualquer suporte, tangível ou intangível, conhecido ou que se invente no futuro".

Além disso, relaciona exemplificativamente obras intelectuais protegidas legalmente. Os memes difundidos pela *internet* poderiam se enquadrar como "obras audiovisuais, sonorizadas ou não, inclusive as cinematográfi-

[12] Art. 5º Todos são iguais perante a lei, sem distinção de qualquer natureza, garantindo-se aos brasileiros e aos estrangeiros residentes no País a inviolabilidade do direito à vida, à liberdade, à igualdade, à segurança e à propriedade, nos termos seguintes:
XXVII – aos autores pertence o direito exclusivo de utilização, publicação ou reprodução de suas obras, transmissível aos herdeiros pelo tempo que a lei fixar;

[13] Artigo 27 – 2. Todo ser humano tem direito à proteção dos interesses morais e materiais decorrentes de qualquer produção científica literária ou artística da qual seja autor.

[14] Os direitos conexos protegem os artistas, intérpretes e executantes, produtores de fonogramas e os organismos de radiodifusão, nos termos do art. 89 e seguintes, da Lei 9.610/1998.

cas", "obras fotográficas e as produzidas por qualquer processo análogo ao da fotografia", como no caso do meme da menina em frente ao incêndio, ou ainda "obras de desenho, pintura, gravura, escultura, litografia e arte cinética", como os protestos de artistas chineses contra o *lockdown* obrigatório em Xangai.

2.1.1. *Da desnecessidade de registro em órgão competente para que seja conferida a proteção*

Um ponto relevante para o debate relativo à extensão dos Direitos Autorais aos NFTs decorre do fato de que o art. 18, da Lei 9.610/1998, dispensa o registro da obra para que seja conferida a proteção desses direitos. Por força do art. 19, da citada lei, é meramente facultado ao autor o registro em órgãos públicos, relacionados no art. 17, da Lei 5.988/1973, quais sejam, a Biblioteca Nacional, Escola de Música, Escola de Belas Artes da Universidade Federal do Rio de Janeiro, Instituto Nacional do Cinema e Conselho Federal de Engenharia, Arquitetura e Agronomia. Outro órgão de registro é o Instituto Nacional de Propriedade Intelectual (INPI), que recebe o registro de obras de caráter eminentemente técnico.

Desse modo, a ausência de registro dos NFTs em órgão competente listado pela Lei 5.988/1973 não é causa de exclusão da proteção de Direitos Autorais.

2.1.2. *Direitos morais e patrimoniais protegidos*

De forma geral, os direitos autorais dividem-se em direitos morais e patrimoniais, nos termos do art. 22, da Lei 9.610/1998. Os direitos morais, previstos no art. 24, asseguram a autoria da criação ao autor e o poder sobre a integridade da obra e, por essa razão, são inalienáveis e irrenunciáveis, conforme determina o art. 27. Assim sendo, os direitos morais asseguram que o autor sempre será referenciado como o criador da obra e poderá inclusive evitar atos que estiverem a ela relacionados e afetem a sua honra. Eles se dividem em indicação da autoria, da circulação da obra, ou seja, o direito de mantê-la inédita ou retirá-la de circulação, e de alterações da obra.

Por outro lado, os direitos patrimoniais são aqueles relativos à utilização econômica da obra, podendo o autor usar, fruir e dispor da obra literária, artística ou científica, por força do art. 28. A transferência dos direitos patrimoniais de autor pode ser feita total ou parcialmente, como prescreve o art. 49, da Lei 9.610/1998[15]. Caso não seja feita sob a forma escrita, terá prazo máximo de cinco anos.

Vale destacar que aquele que adquire os Direitos Autorais de determinada obra apenas o faz em relação aos direitos patrimoniais, uma vez que os direitos morais são intransferíveis e irrenunciáveis. Isso obriga o adquirente a mencionar sempre a autoria da obra e a ele é vedado promover qualquer alteração na obra original nem impedir que o autor se oponha a eventuais alterações com as quais ele não concorde.

Por fim, vale destacar que os contratos que tenham como objeto os direitos morais deverão ser considerados nulos, pelas características acima citadas.

2.1.3. *A formas de negociação que tenham os direitos autorais como objeto*

Neste ponto, vale analisar os contratos que, segundo a Lei 9.610/1998, podem ter por objeto os Direitos Autorais: licenciamento, cessão de direitos e concessão para, na sequência, examinarmos a extensão da transmissibilidade desses direitos.

O contrato de licenciamento autoriza a exploração econômica por tempo determinado, com forma e finalidades específicas. Ele transfere ao terceiro o uso e gozo da coisa e poderá ser remunerado ou concedido a título gratuito. Após esse prazo, o terceiro não poderá mais explorá-la, retomando o autor esse direito.

[15] Art. 49. Os direitos de autor poderão ser total ou parcialmente transferidos a terceiros, por ele ou por seus sucessores, a título universal ou singular, pessoalmente ou por meio de representantes com poderes especiais, por meio de licenciamento, concessão, cessão ou por outros meios admitidos em Direito, obedecidas as seguintes limitações:
I – a transmissão total compreende todos os direitos de autor, salvo os de natureza moral e os expressamente excluídos por lei;
II – somente se admitirá transmissão total e definitiva dos direitos mediante estipulação contratual escrita;
III – na hipótese de não haver estipulação contratual escrita, o prazo máximo será de cinco anos;
IV – a cessão será válida unicamente para o país em que se firmou o contrato, salvo estipulação em contrário;
V – a cessão só se operará para modalidades de utilização já existentes à data do contrato;
VI – não havendo especificações quanto à modalidade de utilização, o contrato será interpretado restritivamente, entendendo-se como limitada apenas a uma que seja aquela indispensável ao cumprimento da finalidade do contrato.

Já o contrato de cessão de direitos se perfectibiliza com a transferência definitiva dos direitos patrimoniais sobre a obra, podendo ser essa transferência total ou parcial. Em sendo total, necessariamente deverá adotar a forma escrita, nos termos do art. 49, II, da Lei 9.610/1998. A partir da celebração do contrato de cessão de direitos, o autor perderá a prerrogativa de decidir sobre a divulgação, publicação, exposição, venda e comercialização da obra. Entretanto, permanecem com ele os direitos morais. Dessa forma, são resguardados o direito de ser referenciado como autor da obra, além de agir contra quaisquer tipos de alterações com que não concorde ou que violem a sua honra.

É ao contrato de cessão de direitos a que diversos autores se referem como compra e venda de NFT, por nele ocorrer a transferência definitiva de todos ou, ao menos de alguns, direitos patrimoniais relativos à obra. No entanto, cumpre esclarecer que não se trata de um contrato típico de compra e venda, uma vez que tendo por objeto Direitos Autorais, sabe-se que apenas os direitos patrimoniais são negociáveis, sendo os de natureza moral intransferíveis e irrenunciáveis.

O contrato de concessão tem origem no Direito Administrativo e, no setor público, consiste na atribuição ao particular do direito de executar um serviço de interesse público. No âmbito privado, é celebrado entre particulares conferindo um a outro determinados direitos, como o de comercialização de sua produção. O concedente, por esse ato, transfere ao concessionário, que assume os riscos da atividade, o exercício de um ou mais de seus direitos, sem que haja a transmissão do próprio direito. Esse contrato caracteriza-se como sendo *intuito personae* e por prazo certo, limitando-se ao objeto da concessão.

Nesse sentido, Eduardo Vieira Manso (1989, p. 41) afirma que a concessão é "a modalidade de negociação que transfere ao seu beneficiário a faculdade de utilizar a obra intelectual, publicamente e com fins econômicos, sem que idêntico direito deixe de integrar o patrimônio do concedente". Por essa razão, a concessão não se confunde com a cessão de direitos. Naquela há apenas restrição de direitos de quem concede, com o intuito de viabilizar a publicação de uma obra; na última, a extinção dos direitos do cessionário.

Carmela Dell'Isola distingue essas três modalidades contratuais:

> Embora seja utilizado nos negócios jurídicos que envolvam os direitos de autor, o legislador deixa de definir e regulamentar os contratos de licença e

> de concessão. Pelo primeiro, o autor investe terceiro para explorar a obra, com ou sem exclusividade. Pelo segundo, o autor concede ao beneficiário o direito de utilizar a obra publicamente, seja por intermédio da reprodução ou representação.
>
> O contrato de cessão é utilizado nas negociações em que o autor transfere, total ou parcialmente, ao beneficiário o direito de explorar economicamente a obra. Pela transferência total, o autor permanece, apenas, com o direito moral, podendo se investir de direito patrimonial à forma que vier a ser criada, após a celebração do contrato. (Dell'Isola, 2006, p. 104-105)

A aquisição de um NFT apenas significa que o adquirente passou a possuir um certificado de autenticidade de uma obra por meio de *smart contract* registrado em *blockchain*. É o acordo subjacente que determinará se os direitos patrimoniais relativos a essa obra foram objeto de licenciamento, de cessão de direitos total ou parcial ou, ainda, de concessão.

Se o adquirente decidir repassar o NFT para terceiro, vale destacar que o direito de sequência, segundo o art. 38, da Lei 9.610/1998, não se aplicaria. O dispositivo determina que:

> Art. 38. O autor tem o direito, irrenunciável e inalienável, de perceber, no mínimo, cinco por cento sobre o aumento do preço eventualmente verificável em cada revenda de obra de arte ou manuscrito, sendo originais, que houver alienado.
>
> Parágrafo único. Caso o autor não perceba o seu direito de seqüência no ato da revenda, o vendedor é considerado depositário da quantia a ele devida, salvo se a operação for realizada por leiloeiro, quando será este o depositário.

Isso ocorre porque esse repasse se dá apenas em relação ao NFT, ou seja, ao registro da obra e não da obra em si, objeto de licenciamento, de cessão de direitos ou concessão celebrado com seu autor. Contudo, caso o seja com o titular dos direitos patrimoniais da obra, poderá haver o questionamento quanto à aplicabilidade ou não ao caso do direito de sequência, ou seja, se seria devido ao autor o percentual assegurado pela lei.

Por essa razão, é muito importante que seja especificado, em todos os contratos que envolvam NFTs, os termos da avença subjacente, relativa aos direitos patrimoniais da obra, além de explicitar se com a transferência desse registro de uma pessoa a outra, haverá também a transferência dos termos firmados em relação à obra (licenciamento, cessão de direitos ou concessão).

2.1.4. *Das questões relacionadas à reprodução de uma obra protegida*

A reprodução é a cópia em um ou mais exemplares da obra. Francisco Cavalcanti Pontes de Miranda já bem a definia como:

> [...] c) o direito autoral de reprodução (direito de edição); *d)* o direito de propriedade de cada exemplar de obra reproduzida. O direito e) compreende o de reprodução *gráfica* (impressão do livro literário, artístico ou científico, ou da peça de teatro ou da música) e o de reprodução *sônica*. O direito de reprodução gráfica só diz respeito à multiplicação do original escrito, ou dactilografado, ou por outro modo tornado visível, isto é, à reprodução para os olhos. O direito de reprodução sônica é o direito que tem por objeto haver o valor da representação teatral, ou musical, ou de transmissão pelo rádio. Aqui, o que, de ordinário, mais importa é o ouvido, se bem que a representação teatral seja para os olhos e os ouvidos, ou somente para os olhos (representação teatral só em gesticulação). (Pontes de Miranda, 1956, p. 8-9)

Seja ela parcial ou integral, a reprodução depende de autorização prévia do autor ou do detentor dos direitos autorais, nos termos do art. 29, da Lei 9.610/1998. Quando não autorizada e caso a obra ainda não tenha caído em domínio público, a reprodução será considerada ilícita dos pontos de vista civil, demandando reparação dos danos morais e eventualmente materiais suportados, nos termos do art. 102 e seguintes, da Lei 9.610/1998, e penal, conforme determina o art. 184, do Código Penal[16]. Nesse sentido, merece destaque o entendimento adotado pelo STF a respeito:

[16] Art. 184. Violar direitos de autor e os que lhe são conexos:
Pena – detenção, de 3 (três) meses a 1 (um) ano, ou multa.
§ 1º Se a violação consistir em reprodução total ou parcial, com intuito de lucro direto ou indireto, por qualquer meio ou processo, de obra intelectual, interpretação, execução ou fonograma, sem autorização expressa do autor, do artista intérprete ou executante, do produtor, conforme o caso, ou de quem os represente:
Pena – reclusão, de 2 (dois) a 4 (quatro) anos, e multa.
§ 2º Na mesma pena do § 1º incorre quem, com o intuito de lucro direto ou indireto, distribui, vende, expõe à venda, aluga, introduz no País, adquire, oculta, tem em depósito, original ou cópia de obra intelectual ou fonograma reproduzido com violação do direito de autor, do direito de artista intérprete ou executante ou do direito do produtor de fonograma, ou,

> [...] 2. O impacto econômico da violação ao **direito autoral** mede-se pelo valor que os detentores das obras deixam de receber ao sofrer com a "pirataria", e não pelo montante que os falsificadores obtêm com a sua atuação imoral e ilegal. 3. A prática da contrafação não pode ser considerada socialmente tolerável haja vista os enormes prejuízos causados à indústria fonográfica nacional, aos comerciantes regularmente estabelecidos e ao Fisco pela burla do pagamento de impostos. 4. In casu, a conduta da recorrente amolda-se perfeitamente ao tipo de injusto previsto no art. 184, §2º, do Código Penal, uma vez foi identificada comercializando mercadoria pirateada (100 CD's e 20 DVD's de diversos artistas, cujas obras haviam sido reproduzidas em desconformidade com a legislação). (STF – 1ª Turma, RHC 115.986, Rel. Min. Luiz Fux, DJe 16/08/2013)

Ao adquirir qualquer obra artísticas, por exemplo, um livro, CD ou DVD, ao adquirente é conferido apenas o direito de apreciar ou utilizar a obra e não de reproduzi-la nem de comercializá-la.

Com o uso do NFT, não apenas a reprodução de uma obra sem a autorização de seu autor ou titular de seus direitos patrimoniais seria indevida. A própria criação do NFT sem autorização do autor já configuraria uma violação aos Direitos Autorais. Além disso, outro caso de violação desses direitos seria a criação de NFT de uma obra anteriormente licenciada, mas que o detentor do NFT ultrapasse os limites da licença ou concessão, por exemplo, explorando comercialmente a obra quando isso não era permitido.

ainda, aluga original ou cópia de obra intelectual ou fonograma, sem a expressa autorização dos titulares dos direitos ou de quem os represente.
§ 3 ºSe a violação consistir no oferecimento ao público, mediante cabo, fibra ótica, satélite, ondas ou qualquer outro sistema que permita ao usuário realizar a seleção da obra ou produção para recebê-la em um tempo e lugar previamente determinados por quem formula a demanda, com intuito de lucro, direto ou indireto, sem autorização expressa, conforme o caso, do autor, do artista intérprete ou executante, do produtor de fonograma, ou de quem os represente:
Pena – reclusão, de 2 (dois) a 4 (quatro) anos, e multa.
§ 4 ºO disposto nos §§ 1 º, 2 ºe 3 ºnão se aplica quando se tratar de exceção ou limitação ao direito de autor ou os que lhe são conexos, em conformidade com o previsto na Lei nº 9.610, de 19 de fevereiro de 1998 , nem a cópia de obra intelectual ou fonograma, em um só exemplar, para uso privado do copista, sem intuito de lucro direto ou indireto.

2.1.5. *Direitos autorais: direito de propriedade ou direito de personalidade?*

Não há acordo na doutrina quanto à natureza jurídica dos Direitos Autorais. Alguns autores sustentam que se trata de direito de propriedade, enquanto outros, de direito de personalidade. Para conciliar os interesses de ambas as correntes, alguns autores sustentam tratar-se de direitos de natureza híbrida, ou seja, há a proteção dos direitos morais, relacionados à autoria das obras e que são inalienáveis, e aos direitos patrimoniais, relativos à exploração econômica da obra e que podem ser transferidos a terceiros, conforme anteriormente citado. Nesse sentido, Francisco Cavalcanti Pontes de Miranda estabelece que:

> A obra científica, artística ou literária dá ensejo a diferentes direitos, o primeiro dos quais é o direito autoral de personalidade (Tomo VII, §§ 729, 1, e 756), que precede, gnoseológica e logicamente, às relações jurídicas em que o objeto é bem patrimonial ou tem valor patrimonial. O direito autoral de personalidade e o direito autoral patrimonial são inconfundíveis. (Pontes de Miranda, 1956, p. 8)

O autor prossegue listando o conteúdo dos direitos de personalidade associados aos Direitos Autorais:

> No plano do direito das coisas não há lugar para se cogitar de direito autoral de personalidade. Tal direito nada tem com a propriedade intelectual, se bem que dêle emane tal propriedade. O conteúdo do direito de personalidade consiste:
>
> *(a)* No *afirmar-se da própria pessoa,* de modo que o titular é como o próprio objeta do direito. A êsse conteúdo pertence a inabluibilidade do enunciado que diga ter sido feita a obra pelo que se aponta como titular do direito (direito ao reconhecimento da autoria, que alguns confundem com o de nominação, *e. g.*, VOIOTLXNDER-ELStER-KLEINE, *Die Gesetze, betrelfend das Urheberrecht, 75*). *(b)* Na *incolumidade da esfera própria do titular* (livre decisio quanto a dar publicidade, ou *a* não dar). *(c) Na inatingibilidade da obra pelas alterações ou correções não consentidas. (d) Na contrariedade a direito de tóda contrafação ou dano d obra.* Os elementos *(c)* e *(d) são* fronteiriços ao direito de ligar o nome à obra, de modo que se poderia discutir se são elementos do conteúdo do direito autoral de personalidade. Mas, rigorosamente, *(e)* o direito de ligar o nome à obra é da mesma plana que o direita à inalterabilidade, e entram na franja dispositiva do direito autoral de personalidade, franja com que se começa a categoria da propriedade intelectual. (Pontes de Miranda, 1956, p. 15)

No Brasil, tem-se associado os Direitos Autorais ao direito de propriedade intelectual, como demonstra a decisão proferida pelo STF na ADI 5.800, em que o Tribunal Pleno sustentou que:

> O direito autoral é um conjunto de prerrogativas que são conferidas por lei à pessoa física ou jurídica que cria alguma obra intelectual, dentre as quais se destaca o direito exclusivo do autor à utilização, à publicação ou à reprodução de suas obras, como corolário do direito de propriedade intelectual (art. 5º, XXII e XXVII, da Constituição Federal). (STF – Tribunal Pleno, ADI 5.800, Rel. Min, Luiz Fux, DJe 22/05/2019)

Nesse sentido, também se posicionou Goffredo Telles Junior:

> Sendo expressão de um pensamento, a obra intelectual, assim exteriorizada, é manifestação própria de quem teve o pensamento, e o revelou. É obra própria do manifestante. E, por ser obra própria, ela é propriedade de seu autor. Mas este tipo de propriedade nada deve ao Direito. Ela é qualidade, uma certa maneira de ser, manifestada na obra produzida. É uma propriedade que não pode ser adquirida e alienada, não pode ser objeto de normas jurídicas. A obra intelectual é propriedade do autor como o bater de asas e o voo são propriedades do pássaro. (Telles Junior, 2006, p. 300)

O autor não pode se desvencilhar da obra por ele produzida. É ela que o qualifica enquanto tal e mesmo depois de sua morte, parte de sua personalidade é assegurada, considerando que prevalece o dever de ser citado como seu criador.

No entanto, por mais que a Lei 9.610/1998 cite as prerrogativas da propriedade, quais sejam usar, gozar, fruir e dispor, os Direitos Autorais têm essa natureza especial que com ela não se confunde necessariamente, pela forma de negociação a que se submetem (concessão, cessão de direitos e licenciamento).

Também não se enquadram absolutamente entre os direitos de personalidade, apesar de a possibilidade de exploração econômica desses direitos não os descaracterizar. Todavia, os direitos de personalidade não são transmissíveis como o são os direitos patrimoniais protegidos pela citada lei.

Por não se enquadrar perfeitamente nem entre os direitos de propriedade nem entre os de personalidade, mas possuindo características que aproximam os Direitos Autorais de ambos, pode-se afirmar essa natureza específica desses direitos.

2.2. *Os NFTs podem ser objeto de proteção dos direitos autorais?*

A submissão do meme ao NFT no Brasil não modifica o Direito Autoral sob a perspectiva jurídica. Os direitos patrimoniais e morais da obra continuam sendo resguardados nos termos da Lei 9.610/1998 ao autor, pessoa física ou jurídica prevista em lei, criadora de obras literária, artística ou científica, anteriormente mencionadas, conforme determina o art. 11 da citada lei.

Desse modo, uma coisa é a obra em si. Seja ela física ou digital, terá a proteção conferida pela Lei 9.610/1998. Outra é o NFT, tecnologia de registro em *blockchain* dessa obra. Daniel de Paiva Gomes e Eduardo de Paiva Gomes advertem que:

> Não há que se confundir o NFT com o direito ou o bem a que ele se refere. Um NFT nada mais é do que um registro de um log informacional em um banco de dados descentralizado. Pragmaticamente, podemos afirmar que NFTs são uma espécie de contrato digital que possui como finalidade a autenticação de um arquivo, conferindo-lhe autenticidade. (GOMES; GOMES, 2022a, p. 1449)

Confere-se, portanto, a proteção dos Direitos Autorais, morais e patrimoniais, à obra em si mesmo considerada e não ao NFT, que apenas atesta essencialmente a sua autenticidade e originalidade.

Essa conclusão pode ser aplicada ao NFT simples. Contudo, emerge uma nova tecnologia chamada "NFT incorporado", em que a obra artística é em si digitalizada e incorporada à *blockchain*. Apesar de essa versão demandar maior custo e gasto energético para a sua produção, ela faria com que o NFT a contivesse em si mesmo.

Outra advertência aqui se faz necessária. Considerando a definição de "obras intelectuais", contida no art. 7º, da Lei 9.610/1998, é preciso que essas "criações do espírito" sejam "expressas em qualquer suporte, tangível ou intangível". Obras como a escultura imaginária de Salvatore Garau, denominada "*Il sono*", registrada em NFT em abril de 2021, não mereceria a proteção pelos Direitos Autorais no Brasil, uma vez que se trata de concepção abstrata, contida apenas no plano das ideias de seu autor. Essa ideia abstrata sem que seja materializada, seja de forma tangível, como uma tela pintada, ou intangível, isto é, apenas de forma digital, é de livre fluxo, não podendo ser objeto de proteção pela Lei 9.610/1998.

Por mais que a *internet* seja um terreno fértil para a violação de Direitos Autorais, o uso de NFT poderá ajudar a resguardá-los. Considerando que essa tecnologia auxiliará na identificação e proteção do criador de bens digitais e daqueles que por mais que não sejam o seu criador, possuem os direitos patrimoniais relativos à obra, a tecnologia de *blockchain* é responsável pela garantia de origem e confere maior segurança jurídica aos contratos que a tenham como objeto. Nesse rol devem ser incluídos os memes e a eles deve ser estendida a proteção conferida pela Lei 9.610/1998.

No entanto, aqui merece ser feita uma advertência: A transferência do NFT de uma pessoa a outra não significa a transmissão automática de uma obra, seja ela física ou digital, do autor para terceiros. Ele indica apenas que houve um registro daquela obra em sua versão naquela data, mantendo-se como seu titular o autor. Do mesmo modo, nem sempre aquele que registra em *blockchain* é o autor da obra. Ele apenas auxilia na identificação do autor e da originalidade da obra.

3. As consequências de se reconhecer a proteção dos NFTS pelo direito autoral no Brasil

Aqui, verificado se os Direitos Autorais no Brasil protegem ou não os NFTs, vale destacar as consequências de se atribuir essa proteção. Ao definir que o NFT é forma de registro e de conferir autenticidade e originalidade a determinada obra intelectual, verifica-se que ele não se confunde com a obra em si. A ela são conferidas todas as prerrogativas de Direitos Autorais, do ponto de vista moral e patrimonial, postas na Lei 9.610/1998. Além disso, por força do art. 49, da citada lei, essas obras somente podem ser objeto de contrato de licenciamento, cessão de direitos ou concessão.

Desse modo, essa forma de registro há de respeitar a definição, os termos e exigências postas nesses contratos subjacentes e relativos à obra, que são firmados entre o autor ou aquele que detenha os direitos patrimoniais e terceiro.

Outra seria a conclusão se não se verificasse a aplicação da Lei 9.610/1998 para proteção das obras registradas por NFT. Caso ela não se aplicasse, por força do princípio da liberdade contratual, posto no art. 421, do Código Civil[17], autorizaria o uso de outras espécies contratuais, bem como a transmissão daqueles direitos morais do autor tidos como intransmissíveis e

[17] Art. 421. A liberdade contratual será exercida nos limites da função social do contrato. Parágrafo único. Nas relações contratuais privadas, prevalecerão o princípio da intervenção mínima e a excepcionalidade da revisão contratual.

irrenunciáveis. Nessa hipótese, as partes contratantes poderiam lançar mão de contratos de compra e venda, locação, arrendamento, como bem lhes aprouvesse, desde que observada a função social do contrato.

Além disso, adviriam consequências também do ponto de vista tributário, considerando a tributação incidente sobre essas operações, que é diferente daquela incidente sobre a cessão do NFT que tenha como operações subjacentes o licenciamento, a cessão de direitos ou a concessão.

Conclusões

Este trabalho buscou responder ao seguinte questionamento: As normas de Direito Autoral são aplicáveis aos NFTs?

Após percorrer o caminho traçado nas linhas acima, conclui-se que os Direitos Autorais tutelam as obras em si. O NFT, por sua vez, representa um instrumento tecnológico de proteção da obra autoral, por representar o registro em *blockchain*, que lhe confere autenticidade.

E quais as consequências jurídicas de se reconhecer ou não essa proteção dos NFTs concedida pelas normas de Direito Autoral?

O registro criptográfico promovido pela rede de *blockchain* permite que os NFTs sejam negociados com segurança, revelando-se como um meio seguro e eficiente de registro de obras físicas e digitais. O *token* nada mais é do que uma espécie de "assinatura" do autor, que os permitem monetizar de forma mais assertiva as suas obras. Entretanto, essa tecnologia não deve ser utilizada apenas para simular a escassez e gerar artificialmente vantagens econômicas para quem detém o NFT.

Deve-se ter em mente que o objeto de registro pelo NFT é uma obra intelectual, definida no art. 7º, da Lei 9.610/1998, como "criações do espírito, expressas por qualquer meio ou fixadas em qualquer suporte, tangível ou intangível, conhecido ou que se invente no futuro". E ela recebe a tutela dos Direitos Autorais, o que determina a impossibilidade de transmissão dos direitos morais sobre a obra. Somente os direitos patrimoniais podem ser negociados por meio de licenciamento, cessão de direitos total ou parcial ou concessão. Todos os termos dessas avenças devem ser registrados no NFT, porque determinarão a adoção de providências e consequências absolutamente relevantes, como a possibilidade de transmissão do *token*, por aquele que o adquiriu do autor da obra ou do titular de seus direitos patrimoniais a terceiros.

Se à obra não fosse conferida a proteção dos Direitos Autorais, os NFTs poderiam ser negociados sob qualquer forma admitida no Direito, especialmente considerando a liberdade contratual, posta no art. 421, do Código Civil, como a compra e venda, locação, arrendamento e inclusive com o uso de outros contratos atípicos, conforme autoriza o art. 425, também do Código Civil[18].

Referências

CARVALHO, Paulo de Barros. *Direito tributário*: linguagem e método. 8ª ed. São Paulo: Noeses, 2021.

CUNHA, João Marco Braga da. NFTs, autenticidade e propriedade. Disponível em: https://bit.ly/39Yozel Acesso em: 11/05/2022.

DELL'ISOLA, Carmela. Contratos de direito de autor. *In: Revista da Faculdade de Direito de São Bernardo do Campo*. Vo. 12. 2006, p. 82-107

DE FILIPPI, Primavera. What blockchain means for the sharing economy. *In: Harvard Business Review*, 15/03/2017. Disponível em: http://bit.ly/2JzxRAD. Acesso em: 11/05/2022.

GOMES, Daniel de Paiva. *Bitcoin*: a tributação de criptomoedas – Da taxonomia camaleônica à tributação de criptoativos sem emissor identificado. São Paulo: Thomson Reuters Revista dos Tribunais, 2021.

GOMES, Daniel de Paiva; GOMES, Eduardo de Paiva. NFTs no setor artístico: questões fiscais no Brasil. Disponível em: https://bit.ly/3FY2icv Acesso em: 10/05/2022.

GOMES, Daniel de Paiva; GOMES, Eduardo de Paiva. Tributação indireta de NFTs: o conflito de competência entre ISS e ICMS. *In: Criptoativos, tokenização, blockchain e metaverso*: aspectos filosóficos, jurídicos e econômicos. São Paulo: Thomson Reuters Revista dos Tribunais, 2022a, p. 1447-1463.

MANSO, Eduardo Vieira. *Contratos de direito autoral*. São Paulo: RT, 1989.

PONTES DE MIRANDA, Francisco Cavalcanti. *Tratado de direito privado*: parte especial. Vol. 16. 2ª ed. Rio de Janeiro: Editor Borsoi, 1956.

TELLES JUNIOR, Goffredo. *Iniciação na ciência do direito*. 3ª ed. São Paulo: Saraiva, 2006.

[18] Art. 425. É lícito às partes estipular contratos atípicos, observadas as normas gerais fixadas neste Código.

8
DIREITO E METAVERSO: OS DESAFIOS JURÍDICOS DA REALIDADE VIRTUAL

Annalice O. A. Baldini Figueira

Introdução

Uma rápida análise evolutiva que parta do surgimento da World Wide Web no início da década de 1990 às descobertas tecnológicas do milênio 2000 já permite alcançar a percepção de que o avanço da Web fez com que os mais diversos aspectos da vida social se tornassem progressivamente integrados à ambiência virtual. Com o surgimento da Web 3.0, tal integração vai ainda mais longe, e é precisamente em meio a este estágio de desenvolvimento da internet que se discute a construção do denominado metaverso.

O metaverso promete ser uma espécie de universo virtual projetado à semelhança do mundo real, com o intuito de propiciar a comunicação, a colaboração e a convivência humanas em um ambiente imersivo. Em outras palavras, o metaverso é uma versão virtual da realidade que, diga-se de antemão, ainda se encontra em construção, mas pode mostrar-se cada vez mais presente nos cotidianos pessoal e profissional das próximas gerações. Isto porque, com o crescimento exponencial da tecnologia, as iniciativas de construção de realidades virtuais aumentadas têm se tornado cada vez mais prósperas e populares.

Como em quaisquer outras situações em que a sociedade sofre modificações de caráter evolutivo, as transformações nas relações sociais ocasionadas pela concepção do metaverso desencadearão, por óbvio, as devidas adaptações pelo Direito. A dimensão dos desafios que os profissionais do meio jurídico enfrentarão com o surgimento de uma tecnologia tão revolucionária cresce ainda mais quando se observa a desmedida velocidade com a qual são desenvolvidas suas novas aplicações. Daí a urgência de começar a entender as implicações jurídicas deste novo universo virtual, e as medidas a serem implementadas pelo direito para garantir a segurança e a privacidade de seus usuários. Pesquisadores dos pontos de intersecção entre o metaverso e o ordenamento jurídico calculam que alguns dos aspectos de maior atenção pelo Direito devem ser a proteção da propriedade intelectual e a garantia da responsabilização civil pelos atos praticados na realidade virtual.

O presente artigo tem como objetivo primordial apresentar as principais aplicações do metaverso e os correspondentes desafios do Direito na regulação da tecnologia. Num momento inicial, são expostas as principais definições do metaverso. Em seguida, são elencados alguns casos de uso da tecnologia. Por fim, caminha-se à discussão sobre os principais desafios enfrentados pelo Direito a partir da adesão ao metaverso.

1. Afinal, em que consiste o metaverso?

Originalmente, a palavra metaverso foi utilizada pela primeira vez nos anos 1990, em um romance de autoria de Neal Stephenson, cuja história se passava em uma sociedade distópica liderada por grandes corporações e marcada pela existência de um sistema de internet que recebia o nome de "metaverso". Desde então, o livro, que mescla elementos de ficção científica e filosofia, passou a influenciar a utilização do termo, que se tornou a melhor expressão para designar diferentes representações virtuais da realidade. Foi assim que plataformas de jogos como a Second Life e a Roblox, criadas nos primeiros anos do milênio 2000, foram reconhecidas por alguns estudiosos como espécies de "ensaios" de um possível metaverso.

Ainda que tais discussões já existissem no início do milênio, pode-se dizer, contudo, que elas se intensificaram de maneira significativa no ano de 2021, com o pronunciamento de Mark Zuckerberg, o conhecido empresário responsável pela criação do Facebook, no sentido de que passaria a investir na criação de um metaverso. O anúncio, no entanto, apenas deixou claras as prévias intenções de Zuckerberg, que em 2014 já havia comprado a maior fabricante mundial de óculos de realidade virtual, a Oculus. A influência do cofundador do Facebook acabou por atrair os olhares do mundo para os debates sobre o metaverso, ao que a expressão se tornou uma das palavras mais ventiladas do mundo no ano de 2022, como explicam Quharrison Terry e Scott Keeney:

> O metaverso é a palavra-chave de 2022 da mesma forma que NFT foi a palavra-chave de 2021. O Facebook mudou toda a sua marca para Meta e passou a definir o metaverso como um mundo de realidade virtual com experiências sociais e profissionais acedidas através dos headsets da Oculus.(...) Claramente, algo está acontecendo "no metaverso", e muitas pessoas não têm qualquer ideia do que ele é ou deveria ser. (2022, p. 19, tradução nossa)

No trecho supratranscrito, Harrison e Keeney fazem uma advertência importante: ainda que se tenha constatado um aumento do interesse geral nos conteúdos sobre metaverso, grande parte da sociedade continuou sem compreender o significado do termo e suas repercussões práticas. Diante disso, questiona-se: o que é, afinal, o metaverso? Em primeiro lugar, é importante destacar que não existe uma definição única para o termo, sobretudo porque é difícil construir uma acepção teórica mais ou menos delimitada para algo que ainda se encontra em construção no terreno da prática. Há, no entanto, esforços de definição interessantes e que merecem ser apresentados para que possamos iniciar a edificação de uma compreensão adequada do instituto. Fernando Eduardo Serec defende, por exemplo, que "o metaverso é um ambiente digital que conecta o mundo virtual com o mundo real oferecendo experiências imersivas em 3D com potencial de provocar impactos significativos no trabalho, na educação, na saúde, e em diversas outras atividades sociais e econômicas" (2022, p. 32). Nicola Rosa constrói uma visão um pouco mais profunda, trazendo detalhes sobre o nível de integração entre diferentes tecnologias exigido para a implementação do metaverso:

> (...) o metaverso é, claramente, muito mais do que alcançar a adoção em massa da realidade aumentada e da realidade virtual no mercado. O objetivo final para concretizar a perspectiva comumente acordada de metaverso é ter uma rede interligada de mundos 3D e plataformas acessíveis por qualquer dispositivo (incluindo computadores, TV, celulares, headsets de realidade aumentada e de realidade virtual, etc.). Esta rede deve suportar o intercâmbio de bens e moedas digitais entre plataformas; deve ser governada por uma constelação de padrões, regulamentos e sistemas de identidade comumente

> acordados e amplamente adotados; e deve ser alimentada por uma infraestrutura de rede de alta velocidade e baixa latência e por clusters de computação altamente eficientes para permitir que milhares, se não milhões, de usuários simultâneos interajam com outros. Uma acumulação de múltiplos fatores – e tudo isso precisa acontecer ao mesmo tempo para que o metaverso decole. (2023, p. 13, tradução nossa)

A interconexão entre uma série de tecnologias disruptivas também é ressaltada na definição de metaverso de Fábio Cendão e Lia Andrade, que o entendem como uma evolução "que converge a versão física e digital do usuário para uma só, para que seja possível a vivência de uma experiência única, por meio de tecnologias baseadas em realidade aumentada, realidade virtual, realidade mista, inteligência artificial, criptoativos, blockchain, entre outras" (2022, p. 17). A importância dos criptoativos e da tecnologia blockchain para a evolução dos espaços virtuais imersivos foi destacada, ainda, por Michael Murray:

> A comunidade criptográfica das blockchains, das criptomoedas e dos NFTs parece estar contribuindo de várias maneiras para o desenvolvimento do metaverso. Neste momento, o metaverso é uma economia omniversal onde bens físicos e itens digitais são comercializados nos mesmos mercados, às vezes com um "mundo real" físico possuindo um gêmeo digital no metaverso, e com tanto as moedas fiat como as criptográficas fluindo para dentro e para fora do comércio destes mercados. (2022, p. 1, tradução nossa)

Em linhas gerais, portanto, pode-se dizer que o metaverso promete ser uma espécie de universo virtual projetado à semelhança do mundo real, com o intuito de propiciar a comunicação, a colaboração e a convivência humana em um ambiente imersivo e projetado a partir da integração e interoperabilidade de diversas tecnologias. Quanto maior e mais complexa essa rede de tecnologias integradas, mais intensa tende a ser a imersão do ser humano em espaços virtuais que se inspiram no mundo real, passando a pagar com criptoativos, registrar transações e dados com a blockchain e enxergar através de equipamentos de realidade virtual e aumentada. Daí a noção de que a principal característica do metaverso é justamente, a imersão. Além da imersão, entretanto, o metaverso possui outras características que merecem destaque. Um de seus traços mais curiosos diz respeito a uma distinção entre o metaverso e o mundo real:

a sua disposição no tempo e no espaço. Isto porque entende-se que, em um metaverso, o ser humano não está limitado no espaço ou no tempo, já que a ele é possível viajar pelos mais diversos períodos e locais livremente. É exatamente neste sentido que se costuma dizer que o metaverso – diferentemente do mundo real – é ilimitado no espaço e no tempo (Cendão e Andrade, 2022).

Compreendidas as principais definições e características do metaverso – que, obviamente, carecerão das devidas atualizações nos próximos anos, a partir da observação do processo de desenvolvimento da tecnologia –, passemos à análise de algumas de suas aplicações e casos de uso.

2. Oportunidades de aplicação e casos de uso do metaverso

Antes que se faça quaisquer apresentações de caso de uso ou oportunidades de aplicação do metaverso, é bom lembrar que falamos em duas categorias de metaverso: o aberto e o fechado. O metaverso aberto é integralmente baseado na ideia de descentralização – que, diga-se de passagem, inspira várias outras tecnologias disruptivas, como a blockchain e os criptoativos – e, portanto, conta com uma livre adesão de um grande número de usuários sem a presença de uma entidade centralizadora. Trata-se de uma modalidade de metaverso ainda pouco utilizada, mas cujo crescimento exponencial no futuro não parece improvável a partir do presságio de autores como Mathew Ball, que fala em três fatores propulsores do avanço e da abertura do metaverso:

> Quais são as próximas "peças críticas" que podem levar à "adoção do metaverso"? (...) Primeiramente, cada uma das tecnologias subjacentes necessárias para o metaverso está melhorando anualmente. Os serviços de Internet têm se tornado mais disponíveis, mais rápidos e menos latentes. O poder computacional também tem sido mais amplamente implementado, de modo mais hábil e menos dispendioso. Os sistemas de jogo e as plataformas integradas do mundo virtual estão se tornando mais fáceis de usar, mais baratos de construir e mais capazes. O longo processo de padronização e interoperabilidade está em andamento, impulsionado em parte pelo sucesso das plataformas integradas do mundo virtual e do movimento cripto, mas também por incentivos econômicos. O segundo motor é a contínua marcha da mudança geracional. (...) Dependendo da sua identidade geracional, você pode ter crescido enviando cartões postais, passando horas todos os dias depois da escola falando ao telefone, usando aplicativos de mensagens instantâneas, ou pos-

> tando fotografias em uma rede social online. A trajetória é clara. Sabemos que a geração Y joga mais que a geração X, a Z mais que a Y, e a Alpha mais que a Y. (....) O terceiro fator é o resultado da junção dos dois primeiros fatores. Em última análise, o metaverso será introduzido nas experiências. Smartphones, GPUs e 4G não construíram magicamente mundos virtuais produzidos em tempo real – eles precisaram de desenvolvedores e de sua imaginação. Note também que à medida que a geração dos "nativos do iPad" envelhecer, mais pessoas dentro dela passarão de consumidores ou admiradores de mundos virtuais para desenvolvedores profissionais e líderes empresariais nestes espaços, por direito próprio. (2022, p. 253-254, tradução nossa)

Já os metaversos fechados guardam uma relação de maior proximidade com o estágio de desenvolvimento tecnológico atual. Tais metaversos, também comumente denominados de corporativos, contam com a participação de um círculo restrito de usuários inseridos dentro de uma corporação ou organização e são guiados pelos padrões impostos por uma entidade centralizadora (Cendão e Andrade, 2022). Em geral, os metaversos fechados ou corporativos exigem, portanto, um menor custo de implementação e são abundantes os casos de uso nesse sentido. Uma das aplicações do metaverso corporativo é a realização de reuniões profissionais e até entrevistas de trabalho em ambiente imersivo. Em 2022, por exemplo, a Ambev, uma das maiores fabricantes de bebidas do Brasil, realizou um processo seletivo de estágio no metaverso[1]. Vale destacar, no entanto, que ainda que os exemplos de metaversos fechados sejam mais comuns nos dias atuais, já existem grandes iniciativas de metaversos abertos, como o Decentraland, um espaço virtual em que diversas pessoas físicas e empresas podem adquirir terrenos, construir prédios e até mesmo realizar eventos. A Housi, uma startup brasileira de aluguel por assinatura, por exemplo, construiu uma sede no metaverso Decentraland[2].

Exatamente em função da inspiração no mundo real, o metaverso, seja ele aberto ou fechado, oferece uma infinidade de oportunidades de apli-

[1] Valor Globo, 2022. Ambev cria processo seletivo no metaverso com 300 vagas de estágio. Disponível em: <https://valor.globo.com/carreira/noticia/2022/04/01/ambev-cria-processo-seletivo-no-metaverso-com-300-vagas-de-estagio.ghtml>. Acesso em 26 de janeiro de 2023.

[2] Exame Future of Money, 2022. Quarto futurista e NFTs: empresa brasileira constrói prédio no metaverso. Disponível em: <https://exame.com/future-of-money/quarto-futurista-e-nfts-empresa-brasileira-constroi-predio-no-metaverso/>. Acesso em 26 de janeiro de 2023.

cação aos programadores e desenvolvedores dos dias de hoje. E se o metaverso almeja ser uma fiel versão virtual da realidade, nele deve ser projetado o maior número de atividades praticadas pelo homem no mundo real. No ramo do entretenimento, o metaverso pode oferecer jogos e atividades de lazer das mais diversas naturezas, sendo esta, aliás, a área com os mais ricos casos de uso da tecnologia. No campo da educação e da capacitação profissional, o metaverso pode oferecer um espaço imersivo de treinamento e simulação de ambientes de estudo e de trabalho complexos que aumentem a capacidade de preparação e absorção de conhecimento por parte de estudantes e trabalhadores. Acadêmicos de direito podem, assim, simular audiências no metaverso, e médicos e socorristas em treinamento podem participar de simulações de situações de emergência no metaverso. Empresas brasileiras de educação corporativa como a TOT já trabalham com simulações no metaverso para treinamentos profissionais[3]. No âmbito das relações comerciais, um mercado de produtos inovadores pode ter início com o metaverso: dos terrenos virtuais aos NFTs de obras de arte. No que diz respeito à comunicação e a interação humanas, fica ainda mais claro que o metaverso também pode oferecer aplicações que potencializem a já existente sensação de aproximação que a tecnologia em geral oferece àqueles que se encontram distantes.

Fato é que, se adotada em massa, a tecnologia do metaverso trará repercussões nas mais diversas esferas sociais, econômicas e culturais, e as consequências dessas repercussões já começam a ser sentidas e analisadas por ciências como o Direito. Apenas a título de exemplo, foi noticiado que, em 2022, a Operação 404 do Ministério da Justiça e Segurança Pública, destinada ao combate à pirataria digital, promoveu a primeira busca e apreensão no metaverso[4]. Com toda a certeza, pois, o Direito será um dos ramos do conhecimento mais afetados pela utilização de tecnologias disruptivas como o metaverso, na medida em que a ele cabe regular e normatizar

[3] Economia SC, 2022. Empresa de educação corporativa aposta no metaverso e cria experiência de aprendizagem inovadora. Disponível em: <https://economiasc.com/2022/05/08/empresa-de-educacao-corporativa-aposta-no-metaverso-e-cria-experiencia-de-aprendizagem-inovadora/>. Acesso em: 26 de janeiro de 2023.

[4] Ministério da Justiça e Segurança Pública, 2022. Operação 404 chega a 4ª edição com buscas no metaverso, suspensão de 4 canais e 90 vídeos retirados do ar. Disponível em: <https://www.gov.br/mj/pt-br/assuntos/noticias/operacao-404-chega-a-4a-edicao-com-buscas-no-metaverso-suspensao-de-4-canais-e-90-videos-retirados-do-ar>. Acesso em 26 de janeiro de 2023.

as mais variadas espécies de relações humanas. A dimensão dos desafios que os profissionais do meio jurídico enfrentarão com o surgimento de uma tecnologia tão revolucionária cresce ainda mais quando se observa a desmedida velocidade com a qual são desenhadas suas novas aplicações.

3. Desafios jurídicos oriundos da adesão do metaverso

Usando um exemplo marcado pela integração e interoperabilidade de tecnologias no metaverso, suponhamos que um indivíduo utilize aplicações de inteligência artificial para gerar uma obra de arte que será comercializada como um NFT (*Non Fungible Token*) em um metaverso aberto. A quem pertencerão os direitos autorais da obra? E mais: como se fará a verificação de quem produziu a obra? Ora, suponhamos, agora, que uma peça seja exibida no metaverso sem a devida autorização de seu autor. De acordo com o art. 68 da Lei de Direitos Autorais (Lei nº 9.610, de 19 de fevereiro de 1998), não podem ser utilizadas obras teatrais em representações e execuções públicas sem prévia e expressa autorização do autor ou titular. Pode-se considerar a exibição de uma obra teatral no metaverso uma representação pública desautorizada? E no caso em que uma empresa comercializa um desenho industrial no metaverso, e este é revendido pelo sujeito que o adquiriu em primeiro lugar sem qualquer indicação autoral e por um preço substancialmente maior: como proteger a propriedade intelectual? Um dos maiores desafios à implementação de um universo virtual adequado aos ditames do ordenamento jurídico é justamente a dificuldade de proteção dos direitos autorais e da propriedade intelectual nestes espaços. Isto porque tais espaços são construídos usando tecnologias que trazem razoável facilidade para que as pessoas copiem, modiquem e até mesmo distribuam conteúdo autoral sem autorização. Além disso, a natureza descentralizada e por muitas vezes anônima de tecnologias disruptivas como o metaverso faz com que seja difícil monitorar e rastrear eventuais violações de direitos autorais ou propriedade intelectual.

Aliás, é importante destacar que quaisquer violações de direitos ocorridas no âmbito do metaverso ainda tem a sua apuração prejudicada em função da anonimização que a tecnologia frequentemente entrega. Em 2022, a notícia de que uma usuária do metaverso do Facebook teria sofrido assédio sexual dentro do ambiente virtual em questão fez com que a empresa se posicionasse no sentido de afirmar que procuraria construir soluções que autorizassem aos usuários do metaverso a imposição de alguns limites pessoais adicionais[5]. Questiona-se, contudo se tais soluções serão suficientes à proteção da higidez física e mental dos avatares e dos seres humanos por trás das telas que os animam. Como atribuir a devida responsabilidade penal ou civil àqueles que em ambientes virtuais imersivos praticarem crimes ou atos ilícitos em geral? Tais atos deverão ser punidos com o mesmo rigor e a partir das normas cíveis e penais tradicionais? Uma breve abordagem do assunto já nos permite concluir que o instituto da responsabilidade é mais um dos que sofrerão, portanto, significativos abalos quando observarmos uma massiva adesão humana ao metaverso.

Como discutido anteriormente, o metaverso também oferece uma série de aplicações no âmbito das relações comerciais. Os ramos do direito civil, do direito comercial, do direito do consumidor e até mesmo do direito empresarial podem, com isto, sofrer grandes intervenções. De acordo com o Código Civil brasileiro, negócios jurídicos de transferência de imóveis de valor superior a trinta vezes o maior salário mínimo vigente no país exigem a escrituração pública para que sejam válidos. As mesmas formalidades serão exigidas para a transferência de imóveis localizados no metaverso? E os direitos do consumidor real, como, por exemplo, o direito de arrependimento previsto no art. 49 do Código de Defesa do Consumidor (CDC), serão aplicados indistintamente aos consumidores em espaços virtuais imersivos? Como garantir que as formalidades e imperativos da lei estarão sendo cumpridos nesses espaços, isto é, como garantir o "*enforcement*" de tais normas nos metaversos?

Aos inúmeros desafios supracitados, soma-se, ainda, a discussão sobre a privacidade dos dados dos usuários do metaverso. Isto porque é comum que usuários de ambientes virtuais imersivos compartilhem informações pessoais com as empresas que administram tais plataformas virtuais. Ocorre que esses dados, que podem incluir informações de localização, dados de pagamento, e até mesmo dados biométricos, podem ser utilizados e compartilhados de maneira não autorizada não somente pelas empresas que os coletam, mas também por outros usuários da plataforma através de ataques cibernéticos. A Lei Geral de Proteção de Dados (LGPD) brasileira fez com que o país caminhasse na solução de algumas questões, mas novos

[5] Euronews and Reuters, 2022. Preventing another gang rape: is Facebook's new tool enought to stop sexual assault in the metaverse? Disponível em: <https://www.euronews.com/next/2022/02/06/preventing-another-gang-rape-is-facebook-s-new-tool-enough-to-stop-sexual-assault-in-the-m>. Acesso em 27 de janeiro de 2023.

desafios de privacidade podem – e devem surgir – com a utilização de tecnologias como o metaverso. Neste ponto, é essencial que as empresas que interagem no metaverso tomem medidas para proteger a privacidade de seus clientes e sejam transparentes sobre o método de coleta, uso e compartilhamento de dados. Os usuários, é claro, também podem fazer sua parte tomando ciência dos riscos através de simples comportamentos como a leitura atenta dos termos de serviço e políticas de privacidade antes do compartilhamento de informações pessoais.

A realidade é que a maior parte das leis tradicionais podem não ser adequadas para lidar com as complexidades do metaverso, e vem daí a urgência de se começar a entender as implicações jurídicas deste novo universo e as medidas a serem implementadas pelo direito para garantir a segurança e a dignidade de seus usuários. Assim, percebe-se que a adesão humana ao metaverso irá gerar a necessidade de revisão e complementação das normas jurídicas tradicionais pelos profissionais do Direito. Só assim o ordenamento jurídico poderá continuar exercendo com efetividade seu papel de proteção e defesa dos direitos do cidadão.

Importante ressaltar, ainda, que o Direito deve fazer suas contribuições para solucionar problemas como o domínio monopolista de espaços virtuais por grandes corporações e a falta de acessibilidade e participação de minorias nos resultados positivos de novas tecnologias. Trata-se de questão que recebeu a atenção de Mathew Ball:

> Os gigantes da tecnologia passaram a última década fechando seus ecossistemas. Eles fizeram isso forçando o agrupamento de seus muitos serviços, impedindo que usuários e desenvolvedores exportassem facilmente seus dados, fechando vários programas de parceiros e estilizando (se não mesmo bloqueando) padrões lucrativos e até mesmo abertos que poderiam ameaçar sua hegemonia. Estas manobras, misturadas com os loops de feedback que vêm do fato de eles possuírem comparativamente mais usuários, dados, receitas, dispositivos, etc., fecharam efetivamente grande parte da internet. Hoje em dia, um desenvolvedor deve essencialmente receber permissão e fornecer pagamento. Os usuários têm pouca propriedade sobre sua identidade online, seus dados ou direitos. É aqui que os receios de uma distopia do metaverso parecem justos, em vez de alarmistas. A própria ideia do metaverso significa uma partilha sempre crescente de nossas vidas, trabalho, lazer, tempo, riqueza, felicidade e relacionamentos, que serão gastos dentro de mundos virtuais ao invés de apenas estendidos ou expostos através de dispositivos e softwares

> digitais. (...) Como resultado, as empresas que controlam esses mundos virtuais e seus átomos virtuais provavelmente serão mais dominantes do que aquelas que lideram a economia digital de hoje. (2022, p. 27, tradução nossa)

Como as maiores corporações possuem patrimônio e poder significativos, elas certamente se valerão de tais trunfos para assumir o controle do metaverso, centralizando o poder no universo virtual e censurando quaisquer conteúdos e opiniões que não sejam de seu agrado. A ideia é que o Direito formule mecanismos que impeçam ou minimizem os arbítrios de tais corporações e estude a criação de instrumentos que imponham a construção de um universo virtual acessível, participativo e democrático.

Conclusões

Ainda que ignoremos momentaneamente a ideia, fato é que o metaverso já é uma realidade e tende a tornar-se cada vez mais presente em nossas vidas, trazendo consigo novas oportunidades e desafios para o direito. Enquanto a tecnologia oferece uma infinidade de aplicações e novas experiências, também acaba por provocar discussões éticas e legais complexas quando o assunto é sua aplicação prática. Questões como a proteção da propriedade intelectual e da privacidade, a responsabilização civil e a persecução criminal são apenas alguns dos pontos que preocupam os profissionais do direito com a adesão humana aos espaços virtuais imersivos. Isto porque as normas jurídicas tradicionais naturalmente precisarão passar por um intenso movimento de revisão e complementação, e os esforços necessários à realização de tal movimento não são, nem de longe, cristalinos ou simplórios, sobretudo quando se observa a velocidade com que novas aplicações tecnológicas têm sido desenvolvidas. Ainda assim, o Direito não pode se furtar à visualização dos últimos acontecimentos, afinal, ele possuirá um papel central neste período de transição, sendo um dos agentes mais importantes na proteção dos direitos dos usuários e na garantia de um metaverso justo, democrático e participativo. Negar o desenvolvimento de novas e disruptivas tecnologias não é, portanto, a melhor estratégia para assegurar que estas tragam primordialmente resultados positivos – e não prejuízos – à sociedade como um todo.

Especialmente diante dos desafios jurídicos, é fundamental que legisladores, pesquisadores e demais profissionais da área trabalhem em conjunto no desenvolvimento de regulamentações claras e eficazes que garantam a utilização segura e responsável do metaverso. Além disto, é extremamente importante que sejam implementadas medidas para evitar a concentração de poder por grandes corporações, garantindo a livre concorrência e a acessibilidade de diferentes iniciativas ao metaverso. Por fim, é crucial que as empresas de tecnologia e desenvolvedores do metaverso colaborem com os reguladores na criação de soluções práticas e inovadoras que possam equilibrar as necessidades de segurança e privacidade com a liberdade criativa e os potenciais de negócios na área.

Referências

BALL, Mathew. The Metaverse: and how it will revolutionize everything. Nova Iorque: Liveright Publishing Corporation, 2022.

CENDÃO, Fábio e ANDRADE, Lia. Direito, metaverso e NFTs: introdução aos desafios na Web3. São Paulo: Expressajur, 2022.

Economia SC, 2022. Empresa de educação corporativa aposta no metaverso e cria experiência de aprendizagem inovadora. Disponível em: <https://economiasc.com/2022/05/08/empresa-de-educacao-corporativa-aposta-no-metaverso-e-cria-experiencia-de-aprendizagem-inovadora/>. Acesso em: 26 de janeiro de 2023.

Euronews and Reuters, 2022. Preventing another gang rape: is Facebook's new tool enought to stop sexual assault in the metaverse? Disponível em: <https://www.euronews.com/next/2022/02/06/preventing-another-gang-rape-is-facebook-s-new-tool--enough-to-stop-sexual-assault-in-the-m>. Acesso em 27 de janeiro de 2023.

Exame Future of Money, 2022. Quarto futurista e NFTs: empresa brasileira constrói prédio no metaverso. Disponível em: <https://exame.com/future-of-money/quarto-futurista-e-nfts--empresa-brasileira-constroi-predio-no-metaverso/>. Acesso em 26 de janeiro de 2023.

Ministério da Justiça e Segurança Pública, 2022. Operação 404 chega a 4ª edição com buscas no metaverso, suspensão de 4 canais e 90 vídeos retirados do ar. Disponível em: <https://www.gov.br/mj/pt-br/assuntos/noticias/operacao-404-chega-a-4a-edicao-com-buscas-no-metaverso-suspensao-de-4-canais-e-90-videos-retirados-do-ar>. Acesso em 26 de janeiro de 2023.

MURRAY, Michael. Trademarks, NFTs, and the law of the metaverse. Disponível em: <https://papers.ssrn.com/sol3/papers.cfm?abstract_id=4160233>. Acesso em 26 de janeiro de 2023.

ROSA, Nicola. Understanding the metaverse: a business and ethical guide. Nova Jersey: John Wiley & Sons, 2023.

SEREC, Fernando Eduardo. Metaverso: aspectos jurídicos. São Paulo: Almedina, 2022.

TERRY, Quharrison e KEENEY, Scott. The Metaverse Handbook: innovating for the Internet's next tectonic shift. Nova Jersey: John Wiley & Sons, 2022.

Valor Globo, 2022. Ambev cria processo seletivo no metaverso com 300 vagas de estágio. Disponível em: <https://valor.globo.com/carreira/noticia/2022/04/01/ambev--cria-processo-seletivo-no-metaverso-com-300-vagas-de-estagio.ghtml>. Acesso em 26 de janeiro de 2023.

9
A TECNOLOGIA PARA DESINTERMEDIAÇÃO: ELEMENTOS TECNOLÓGICOS PARA A CONSTRUÇÃO DE CRIPTO-ATIVOS EM CADEIA DE BLOCOS

Lucio H. A. Reis
Dianne S. V. Medeiros
Diogo M. F. Mattos

Introdução

A *Bitcoin* foi a primeira criptomoeda a alcançar notoriedade em fornecer um sistema de pagamento eletrônico baseado em provas criptográficas como alternativa à confiança em uma terceira parte (Nakamoto, 2008; Oliveira et al., 2019). As provas criptográficas providas pela *Bitcoin* permitem que duas partes realizem uma transação de pagamento entre elas, sem que seja necessário que haja a confiança prévia entre as partes ou que ambas confiem em uma terceira parte. Ressalta-se que sistemas de pagamento clássicos, como o provido pela empresa PayPal[1], introduzem uma parte intermediária entre a parte que realiza o pagamento e a outra que o recebe. Assim, em sistemas clássicos é necessário que ambas as partes que realizam a transação de pagamento confiem no intermediário da transação, levando a uma arquitetura de sistemas de pagamento fortemente centralizada e baseada na confiança no intermediário. A criptomoeda *Bitcoin* propõe substituir a parte intermediária por provas criptográficas capazes de serem verificadas de maneira descentralizada por todo e qualquer participante do sistema de pagamento proposto. Contudo, a inexistência

[1] Disponível em https://www.paypal.com/. Acessado em 18/01/2023.

de uma entidade centralizada em que todos os participantes do sistema de pagamento confiem impõe dois desafios principais: como evitar o problema do gasto duplo (*double spending*) e como garantir a ordem correta das transações (JESUS et al., 2018).

O problema do gasto duplo é um dos principais desafios ao se desenvolver um sistema de pagamentos distribuído. O desafio consiste em assegurar que um determinado ativo digital, isto é, uma determinada criptomoeda ou fração de criptomoeda, seja transferido unicamente entre duas partes, sem que haja a sua duplicação. O problema do gasto duplo ocorre pelo fato de ativos digitais serem facilmente duplicados, por exemplo, através da cópia de arquivos. Em sistemas de pagamento ou em ativos únicos, é importante que não seja possível realizar a duplicação do ativo transferido. Assim, o problema do gasto duplo relaciona-se à garantia que se dá a um receptor de um ativo digital de que aquele ativo recebido não foi transferido a outro participante do sistema. Em um paralelo com ativos físicos, com a moeda física não há o problema do gasto duplo, pois essa moeda física não pode estar em dois locais ao mesmo tempo e caso seja feita uma cópia, há meios de se verificar se o ativo é original (marca d'água, elementos de segurança, número de série). Contudo, ao se considerar um ativo digital, a cópia de um arquivo que representa o ativo é exatamente igual ao original.

O segundo desafio é garantir a ordem que as transações de pagamento são processadas. Embora esse desafio seja evidente para sistemas de pagamento, pois é importante garantir que o participante que realiza o pagamento tenha saldo suficiente para realizar as transações em uma determinada ordem, o desafio permanece para diversos casos de uso de transações distribuídas. A garantia correta da ordem de transações permite definir um estado de consistência em um sistema distribuído. Em última análise, a consistência em um sistema distribuído relaciona-se com a propriedade de se poder representar todas as transações que ocorrem de forma distribuída através de um sistema, escalonador, centralizado. Caso a sequência de transações realizadas de forma distribuída seja equivalente a uma possível ordem sequencial gerada por um sistema centralizado, é possível afirmar que o sistema distribuído gera um ordenamento de transações consistente (CARRARA et al., 2020). Sendo assim, o desafio de garantir a sequência correta de transações pode ser descrito como desafio de garantir a consistência de um sistema distribuído.

A criptomoeda *Bitcoin* propõe a solução dos desafios precedentes através do agrupamento de transações emitidas em tempos próximos em pacotes chamados blocos (Nakamoto, 2008). A solução de agrupar transações em blocos garante o ganho de eficiência, pois em um bloco as transações são trivialmente interpretadas como sequenciais e a estampa de tempo, marcação de data e hora (*timestamp*), é realizada para o bloco em vez de para cada transação individual. No passo seguinte, é calculada a função resumo criptográfico (*hash*) do bloco de transações. A função *hash* é uma ferramenta emprestada da criptografia e consiste em um valor curto que pode ser calculado rapidamente, mas não pode ser revertido, representando um resumo digital dos dados. Isso significa que é possível obter o resumo digital de um determinado dado, mas a partir do resumo digital é improvável obter o dado que o originou. O resumo gerado pela função *hash* acaba exercendo uma das funções de uma estampa de tempo, pois a partir do momento da publicação do valor do *hash* há a garantia de que os dados que geraram aquele valor existem. Por fim, à medida que mais transações são registradas e mais blocos são adicionados, cada bloco atual de transações conterá o valor *hash* do bloco anterior. Como os valores gerados pela função *hash* não podem ser revertidos, o valor calculado para a função *hash* de um bloco atual, que por sua vez contém o valor *hash* do bloco anterior, representa um encadeamento de resumos criptográficos que atesta todos os blocos de transações que vieram anteriormente, garantindo a ordem dos blocos e, consequentemente, das transações contidas nos blocos. O encadeamento de blocos através do seu resumo criptográfico provido pela função *hash* forma a estrutura de dados conhecida por *blockchain* ou cadeia de blocos.

A cadeia de blocos (*blockchain*) é uma tecnologia disruptiva que permite o desenvolvimento de aplicações distribuídas seguras em cenários nos quais há desconfiança mútua entre entidades e sem a necessidade de uma autoridade confiável (Nofer et al., 2017). Dois elementos principais definem a tecnologia: a estrutura de dados distribuída e a rede par-a-par formada pelos nós participantes da rede. A estrutura de dados distribuída é formada por uma sequência imutável de registros encadeados, que originam um livro-razão digital compartilhado, distribuído e descentralizado. Nesse sentido, a *blockchain* age como um banco de dados, permitindo o armazenamento da informação. Embora a estrutura de dados provida pela cadeia de blocos seja essencial para garantir o ordenamento das transações e evitar o gasto duplo nos sistemas de pagamento distribuídos, essa estrutura sozinha não é suficiente para garantir que haja o acordo entre todos os participantes do sistema sobre a versão mais atual da cadeia de blocos, ou seja, qual é a sequência correta dos blocos que foram inseridos na cadeia. Também não há garantia de acordo entre os participantes sobre qual é o bloco atual que deve ser inserido na cadeia de blocos.

O acordo entre os participantes do sistema de pagamento sobre a correta versão dos blocos a serem inseridos na cadeia de blocos é um desafio dos mecanismos de consenso que executam no sistema. Mecanismos de consenso são algoritmos que permitem alcançar um acordo sobre um único dado ou sobre o estado de um sistema distribuído (Carrara et al., 2020; Mattos et al., 2022; Rebello et al., 2019). O encadeamento dos registros associado aos mecanismos de consenso garante a integridade da informação e permite que todos os participantes da rede possuam uma réplica idêntica da cadeia de blocos, criando uma visão global da informação armazenada.

A criptomoeda *Bitcoin* propõe como solução para alcançar o consenso no sistema de pagamento que o primeiro participante a resolver um desafio computacional seja o responsável por adicionar o bloco por ele proposto na cadeia de blocos divulgada para todos os demais participantes. O desafio computacional corresponde à adição de um número aleatório ao bloco candidato a ser adicionado na cadeia de blocos, mas de modo que após a adição desse número aleatório o resumo criptográfico do bloco seja iniciado com um número predeterminado de zeros. Como as funções *hash* têm um comportamento pseudo-aleatório, não é possível correlacionar os valores de entrada aos valores de saída. Assim, não é possível ter pistas de qual valor aleatório deva ser adicionado ao bloco candidato para que se possa ter a condição de saída necessária para finalizar o desafio. Dessa forma, a busca pelo número aleatório que cumpre o desafio proposto pelo sistema é necessariamente baseada em tentativas e erros. O desafio computacional para provar que um participante realmente comprometeu seu trabalho computacional e, portanto, é quem detém o direito de adicionar um novo bloco à cadeia é chamado de Prova de Trabalho (*Proof of Work* – PoW).

É importante ressaltar que a proposta de consenso se baseia em um desafio computacional que envolve o cálculo consecutivo de valores de *hash* através de tentativas e erros justifica-se pelo fato de que os participantes da rede não podem falsificar o quanto de poder computacional dispõem. Ademais, o poder computacional está intimamente ligado a questões físicas que impõem custos reais ao sistema, como aquisição de equipamento e custos energéticos. Portanto, é necessário que haja incentivos aos participantes que comprometem seu poder de computação para adicionar blocos à cadeia de blocos. A *Bitcoin* implementa a política de que se um participante pode mostrar que satisfez a condição, então realizou uma quantidade de trabalho e, portanto, tem o direito de adicionar um bloco novo à cadeia e receber uma recompensa, paga em criptomoedas *Bitcoin*, pelo trabalho realizado. A prova de trabalho desencoraja o desperdício do recurso compartilhado. Nota-se que o desafio criptográfico não é uma proposta restrita à cadeia de blocos da *Bitcoin*, mas antecede as criptomoedas sendo previamente usado em protocolos de autenticação ou mecanismos de prevenção de *spam* (mensagens de *e-mail* não solicitadas).

A argumentação pelo uso do desafio computacional para realizar o consenso da rede é que o custo real para atacar o sistema é grande o suficiente para que o atacante que estiver disposto a arcar com ele seja mais prejudicado pela falha no sistema de pagamento do que os demais participantes (Oliveira et al., 2020). Contudo, diferentes sistemas de livro-razão distribuídos têm necessidades distintas em garantir o consenso sobre os ativos transacionados e, portanto, outros mecanismos de consenso também são propostos para diferentes plataformas de cadeias de blocos.

Este capítulo visa apresentar as principais técnicas e tecnologias adjacentes às plataformas de cadeias de blocos que são importantes para o entendimento da transação de cripto-ativos. O capítulo apresenta a base teórica necessária para a compreensão de primitivas criptográficas como funções *hash* e assinatura digital. Na sequência, o capítulo descreve estruturas de dados essenciais às cadeias de blocos, tais como ponteiros *hash*, listas encadeadas por *hash* e árvores de Merkel. Baseando-se nas estruturas de dados apresentadas, o capítulo descreve um cripto-ativo simplificado. O capítulo aborda ainda uma introdução às principais plataformas de cadeia de blocos, e os conceitos associados à arquitetura de uma plataforma de cadeia de blocos genérica. Por fim, o capítulo elenca os principais ataques às plataformas de cadeias de blocos.

1. Criptografia e a sua aplicação em plataformas de cadeias de blocos

A base criptográfica da estrutura de dados da cadeia de blocos é fortemente baseada em duas premissas criptográficas: as funções de resumo criptográfico (*hash*) e o algoritmo de assinatura digital. A partir dessas premissas, desenvolvem-se os conceitos de estruturas de dados baseadas em *hash*, prova de comprometimento, Prova de Trabalho (*Proof-of-Work* – PoW)[2] e endereçamento de participantes na cadeia de blocos. Esta seção aborda a fundamentação teórica necessária para o entendimento das premissas criptográficas da cadeia de blocos.

1.1. *Função de resumo criptográfico (função hash)*

A função de resumo criptográfico tem como objetivo realizar o mapeamento de uma cadeia de *bytes* (*string*) de tamanho arbitrário em uma nova cadeia de *bytes* com um tamanho fixo e, possivelmente, menor que a cadeia de *bytes* original. O tamanho da *string* de saída é fixo e, para funções *hash* atuais, tal como a SHA256, tem comprimento de 256 *bytes* na saída, independentemente do comprimento da entrada. É desejável que uma função *hash* seja computável de maneira bastante eficiente, de forma que computar o resumo do dado de entrada deve ser computacionalmente pouco custoso. No entanto, a operação contrária deve ser computacionalmente inviável, de forma que seja improvável inferir o dado de entrada a partir do resumo criptográfico.

As funções de resumo criptográfico são funções determinísticas com saídas pseudo-aleatórias que apresentam três propriedades fundamentais: livre de colisão, escondida e adequada a desafios. A primeira propriedade, livre de colisão, relaciona-se à função de resumo reduzir uma quantidade arbitrária de informação em uma saída de tamanho fixo. Assim, para um conjunto de entradas cujos comprimentos sejam maiores do que a saída de comprimento fixo, sempre haverá perda de informação. Então, para um conjunto de entradas substancialmente grande, há a possibilidade de mais de uma entrada ser mapeada no mesmo valor de saída e, assim, é possível que duas ou mais entradas apresentem o mesmo valor *hash* de saída. Quando isso ocorre, há uma colisão. A propriedade de ser livre de colisão garante que, embora colisões ocorram nas funções *hash*, não deve haver

2 Prova de Trabalho é um dos mecanismos utilizados por plataformas de cadeia de blocos, como Bitcoin.

maneira possível de encontrar colisões além de testar variações na entrada. Dessa forma, a propriedade implica que mudanças nos dados da entrada não podem refletir resultados previsíveis na saída, embora a saída das funções *hash* sejam determinísticas. Destaca-se que é uma característica desejável para funções *hash* que cada *bit* na saída da função seja equiprovável e os valores de saída sejam descorrelacionados aos valores da entrada.

A segunda propriedade, ser escondida, relaciona-se ao fato de que as funções *hash* devem garantir a ocultação da informação, ou seja, dado o valor da função para uma entrada, deve ser inviável calcular a inversa da função *hash* e obter uma entrada que gere o valor pretendido. A propriedade vale para casos em que as entradas da função *hash* são escolhidas a partir de um conjunto universo com distribuição de probabilidades suficientemente espalhada, ou seja, com alta entropia e, portanto, qualquer valor pode ser escolhido com uma probabilidade muito baixa. Destaca-se que a propriedade de ser escondida é bastante útil para a aplicação de funções *hash* em provas de comprometimento. Uma prova de comprometimento consiste em divulgar o *hash* de uma informação, mas manter a informação em segredo. Após algum tempo, é possível provar que o participante que divulgou o *hash* inicialmente conhecia a informação no momento de divulgação do *hash*, pois se não conhecesse, não seria possível calcular o valor do *hash* divulgado.

Por fim, a terceira propriedade das funções *hash*, adequação a desafios, relaciona-se a não haver outra maneira de identificar uma entrada que atenda a uma regra de desafio que não seja a busca exaustiva através de cálculos da função sobre tentativas e erros sequenciais, ou seja, por meio de um processo de descoberta por força bruta. Assim, dada uma regra para um desafio criptográfico, é possível encontrar uma entrada que responda à regra do desafio testando diversos valores de entrada possíveis. Ressalta-se que para resolver o desafio é necessário que o participante desafiado comprometa seu poder computacional para testar entradas até encontrar um valor que atenda à regra proposta. Contudo, para o participante desafiante, basta verificar o cálculo da função *hash* para a entrada da resposta encontrada pelo participante desafiado. A operação de calcular o valor *hash* para uma determinada entrada é computacionalmente eficiente e, portanto, não é custoso para o desafiante realizar o cálculo sobre a entrada encontrada pelo participante desafiado. Assim, em um conjunto de possíveis entradas com entropia suficiente, o participante desafiado compromete tempo de processamento considerável, enquanto o participante desafiante compromete pouco tempo de processamento para verificar a resposta do desafio.

1.2. *Ponteiros hash e estruturas de dados*

Um resumo criptográfico pode ser associado a um conjunto de dados, permitindo verificar a integridade desses dados, visto que uma modificação nos dados geraria um resumo criptográfico diferente. Uma das formas de se associar um resumo criptográfico a um conjunto de dados é utilizar um ponteiro *hash*. Um ponteiro tradicional armazena um endereço de memória que aponta onde um determinado dado está armazenado. Um ponteiro *hash* é uma tupla que contém um ponteiro tradicional e o resumo criptográfico dos dados que estão sendo apontados pelo ponteiro. Dessa forma, o ponteiro *hash* permite localizar a informação e verificar a integridade dessa informação.

Ponteiros *hash* podem ser usados para criar estruturas de dados à prova de adulteração e constituem a base da formação de uma cadeia de blocos. Ao se considerar uma sequência de blocos encadeados, cada bloco *n* possui um ponteiro *hash* que contém um ponteiro para o bloco anterior, *n-1,* e o resumo criptográfico do bloco anterior, *n-1,* formando uma lista encadeada de blocos que utiliza ponteiros *hash.* Se houver modificação no bloco *n-1* ao longo da cadeia, o bloco *n* irá conter um ponteiro *hash* inválido. Isso ocorre porque o ponteiro no bloco *n* continuará apontando para o bloco *n-1,* mas o resumo criptográfico associado ao bloco *n-1* estará incorreto, uma vez que o conteúdo desse bloco mudou. Dessa forma, para modificar o bloco *n-1,* todos os blocos seguintes deverão ser alterados devido à necessidade de recalcular os ponteiros *hash.* O único bloco que não contém o ponteiro do bloco anterior é o bloco *Gênesis,* o primeiro bloco na cadeia de blocos. Assim, os ponteiros *hash* utilizados no encadeamento dos blocos da cadeia de blocos contribuem para a propriedade de imutabilidade da cadeia de blocos.

Outro tipo de estrutura de dados que pode ser criada a partir de ponteiros *hash* é a árvore de Merkle (*Merkle tree*) (ZHU; GUO; ZHANG, 2021), uma árvore binária utilizada na cadeia de blocos para tornar eficiente o gerenciamento e a validação da integridade dos dados. Tipicamente, o nó raiz e cada nó interno da árvore de Merkle possui dois nós filhos. Vale destacar que nós-folha não possuem filhos. A árvore é construída de baixo para cima, ou seja, do nó folha para o nó raiz. Cada nó folha contém um ponteiro *hash* que aponta para o seu dado e armazena o resumo criptográfico desse dado. Os nós que não são folhas armazenam um ponteiro para os seus filhos e o resumo criptográfico dos resumos criptográficos dos seus filhos. Assim,a árvore de Merkle mantém o encadeamento de ponteiros *hash* organizados na forma de uma árvore. Destaca-se que a raiz da árvore de Merkel armazena um ponteiro *hash* que resume todos os dados armazenados na árvore, pois ao subir nos ramos da árvore, há uma recursividade de resumos criptográficos, até chegar ao nó raiz. A vantagem dessa estrutura de dados é que a validação da pertinência de um dado qualquer à árvore pode ser feita em tempo logarítmico, percorrendo a árvore da raiz até a folha. Além disso, a árvore permite que um mecanismo usado para verificar uma pequena quantidade de dados, como a função *hash*, possa ser estendido para ser usado para verificar a integridade de grandes bases de dados com tamanho potencialmente ilimitado.

A estrutura de dados criada pela árvore de Merkle permite utilizar a prova de Merkle, que contém o resumo criptográfico armazenado no nó raiz da árvore e um ramo com todos os resumos criptográficos que partem do dado que se deseja validar e leva até a raiz. A prova de Merkle é estabelecida pela aplicação da função *hash* de forma recursiva, partindo dos nós folhas, até obter o resumo criptográfico raiz. Assim, é possível verificar se o resumo criptográfico de um dado é consistente subindo o ramo daquele dado até a raiz. Se o resumo criptográfico raiz computado for igual ao resumo criptográfico raiz armazenado, o dado está íntegro. Essa validação é confiável desde que o resumo criptográfico raiz, denominado Raiz de Merkle, seja publicamente conhecido e confiável.

Na plataforma Bitcoin, a Raiz de Merkle é armazenada no cabeçalho do bloco e as provas de Merkle são usadas para armazenar transações em cada bloco. Isso permite uma verificação de pagamento simples, isto é, em vez de realizar o *download* de todas as transações e todos os blocos, um cliente pode realizar o *download* apenas dos cabeçalhos dos blocos, que contêm o resumo criptográfico do cabeçalho do bloco anterior, uma estampa de tempo, um valor de dificuldade de mineração, um valor *nonce* para a prova de trabalho e a raiz de Merkle da árvore de Merkle que permite verificar as transações daquele bloco. A fim de determinar o *status* de uma transação, o cliente solicita uma prova de Merkle que mostre que aquela transação específica está em uma das árvores de Merkle cuja raiz está em um cabeçalho de um dos blocos da cadeia de blocos principal.

Na plataforma *Ethereum* (Tikhomirov, 2018; Wood; Others, 2014), os cabeçalhos dos blocos contêm três árvores, uma para as transações, uma para os recibos (que mostram o efeito de cada transação) e uma para o estado. A árvore das transações permite verificar, por exemplo, se uma transação está incluída em um determinado bloco. A árvore do estado, por sua vez, permite verificar o saldo de uma conta e se uma determinada conta existe. Além disso, é possível verificar qual seria a saída ao executar uma transação em um determinado contrato. Já a árvore de recibos permite verificar as instâncias de eventos de um determinado tipo emitidas por um endereço. Um evento pode ser, por exemplo, um contrato que alcançou seu objetivo. Diferentemente da plataforma *Bitcoin*, a *Ethereum* utiliza um tipo de árvore diferente, mais complexa, a árvore de Merkle Patricia. Um breve resumo sobre as plataformas *Bitcoin* e *Ethereum* são apresentados mais à frente neste capítulo.

1.3. *Criptografia assimétrica*

Além do resumo criptográfico, a tecnologia de cadeia de blocos utiliza a criptografia assimétrica. Os algoritmos de criptografia assimétrica permitem criptografar uma mensagem para que apenas o destinatário específico seja capaz de lê-la, garantindo a propriedade da confidencialidade. Além disso, é possível gerar uma assinatura digital para comprovar que uma origem específica gerou aquela mensagem, garantindo as propriedades do não-repúdio e da autenticidade. Uma assinatura digital pode ser usada também para verificar a integridade de uma mensagem. Na criptografia assimétrica, duas chaves são usadas, a chave pública e a chave privada. A chave pública dos nós que participam do sistema é conhecida por todos, enquanto a chave privada de cada nó é secreta e, portanto, deve ser conhecida apenas pelo dono da chave. A chave privada é usada para descriptografar mensagens e para gerar assinaturas digitais. O comprometimento da chave privada viola a segurança da criptografia assimétrica, uma vez que o roubo dessa chave dá total controle ao atacante, que pode se passar por um usuário legítimo. A chave pública é derivada da chave privada e é usada para criptografar mensagens direcionadas ao dono da chave privada que é par daquela chave pública. Na cadeia de blocos, ao gerar uma transação, o originador usa sua chave privada para gerar uma assinatura para aquela transação. A chave pública do originador pode ser usada para verificar a assinatura digital, confirmando o originador sem revelar sua chave privada.

Os algoritmos de criptografia assimétrica são baseados em problemas matemáticos difíceis que permitam realizar facilmente uma operação, mas inviabilizem a reversão dessa operação. Na plataforma *Bitcoin*, por exemplo, a chave privada é um número aleatório entre 1 e $n - 1$, em que $n = 1{,}158 * 10^{77}$ e consiste na ordem da curva elíptica usada na *Bitcoin*. Para obter esse número aleatório, uma sequência grande de bits aleatórios é dada de entrada para o algoritmo de resumo criptográfico SHA256, que produz um valor com 256 bits (NAKAMOTO, 2008). Se esse valor for menor do que $n - 1$, obtém-se uma chave privada adequada. Caso contrário, uma nova sequência aleatória deve ser testada. A chave pública é derivada da chave privada a partir de uma multiplicação de curva elíptica, que é uma operação inviável de ser revertida. A chave privada é multiplicada por um ponto predeterminado da curva elíptica, conhecido como ponto gerador G, para produzir outro ponto na curva. Esse novo ponto é a chave pública correspondente àquela chave privada. Apesar de a relação entre a chave pública e privada ser fixa, essa relação só pode ser calculada em uma direção, da chave privada para a chave pública, sendo inviável realizar a operação inversa.

A chave privada também é utilizada para derivar a assinatura digital. Uma assinatura digital funciona como uma assinatura tradicional escrita à mão, permitindo provar, por exemplo, que um determinado documento foi assinado por uma determinada pessoa. No caso da assinatura digital, um usuário assina digitalmente uma mensagem, permitindo provar posteriormente que esse usuário originou a mensagem. Diferentemente das assinaturas manuais, uma assinatura digital oferece mais segurança, reduzindo a possibilidade de roubo de identidade ou de imitação. Assim, nas plataformas de cadeia de blocos, toda transação deve ter associada a assinatura digital de quem gerou a transação. Além de garantir que a transação recebida foi enviada por quem de fato a originou, a assinatura digital também permite verificar se a transação recebida foi modificada em trânsito por terceiros. Ressalta-se que em plataformas de cadeia de blocos, os participantes são identificados normalmente pelas suas chaves públicas, facilitando a verificação de autenticidade das assinaturas, pois as ações realizadas na cadeia de blocos são creditadas a chaves públicas e não necessariamente a participantes no mundo real.

A assinatura digital de uma transação requer que, primeiramente, os dados que representam a transação sejam submetidos a uma função *hash*, resultando em um resumo criptográfico da transação. Em seguida, esse resumo criptográfico é criptografado com a chave privada de quem está gerando a transação. O resumo criptográfico da transação criptografado com a chave privada é a assinatura digital. O originador da transação envia, então, a transação e a assinatura digital. A assinatura digital e a integridade da transação podem posteriormente ser verificadas por qualquer usuário. O usuário gera o resumo criptográfico da transação que foi recebida e descriptografa a assinatura digital recebida utilizando a chave pública do originador da transação. Ao descriptografar a assinatura digital, o usuário obtém o resumo criptográfico da transação que foi enviada. O usuário compara, então, o resumo criptográfico descriptografado com a chave pública e o resumo criptográfico computado a partir da transação recebida. Se os resumos criptográficos forem iguais, significa que a transação não foi modificada em trânsito, sendo igual àquela que foi enviada pelo originador da transação, e portanto, a transação está íntegra. Além disso, se os resumos criptográficos são iguais, garante-se que a transação recebida foi enviada por quem tem a chave privada que é par da chave pública usada na decriptação da assinatura digital. Como a chave privada deve ser mantida em sigilo, considera-se que a transação recebida foi enviada de fato por quem gerou a transação. Existem diversos algoritmos utilizados para gerar assinaturas digitais. Nas plataformas *Bitcoin* e *Ethereum*, por exemplo, utiliza-se o algoritmo de assinatura digital de curva elíptica (*Elliptic Curve Digital Signature Algorithm* – ECDSA) (NAKAMOTO, 2008; WOOD; OTHERS, 2014).

2. Conceitos fundamentais

A tecnologia de cadeia de blocos possui diversos conceitos básicos associados necessários para compreender o funcionamento da tecnologia (MATTOS et al., 2018, 2021). Nesta seção, destacam-se os conceitos de rede par-a-par, que interconecta os participantes de uma cadeia de blocos; transações, que são mensagens geradas pelos participantes que contêm alguma instrução, como a transferência de ativos digitais; bloco, que é formado por um conjunto de transações; conta, que é uma entidade capaz de gerar transações; contrato inteligente, que é um programa que executa na cadeia de blocos; e a carteira, que são aplicações que permitem um usuário interagir com a conta.

a. Rede par-a-par (P2P)

Uma rede par-a-par (*peer-to-peer* – P2P) é uma rede distribuída formada por um grupo de dispositivos conectados de forma a criar uma rede que utiliza um modelo de comunicação descentralizado. Nesse modelo, a comunicação entre dois dispositivos, também denominados nós ou pares (*peers*), ocorre sem a necessidade de intermediação por uma autoridade central. Em uma plataforma de cadeia de blocos, a rede par-a-par permite que dois nós se comuniquem para trocar ativos digitais sem a necessidade de um intermediário. Em ciência da computação, os nós de uma rede par-a-par tipicamente possuem as mesmas capacidades e executam as mesmas tarefas. Os nós são responsáveis pela manutenção da rede distribuída e não há uma autoridade central. Os nós podem agir tanto como clientes, requisitando informações, quanto como servidores, fornecendo informações. No contexto de um sistema distribuído como a cadeia de blocos, os nós são responsáveis pela manutenção da rede, oferecendo recursos computacionais para armazenar e processar blocos e transações. Ressalta-se que a gerência de uma rede par-a-par é distribuída e, assim, caso haja a falha de um nó, ou um conjunto de nós, a rede tende a continuar operando.

b. Conta

Em cadeia de blocos, uma conta é formada por um par de chaves criptográficas, a chave pública e a chave privada. A chave pública é gerada a partir da chave privada utilizando um algoritmo de criptografia assimétrica e pode ser conhecida por todos. Já a chave privada não pode ser obtida a partir da chave pública. A chave privada é usada para assinar transações e deve ser mantida em segredo, não podendo ser divulgada para terceiros. A assinatura em uma transação é usada para derivar a chave pública que estaria associada àquela assinatura por meio da chave privada que gerou a assinatura. Dessa forma, é possível comparar a chave pública existente com a chave pública derivada da assinatura para verificar a legitimidade da transação, isto é, se quem gerou a transação é realmente o detentor da chave privada. O mecanismo de recuperação da chave pública a partir da transação e da assinatura permite que a identificação da origem (a chave pública) não precise ser explicitamente incluída na transação. Uma conta também possui um endereço associado. Caso a conta pertença a um usuário, o endereço da conta é derivado a partir da chave pública do usuário. Caso a conta seja de um contrato inteligente, também há um endereço associado, que é derivado a partir do endereço do criador do contrato inteligente. Na plataforma *Ethereum*, além do endereço do criador, a geração do endereço do contrato inteligente usa também o número de transações historicamente enviadas pelo criador.

c. Transação
Uma transação em plataformas de cadeia de blocos é uma instrução assinada criptograficamente e gerada por uma conta participante da rede par-a-par (Oliveira et al., 2019). Após gerar uma transação, a conta de origem submete essa transação, que é difundida para a rede e incluída em um reservatório de transações (*transactions pool*). Esse reservatório é composto por transações pendentes na rede, isto é, aquelas que ainda não foram validadas e executadas. As transações são selecionadas a partir desse reservatório para serem incluídas em um bloco, validadas e adicionadas à estrutura de dados da cadeia de blocos (*blockchain*). Por meio de uma transação, ocorre a transferência de um ativo, de forma que a execução da transação resulta na alteração do estado atual da cadeia de blocos. Essa alteração deve ser propagada para todos os nós que compõem a rede a fim de se manter a visão global consistente da cadeia de blocos. Cada transação contém, dentre outras informações, a assinatura do originador da transação, o endereço do destinatário e o ativo a ser transferido. Quando a transação ocorre entre carteiras, o ativo transferido é um valor monetário. Em plataformas de cadeia de blocos que implementam contratos inteligentes, como a *Ethereum*, a transação pode ser utilizada também para implantar um contrato inteligente e, nesse caso, o ativo transferido é o código do contrato inteligente. A execução do contrato inteligente ocorre quando uma transação interage com o contrato inteligente implantado e, assim, o ativo transferido é um conjunto de dados de entrada que será utilizado pelo contrato inteligente para executar uma determinada função. É importante destacar que cada transação, independente do tipo de ativo transferido, possui um custo para ser executada, sendo o custo para implantar um contrato inteligente maior do que para transferência de valor monetário.

d. Bloco
Blocos são estruturas de dados formadas a partir de um conjunto de transações e que armazenam uma referência para o último bloco adicionado à cadeia de blocos, além de uma estampa de tempo que indica o momento

em que o bloco foi adicionado à cadeia de blocos. A referência incluída em cada bloco permite o encadeamento dos blocos em uma sequência ordenada que preserva o histórico de transações validadas na rede. A referência é criada utilizando a função de resumo criptográfico (*hash*), que resume o conteúdo de um bloco em uma mensagem criptografada de tamanho fixo. A função de resumo criptográfico é unidirecional porque é inviável obter o conteúdo original a partir do resumo gerado. Além disso, qualquer alteração no conteúdo de um bloco, por exemplo a modificação de uma das transações, gera um resumo criptográfico diferente. Quando associado a um mecanismo de consenso robusto, a utilização de funções de resumo criptográfico dificulta a modificação do conteúdo de um bloco ou da ordem dos blocos na cadeia de blocos, visto que, qualquer alteração no bloco *n – 1* torna inválido o resumo criptográfico do bloco *n – 1* que está armazenado no bloco *n*. Assim, para modificar um bloco, todos os blocos seguintes precisam ser reconstruídos. A construção e a propagação do bloco construído na rede dependem do mecanismo de consenso utilizado. Em plataformas de cadeia de blocos que utilizam o conceito de mineração e mecanismos de consenso computacionalmente custosos, como a Prova de Trabalho (*Proof-of-Work* – PoW), existem nós mineradores que validam as transações e agrupam-nas em blocos (Rebello et al., 2019). Os mineradores competem entre si para minerar o bloco primeiro e, então, receber uma taxa de recompensa pelo trabalho executado. A modificação de um bloco já minerado implica minerar novamente todos os blocos seguintes àquele, o que é uma tarefa computacionalmente inviável quando se utiliza um consenso baseado em PoW.

e. Carteira

Uma carteira é uma ferramenta que permite que um usuário gerencie e realize a transferência de ativos digitais que estão associados a uma conta em uma cadeia de blocos (Mattos et al., 2018). A carteira armazena a chave pública e privada do usuário e mantém o histórico de transações realizadas utilizando o par de chave do usuário. Dessa forma, a carteira consegue monitorar os ativos do usuário sem armazenar de fato esses ativos. O armazenamento dos ativos é feito na cadeia de blocos, mas os ativos de um usuário só podem ser acessados utilizando a chave privada correspondente do usuário, que comprova a propriedade do usuário sobre o ativo. A carteira de um usuário possui um identificador gerado a partir da chave pública do usuário, utilizando algoritmos criptográficos e outras conversões específicas de cada plataforma. Na plataforma *Bitcoin*, por exemplo, são utilizados algoritmos de resumo criptográfico sobre a chave pública e o resultado é convertido em uma *string* base58[3] que é o endereço da carteira *Bitcoin*. As carteiras podem ser "frias" (*cold wallet*) ou "quentes" (*hot wallet*). Uma carteira quente é mantida *online* e permite a transferência de ativos digitais de forma rápida. Nesse caso, a chave privada associada à carteira é armazenada em plataformas de operação de ativos em cadeia de blocos. Essas plataformas de operação podem estar armazenadas em servidores de computação em nuvem. Apesar de ser fácil de usar e permitir transferências rápidas, as carteiras quentes têm o risco de serem corrompidas (*hackeadas*), sendo roubadas de forma irrecuperável. Já as carteiras frias são mantidas *offline*. As transações são assinadas *offline* e posteriormente são divulgadas *online*. A chave privada é armazenada em *hardware* ou papel, o que dificulta a ação de usuários maliciosos (*hackers*).

f. Contratos inteligentes

Os contratos inteligentes foram popularizados pela rede *Ethereum*. Contratos inteligentes são programas simples que podem ser executados em plataformas de cadeia de blocos (Medeiros; Fernandes; Mattos, 2019; Oliveira et al., 2022). Assim, o maior benefício dos contratos inteligentes é a automação de processos. Essa automação pode ser aplicada em qualquer processo do mundo real que possa ser automatizado por um computador. Atualmente os contratos inteligentes são utilizados em diversas aplicações do mundo real como no setor financeiro que abrange implementações de processos de investimentos, empréstimos, compra e venda.

O contrato inteligente reside em um endereço específico e representa um dos tipos de conta existentes em uma plataforma de cadeia de blocos. Cada contrato é formado por um conjunto de funções e dados que representam seu estado. Como um contrato inteligente é um tipo de conta, é possível que um contrato gere transações quando são alcançadas as condições existentes no código programado desse contrato inteligente. Os contratos inteligentes definem regras como um contrato comum, aplicando automaticamente essas regras por meio do código programado.

[3] Base58 é um grupo de esquemas de codificação e decodificação usados para conversão entre dados binários em formato hexadecimal e dados em formato de texto alfanumérico, como ASCII.

A implantação do contrato inteligente é feita por meio de uma transação, que é validada e incluída em um bloco, que por sua vez é adicionado à cadeia de blocos. Dessa forma, não é possível excluir ou modificar um contrato inteligente, dada a imutabilidade da cadeia de blocos. Os contratos inteligentes adicionam confiança e segurança aos processos automatizados, garantindo que não haverá nenhuma alteração no processo nem na decisão gerada pela sua execução. Ao executar um processo definido por um contrato, as transações geradas são adicionadas à cadeia de blocos, tornando-se também imutáveis. De forma semelhante, as interações direcionadas aos contratos inteligentes não podem ser revertidas.

A execução do contrato inteligente por meio de uma transação é feita apenas se a assinatura naquela transação for válida para o contrato inteligente. Como a assinatura é gerada a partir de uma chave privada, se essa chave for comprometida por um terceiro, transações ilegítimas poderão ser geradas por esse terceiro e exaurir os fundos existentes no contrato inteligente. Para evitar esse problema, contratos inteligentes podem requerer múltiplas assinaturas válidas para executar uma transação, dividindo a responsabilidade pela execução do contrato e o gerenciamento de chaves entre várias partes.

3. Consenso

A cadeia de blocos é uma tecnologia cooperativa na qual as informações compartilhadas são moldadas como blocos de transação, que são transmitidos por uma rede par-a-par (Carrara et al., 2020; Mattos et al., 2022). Os nós na rede par-a-par subjacente à estrutura de dados da cadeia de blocos agem de forma independente. Assim, para compartilhar informações nessa rede, é necessário coordenar os nós independentes, que devem cooperar para convergirem para o acordo sobre os dados compartilhados. A coordenação entre nós deve convergir assintoticamente para um valor comum, consistindo em um problema de consenso ou acordo. O problema do consenso é computacionalmente definido para um conjunto de n processos conhecidos, e, dentre os n processos, pode-se definir um número f máximo de processos falhos. As falhas de processo podem ser definidas como falhas de parada, em que um processo deixa de responder ou responde em tempo infinito, ou falha bizantina, em que os processos se comportam de forma inesperada e em desacordo com o protocolo estabelecido.

O problema do consenso é formalmente definido em termos de três propriedades: validade, acordo e terminação, não sendo possível construir um mecanismo de consenso que garanta as três simultaneamente. A validade assegura que se todos os processos corretos propõem o mesmo valor *v*, qualquer processo correto converge para *v*. A propriedade do acordo define que não há dois processos corretos que decidam de forma diferente. A terminação garante que todo processo correto eventualmente consiga decidir. Mecanismos de consenso são algoritmos para a solução do problema do consenso. Os algoritmos alcançam o acordo sobre um único dado ou sobre o estado de um sistema distribuído. Os mecanismos de consenso devem obedecer a duas propriedades, segurança e vivacidade, que se relacionam às propriedades do problema do consenso. De acordo com Lamport, a partir de uma propriedade de segurança, o mecanismo de consenso é responsável por garantir que um sistema distribuído escolha apenas um único valor proposto e um processo aprenda apenas valores propostos (Lamport, 1977; Lamport; Owicki, 1982). Em paralelo, a propriedade de vivacidade subdivide os mecanismos de consenso em dois grupos principais: determinísticos ou probabilísticos. Os mecanismos de consenso determinísticos garantem o acordo sobre uma transação ou sobre uma ativo. Assim, ao fim da execução do mecanismo, todos os nós corretos da rede convergem para o valor acordado. Os mecanismos de consenso probabilísticos executam procedimentos que tendem a gerar acordo entre nós, mas não é garantido que haja convergência de todos os nós para o valor acordado após a terminação da rodada de consenso. A propriedade de segurança dos mecanismos de consenso representa as propriedades de validade e acordo na definição do problema. Já a propriedade de vivacidade dos mecanismos de consenso está relacionada à propriedade de terminação do problema do consenso. Ressalta-se que mecanismos que garantem as propriedades de acordo e de validade, sacrificam a propriedade de terminação, levando a mecanismos determinísticos. De forma contrastante, mecanismos probabilísticos garantem a terminação em tempo finito, ao passo que sacrificam eventualmente as propriedades de acordo e validade.

Em plataformas de cadeia de blocos, os mecanismos de consenso agem na formação do acordo entre os diversos nós da rede sobre a versão mais atual da estrutura de dados da cadeia. Assim, para efetuar a inclusão de uma transação na cadeia, é preciso emitir a transação válida e esperar ela ser adicionada a um bloco acordado entre os nós da rede. A criação do bloco e o mecanismo de consenso para que haja acordo na rede acerca do bloco a ser adicionado à cadeia é o processo chamado de mineração. O processo de mineração é a adição de transações dentro do bloco e o cálculo do ponteiro *hash* desse bloco. A mineração é feita pelos mineradores da rede, que são incentivados a partir de recompensas, como nas plataformas *Bitcoin* e *Ethereum*, pois muitas vezes a mineração é extremamente custosa devido ao fato de precisar calcular um valor *hash* que não pode ser forjado, como no consenso por Prova de Trabalho.

A Prova de Trabalho (*Proof of Work* – PoW) é um mecanismo de consenso probabilístico, pois não há garantias de que somente um nó na rede obtenha o direito de adicionar o seu bloco à cadeia por vez. Os nós responsáveis por resolver o desafio criptográfico da PoW são os mineradores. O processo de solucionar o desafio é a mineração, que é um método de tentativa e erro, ou seja, força bruta. A mineração consiste em encontrar um determinado valor numérico, *nonce* criptográfico, a ser inserido no final de um bloco candidato a ser incorporado à cadeia de blocos. O desafio criptográfico requer que o valor gerado pela função *hash* do bloco tenha um certo número predefinido de zeros em seu início. Uma vez resolvido o desafio, o valor encontrado passa a fazer parte do conteúdo do bloco candidato, que é então disseminado por toda a rede para ser validado pelos demais nós. Depois que mais da metade dos nós validadores validam o bloco, ele é de fato inserido na cadeia de blocos. Para incentivar a mineração, uma recompensa é oferecida ao minerador, ou grupo de mineradores, que primeiro encontram a resposta do desafio. Outros mecanismos de consenso probabilístico são a Prova de Posse (*Proof of Stake* – PoS) (Maung Maung Thin et al., 2018), a Prova de Posse Delegada (*Delegated Proof of Stake* – DPoS), a Prova de Tempo Consumido (*Proof of Elapsed Time* – PoET) (Chen et al., 2017), o protocolo Ripple (Baliga, 2017), entre outras. Tais mecanismos de consenso são usados em plataformas de cadeia de blocos públicas como alternativas com menor custo computacional e energético à Prova de Trabalho.

Plataformas de cadeia de blocos privadas tendem a empregar mecanismos de consenso que não exigem a execução de desafios computacionais como os mecanismos probabilísticos baseados em prova (Cachin; Vukolić, 2017). Nessas plataformas, são usados mecanismos determinísticos baseados em votação. Cadeias de blocos privadas adotam mecanismos de consenso baseados em votação, em contraste aos mecanismos baseados em prova de comprometimento de recursos computacionais, pois essas redes privadas adotam esquemas de autenticação para acesso à rede e, portanto, inibem a criação de identidades de forma indiscriminada. Entre os mecanismos de consenso determinísticos utilizados, citam-se Paxos, Raft e Tendermint, como exemplos de mecanismos que resistem a falhas de parada. Mecanismos como o *Practical Byzantine Fault Tolerance* (PBFT) (Castro; Liskov, 2002) e BFT-SMaRt (Bessani; Sousa; Alchieri, 2014), por sua vez, são empregados em plataformas de cadeia de blocos privadas que implementam o consenso resistente a falhas bizantinas ou falhas de desvio do protocolo.

4. Exemplos de plataformas para cripto-ativos

Existe atualmente uma ampla gama de cripto-ativos que podem ser comprados e vendidos no mercado financeiro, como também há outros cripto-ativos que são transacionados em redes privadas. Dentre essas moedas digitais, os principais e mais populares exemplares são as moedas *bitcoin* e *ether*, associadas respectivamente às cadeias de blocos *Bitcoin* e *Ethereum*. Essas cadeias de blocos são as maiores em termos de valor e influência. Esta seção apresenta um resumo do histórico dessas cadeias de blocos, bem como algumas particularidades arquitetônicas de cada uma.

a. Bitcoin

A cadeia de blocos se popularizou com o surgimento da plataforma *Bitcoin* (Nakamoto, 2008). O cripto-ativo da *Bitcoin* é conhecido como *bitcoin* (BTC). O BTC e a plataforma *Bitcoin* foram inventadas em 2008 por um grupo ou pessoa anônima que adotou o pseudônimo Satoshi Nakamoto. A invenção foi criada em resposta à manipulação monetária governamental e busca servir como uma alternativa descentralizada e desintermediada à moeda tradicional. A BTC não depende de um banco central ou administrador, sendo possível enviar e receber o cripto-ativo por meio da rede par-a-par, subjacente à cadeia de blocos *Bitcoin*, sem a necessidade de uma âncora de confiança ou intermediários como instituições financeiras confiáveis. Devido a essa autonomia, e por não ter um controlador, o BTC se tornou bastante popular como uma moeda alternativa libertadora que não pode ser controlada por um Estado.

A cadeia de blocos *Bitcoin* é um registro completo do histórico da rede validado por indivíduos que executam o *software* da *Bitcoin*, isto é, por nós que participam da rede par-a-par que suporta a cadeia de blocos *Bitcoin*. Os princípios fundamentais usados pela *Bitcoin* são a criptografia assimétrica, a rede par-a-par e a oferta finita do cripto-ativo. A carteira *Bitcoin* possui um par de chaves, pública e privada, gerado por um algoritmo de criptografia assimétrica. Os nós na rede par-a-par verificam transações para assegurar que as regras da *Bitcoin* estão sendo seguidas. Nós especiais, denominados mineradores, competem pelo direito de construir blocos de transações, periodicamente adicionados à cadeia de blocos. De acordo com a proposta de Satoshi Nakamoto, apenas 21 milhões de BTC podem ser produzidos. Essa limitação de "estoque" dá valor ao cripto-ativo que tende a aumentar conforme o limite de geração do cripto-ativo se aproxima. Ressalta-se que novos *bitcoins* são gerados ao realizar a inserção de novos blocos na cadeia de blocos como forma de incentivo ao trabalho de busca do *nonce* para a Prova de Trabalho. Ao atingir o limite de geração de *bitcoins*, o incentivo para a inserção de blocos na cadeia será representado apenas pela taxa paga por transação adicionada ao bloco.

b. Ethereum

A plataforma *Ethereum* foi anunciada em 2014 e implantada oficialmente em 2015 (Wood; Others, 2014). O foco da *Ethereum* é criar uma plataforma universal para aplicações baseadas em cadeia de blocos. Diferentemente da *Bitcoin*, criada para fornecer uma moeda alternativa, a *Ethereum* foi construída para se tornar uma espécie de sistema operacional para qualquer quantidade de ativos e programas personalizados. A *Ethereum* incorpora uma linguagem de *Turing* completa, fazendo com que seja possível implementar todas as práticas computacionais por meio de contratos inteligentes. A *Ethereum* é uma cadeia de blocos pública, em que toda utilização de computação para enviar transações e executar os contratos inteligentes é precificada em unidades de *gas*, que é determinado pela rede, podendo sofrer flutuações devido à alta ou à baixa demanda. Assim como na *Bitcoin*, a *Ethereum* também se tornou um meio de pagamentos por cripto-ativos, porém apresenta também outros casos de uso. Atualmente a cadeia de blocos da *Ethereum* é utilizada como banco de dados para diversas aplicações descentralizadas, atuando no meio de jogos *online*, arte digital, através de *Non Fungible Tokens* (NFT), entre outras utilidades.

A *Ethereum* utiliza a Prova de Trabalho como mecanismo de consenso e todos os nós que participam da rede devem manter uma cópia da Máquina Virtual Ethereum (*Ethereum Virtual Machine* – EVM), um compilador que traduz os contratos inteligentes para que possam ser executados. O cripto-ativo da *Ethereum*, o *ether*, é obtido por um nó minerador em quando um bloco é minerado. Não existe um limite para a quantidade de *ether*, sendo pré-programado um aumento de 4,5% no estoque anualmente. Existe uma relação entre *gas* e *ether*, de forma que o uso da cadeia de blocos *Ethereum* exige que *ether* seja gasto, visto que qualquer transação requer uma quantidade de *gas* para ser executada. O preço do *gas* é definido em frações de *ether*, e essa fração de *ether* é denominada *gwei*. Assim, qualquer aplicação ou protocolo que opera sobre a *Ethereum*, deve comprar e gastar *ether*, o que cria uma demanda contínua para o ativo. Existem planos para substituir o mecanismo de consenso da *Ethereum* pela Prova de Posse (*Proof-of-Stake* – PoS).

5. Ataques na cadeia de blocos

A cadeia de blocos é considerada uma tecnologia muito segura por ser baseada em técnicas criptográficas bem consolidadas. Em cadeias privadas, a segurança se baseia na confiança entre os nós que são adicionados à rede. Para um nó malicioso efetuar um ataque, é preciso comprometer um ou mais nós dessa rede para agir de forma destoante das regras da rede. Porém, em redes de cadeia de blocos públicas, o nível de segurança proporcionado pela rede é diretamente proporcional à quantidade de poder computacional dos mineradores que suportam a cadeia de blocos. Quanto mais mineradores existir, mais poder de mineração existe nessa rede, aumentando a dificuldade para um atacante ter sucesso.

Esta seção apresenta e descreve os ataques mais emergentes em cadeias de blocos (AGGARWAL; KUMAR, 2021; MOUBARAK; FILIOL; CHAMOUN, 2018). Esses ataques estão se tornando cada vez mais sofisticados e, quando bem sucedidos, podem causar danos irreparáveis na rede. Entender e mitigar os ataques é crucial para o desenvolvimento e implantação de soluções baseadas na tecnologia de cadeia de blocos. Os ataques podem ser divididos em quatro grupos principais: (i) Ataques ao consenso e com base no livro-razão (*ledger*), (ii) Ataques à rede par-a-par, (iii) Ataques baseados em contratos inteligentes, e (iv) e Ataques baseado em carteiras.

a. Ataques ao consenso e com base no livro-razão

Ataques ao consenso e baseados no livro-razão (*ledger*) são executados quando um invasor quer modificar o estado da cadeia de blocos ou obter controle sobre ele. Os ataques podem variar de acordo com o consenso e o livro-razão usados. Os ataques mais conhecidos nesta categoria são o ataque Finney, ataque de condição de corrida e o ataque de 51%.

Os *ataques Finney* são ataques de gasto duplo, em que o atacante pode enganar o vendedor adicionando uma transação para enviar dinheiro para pagar por um determinado bem e, quando em posse do bem, o atacante envia um bloco, já minerado anteriormente, com uma transação que envia o dinheiro para outra pessoa (por exemplo, a ele mesmo), gastando o mesmo valor 'duas vezes'. Na realidade, o que acontece é que a transação para enviar o dinheiro para o vendedor será rejeitada se o usuário tiver apenas essa quantidade de dinheiro disponível no seu endereço, pois o bloco anterior já assegura a retirada dessa quantia para outro endereço. Para evitar esse ataque, é necessária uma implementação em que as transações só sejam consideradas válidas após um determinado número de blocos minerados serem adicionados à cadeia. Portanto, a única maneira de dobrar o gasto é ter poder computacional suficientemente alto para realizar mudanças no estado já consolidado da cadeia de blocos, já que em caso de bifurcação da cadeia (*fork*), a regra geral de resolução de conflitos é o prosseguimento da cadeia no ramo de maior extensão desde a bifurcação.

Os *ataques de condição de corrida* acontecem com pessoas que aceitam pagamentos com zero confirmação, o que significa que uma confirmação é feita quando a transação é válida. Porém, um atacante pode gerar duas transações simultâneas, uma que envia um pagamento a um vendedor e outra que envia o dinheiro para si mesmo. Como ambas transações são válidas, o pagamento será aceito com zero confirmação. Caso a transação adicionada e minerada ao bloco seja a segunda, o vendedor não receberá o pagamento.

O *ataque de 51%* pode resultar em gasto duplo caso o atacante tenha o controle de mais da metade da rede. Caso tenha esse poder, o atacante pode gerar blocos mais rapidamente que os outros nós da rede. Portanto, o atacante pode gastar seus fundos na rede honesta e criar blocos de forma privada onde os fundos são gastos com outra coisa. Após isso, o atacante precisa apenas enviar seus blocos para a rede e alterar o estado da rede honesta para a sua rede privada.

b. Ataques à rede par-a-par (P2P)

Atualmente existem quatro ataques principais em redes P2P: negação de serviço distribuída (*Distributed Denial of Service* – DDoS), ataques *Sybil*, Eclipse e de roteamento.

No *ataque de negação de serviço distribuída (DDOS)*, um atacante sobrecarrega a rede com um número muito grande de transações simultaneamente, fazendo com que os serviços de rede fiquem indisponíveis para usuários honestos da rede par-a-par. No caso de Negação de Serviço (*Denial of Service* – DoS) o atacante utiliza apenas uma fonte para enviar todos os pedidos simultâneos, porém no ataque de DDoS, o atacante utiliza várias fontes com comportamento sincronizado porém indistinguível de o comportamento de uma fonte legítima. Para evitar um ataque de DDoS é necessário introduzir custos para efetuar transações na rede e, então, desincentivar transações em massa que sejam maliciosas.

No *ataque Sybil*, o atacante forja múltiplas identidades para um mesmo nó ao mesmo tempo. Nesse ataque o objetivo é impedir que nós honestos se comuniquem com outros nós honestos da rede. Para isso é preciso que os nós atacantes fiquem próximos ao nó a ser atacado, na vizinhança de um salto, isto é, adjacente, fazendo com que toda a comunicação do nó sob ataque passe pelos nós do atacante. Para impedir esse ataque, é necessário criar um custo para criar uma nova identidade na rede, dessa forma se torna inviável para um atacante criar centenas ou milhares de identidades para um nó. Ao mesmo tempo, é necessário que esse custo seja acessível para participantes honestos que queiram criar uma identidade.

O *ataque de Eclipse* tem objetivo semelhante ao ataque Sybil, porém enquanto o ataque *Sybil* se aplica a toda rede, o ataque de Eclipse é feito a nós específicos. O objetivo do ataque de Eclipse é impedir a comunicação de um nó honesto com outros nós honestos da rede, impossibilitando o envio e recebimento de informações corretas. No entanto, o ataque de Eclipse não envolve necessariamente a criação de identidades forjadas, mas apenas o encaminhamento seletivo de mensagens entre a rede e o nó sob ataque.

No *ataque de roteamento*, um nó atacante efetua alterações maliciosas nas mensagens recebidas antes de distribuí-las para os nós adjacentes. Para efetuar esse ataque é necessário que o nó atacante particione a rede em duas sub-redes, nas quais o único ponto de comunicação seja o nó atacante. O objetivo do ataque é que toda mensagem alterada seja tomada como verdadeira, pois não existirá outros nós transmitindo a mensagem original a partir daquele ponto. Para mitigar esse ataque é necessário que as conexões da rede par-a-par sejam diversificadas continuamente, além de adotar medidas para impedir a geração de sub-redes conectadas por apenas um ponto.

c. Ataques baseados em contratos inteligentes

Os ataques de contrato inteligente dependem de erros ou *bugs* nas implementações dos contratos inteligentes (Sayeed; Marco-Gisbert; Caira, 2020). Uma vez que os contratos são executados e as transações adicionadas à cadeia de blocos, elas se tornam imutáveis. Para se recuperar de um ataque de contrato inteligente é necessário restaurar a rede do ponto anterior à criação da transação fraudada. Um exemplo famoso de ataque de contrato inteligente é o ataque *DAO*, em que um atacante encontrou uma execução em laço (*loop*) no processo de retirada de dinheiro utilizando o contrato inteligente que era utilizado para fazer *crowdfunding* para o projeto *DAO*. Nesse ataque, 70 milhões de dólares americanos foram perdidos.

d. Ataques baseado em carteiras

Os ataques baseados em carteiras (*wallet*) são ataques em que um atacante explora erros na implementação de uma carteira digital para efetuar ações maliciosas na cadeia de blocos. Esse tipo de ataque se tornou famoso devido ao ataque de multi-assinatura da carteira da plataforma *Parity*. No ataque, um cliente *parity* foi comprometido (*hackeado*) gerando uma perda de 77 milhões de dólares. Para prevenir esse tipo de ataque, as implementações de carteiras devem ser feitas e testadas antes de serem colocadas em produção.

Conclusões

O benefício primordial da plataforma de cadeia de blocos (*blockchain*) é sua tecnologia disruptiva que aplica mecanismos de criptografia seguros e amplamente utilizados para criar um ecossistema de armazenamento de dados de forma descentralizada e auditável. Diversas plataformas de cadeia de blocos públicas surgiram nos últimos anos, tais como *Bitcoin* e *Ethereum*. O objetivo principal dessas plataformas é promover recursos para a criação e adoção de aplicações descentralizadas, sem a necessidade de confiar em terceiros. As aplicações variam, sendo as mais populares as que envolvem transação de cripto-ativos, jogos *online*, meios de pagamento e *crowdfunding*. Além disso, devido aos potenciais usos da tecnologia, diversas companhias adotam ou estudam a utilização de cadeias de blocos privadas para soluções em diversos setores da economia, como financeiro, saúde, energia e logística. A tecnologia mais do que nunca está presente no mundo real, podendo ser facilmente detectada no mercado de ações cuja capitalização já passa dos 3 trilhões de dólares. Por ser uma tecnologia relativamente nova, a adoção das soluções proporcionadas pela cadeia de blocos para papéis fundamentais ainda está em um processo transitório que tem fomentado a pesquisa e desenvolvimento na área.

Este capítulo apresentou a tecnologia da cadeia de blocos, identificando a base criptográfica necessária para a criação da estrutura de dados usada para transacionar cripto-ativos. O capítulo discutiu os principais elementos de uma arquitetura genérica de uma plataforma de cadeia de blocos. Os principais elementos identificados são a estrutura de dados da cadeia de blocos, a rede par-a-par e o mecanismo de consenso para difusão das informações atualizadas. O capítulo mostrou a composição desses elementos básicos de forma que a estrutura de dados da cadeia de blocos é responsável por assegurar a imutabilidade dos dados registrados na cadeia e evitar o problema do gasto duplo por meio de provas criptográficas. A rede par-a-par é responsável por garantir a comunicação entre nós sem que haja a intermediação por nós centralizadores, já que garante que todos nós tenham as mesmas funcionalidades na rede. Por fim, o mecanismo de consenso é apresentado como um elemento fundamental para a difusão das informações na rede, mas também responsável por garantir a consistência dos dados distribuídos entre os nós. O capítulo mostrou que entre as principais abordagens de consenso, a Prova de Trabalho (*Proof of Work* – PoW) se destaca como uma abordagem probabilística e que garante que, em uma rede pública, os nós não possam personificar outras identidades, pois a participação do nó na rede é ponderada pelo comprometimento de poder computacional que, por sua vez, não pode ser forjado.

O futuro da tecnologia é promissor. A tecnologia tem potencial de se consolidar e transformar a vida de milhões de pessoas, por exemplo com a transformação da moeda *bitcoin* em uma moeda comercial de referência, estável e confiável, ou mesmo para outros fins, como a criação de sistemas de autenticação e controle de acesso baseados em cadeia de blocos. A tecnologia está em constante evolução e novas plataformas tendem a adotar Grafos Acíclicos Direcionados (*Directed Acyclic Graphs* – DAG) para o encadeamento de blocos em contraste às estruturas lineares das cadeias de blocos clássicas. Há ainda a tendência da criação de canais de pagamentos que é uma classe de técnicas projetadas para permitir que os usuários realizem várias transações *Bitcoin* sem comprometer todas as transações na cadeia de blocos (Fontes Rebello et al., 2022). Assim, a próxima geração da tecnologia de cadeia de blocos para aplicações de transação de cripto-ativos tende a focar em canais de micropagamentos e a criar redes privadas com regras específicas e mecanismos de consenso mais eficientes.

Referências

Aggarwal, S.; Kumar, N. Chapter Twenty – Attacks on blockchain☆☆Working model. In: Aggarwal, S.; Kumar, N.; Raj, P. B. T.-A. IN C. (Eds.). **The Blockchain Technology for Secure and Smart Applications across Industry Verticals**. [s.l.] Elsevier, 2021. v. 121p. 399–410.

Baliga, A. Understanding blockchain consensus models. In: **Persistent**. [s.l: s.n.].

Bessani, A.; Sousa, J.; Alchieri, E. E. P. **State Machine Replication for the Masses with BFT-SMART**. Proceedings of the 2014 44th Annual IEEE/IFIP International Conference on Dependable Systems and Networks. **Anais...**: DSN '14.Washington, DC, USA: IEEE Computer Society, 2014.

Cachin, C.; Vukolić, M. Blockchain consensus protocols in the wild. **arXiv preprint arXiv:1707.01873**, 2017.

Carrara, G. R. et al. Consistency, availability, and partition tolerance in blockchain: a survey on the consensus mechanism over peer-to-peer networking. **Annals of Telecommunications**, v. 75, n. 3, p. 163–174, 2020.

Castro, M.; Liskov, B. Practical Byzantine Fault Tolerance and Proactive Recovery. **ACM Trans. Comput. Syst.**, v. 20, n. 4, p. 398–461, 2002.

Chen, L. et al. **On security analysis of proof-of-elapsed-time (poet)**. International Symposium on Stabilization, Safety, and Security of Distributed Systems. **Anais**...2017.

Fontes Rebello, G. A. et al. **PCNsim: A Flexible and Modular Simulator for Payment Channel Networks**. 2022 IEEE INFOCOM. **Anais**...London, United Kingdom: IEEE, 2022. Disponível em: <https://hal.archives-ouvertes.fr/hal-03616584>

Jesus, E. F. et al. A Survey of How to Use Blockchain to Secure Internet of Things and the Stalker Attack. **Security and Communication Networks**, v. 2018, p. 9675050, 2018.

Lamport, L. Proving the correctness of multiprocess programs. **IEEE transactions on software engineering**, n. 2, p. 125–143, 1977.

Lamport, L.; Owicki, S. Proving liveness properties of concurrent programs. **ACM Transactions on Programming Languages and Systems**, v. 4, 1982.

Mattos, D. M. F. et al. Blockchain para Segurança em Redes Elétricas Inteligentes: Aplicações, Tendências e Desafios. In: **Minicursos do SBSeg2018**. [s.l.] SBC, 2018. p. 140–194.

MATTOS, D. M. F. et al. Blockchain for smart grid security: applications, trends, and challenges. **International Journal of Intelligent Systems Technologies and Applications**, v. 20, n. 4, p. 296–309, 1 jan. 2021.

MATTOS, D. M. F. et al. Exploring Overlay Topology Cost-Termination Tradeoff in Blockchain Vicinity-based Consensus. **IEEE Transactions on Network and Service Management**, p. 1, 2022.

MAUNG MAUNG THIN, W. Y. et al. **Formal Analysis of a Proof-of-Stake Blockchain.** 2018 23rd International Conference on Engineering of Complex Computer Systems (ICECCS). **Anais**...2018.

MEDEIROS, D. S. V; FERNANDES, N. C.; MATTOS, D. M. F. **Smart Contracts and the Power Grid: A Survey**. 2019 1st Blockchain, Robotics and AI for Networking Security Conference (BRAINS). **Anais**...: BRAINS'19.IEEE, 2019.

MOUBARAK, J.; FILIOL, E.; CHAMOUN, M. **On blockchain security and relevant attacks**. 2018 IEEE Middle East and North Africa Communications Conference (MENACOMM). **Anais**...2018.

NAKAMOTO, S. Bitcoin: A peer-to-peer electronic cash system. 2008.

NOFER, M. et al. Blockchain. **Business & Information Systems Engineering**, v. 59, n. 3, p. 183–187, 2017.

OLIVEIRA, M. T. DE et al. Blockchain reputation-based consensus: A scalable and resilient mechanism for distributed mistrusting applications. **Computer Networks**, v. 179, p. 107367, 2020.

OLIVEIRA, M. T. DE et al. SmartAccess: Attribute-Based Access Control System for Medical Records Based on Smart Contracts. **IEEE Access**, v. 10, p. 117836–117854, 2022.

OLIVEIRA, M. T. et al. **Towards a Performance Evaluation of Private Blockchain Frameworks using a Realistic Workload**. 2019 22nd Conference on Innovation in Clouds, Internet and Networks and Workshops (ICIN). **Anais**...2019.

REBELLO, G. A. F. et al. Correntes de Blocos:Algoritmos de Consenso e Implementaçãona Plataforma Hyperledger Fabric. In: **38º Jornada de Atualização em Informática (JAI) – XXXIX Congresso da Sociedade Brasileira de Computação**. Belém- Pará, PA,: [s.n.]. p. 93–148.

SAYEED, S.; MARCO-GISBERT, H.; CAIRA, T. Smart Contract: Attacks and Protections. **IEEE Access**, v. 8, p. 24416–24427, 2020.

TIKHOMIROV, S. **Ethereum: State of Knowledge and Research Perspectives BT – Foundations and Practice of Security**. (A. Imine et al., Eds.)Cham: Springer International Publishing, 2018.

WOOD, G.; OTHERS. Ethereum: A secure decentralised generalised transaction ledger. **Ethereum project yellow paper**, v. 151, p. 1–32, 2014.

ZHU, H.; GUO, Y.; ZHANG, L. An improved convolution Merkle tree-based blockchain electronic medical record secure storage scheme. **Journal of Information Security and Applications**, v. 61, p. 102952, 2021.